NCS 기반
블라인드 채용
자소서
&면접
마스터

NCS 기반
블라인드 채용
자소서
&면접
마스터

윤영돈 · 김영재 지음

비전코리아

블라인드 채용에서 합격하는 비법

공공기관과 대기업의 블라인드 채용에서 합격하는 비결은 일단 큰 흐름을 알고 다음으로 자신이 희망하는 곳을 정해 그에 맞는 직무역량을 쌓는 것이다. 무작정 스펙을 늘리는 것으로는 적합한 자기소개서(자소서) 작성과 면접 준비가 어렵다. 이 책은 자신의 역량을 파악하는 기회를 제공하고 그에 어울리는 직무를 찾는 데도 도움을 준다. 특히 블라인드 채용의 핵심인 자소서 작성을 다양한 사례와 함께 알려주고 면접 비법과 면접관의 특성, 평가표 예시를 보여준다.

취업 족보보다 취업 시장의 맥락부터 파악하자!

"코치님, 블라인드 채용의 맥락을 알려주셔서 감사합니다. 그동안 자소서를 베껴 쓰고, 면접 질문에 어떻게 대답해야 하는지만 고민했습니다. 그런데 코치님의 가르침으로 기업이 원하는 자소서와 면접관의 의도를 파악하는 게 얼마나 중요한지 알게 되었습니다. 진심으로 고맙습니다."

한 취업준비생(이하 취준생)이 필자에게서 코칭을 받은 뒤에 한 말이다.

'취업'이라는 큰 산을 넘기 위해서는 먼저 채용 시장을 폭넓게, 그리고 멀리 바라봐야 하는데 눈앞의 정보에만 급급해 적성에도 맞지 않고 장기적 안목도 없이 달려가는 취준생들이 많다. 어디든 취업 공고가 났다고 하면 우르르 몰려가고, '합격 자소서 샘플'이라고 하면 기를 쓰고 받으려 한다. 하지만 이런 방식으로는 합격하기가 어려워졌다. 운 좋게 서류전형에 합격해도 면접이라는 더 큰 산이 기다리고 있다. 그 산은 어떻게 넘을 것인가? 더 이상 면접 기출문제 족보를 구해서 준비하는 식으로는 아무런 도움이 되지 않는다.ᵀ

📢 한마디로 블라인드 채용에서는 그동안 해왔던 베껴 쓰기 식 준비 방식으로는 취업하기가 어렵다.

전략 없는 전술은 성공의 기쁨을 주지 못한다. 기관이나 기업에서는 이미 인터넷에 떠도는 합격 자소서와 지원서를 대조하는 프로그램을 통해 단순히 베껴 쓰기로 지원한 취준생을 걸러내고 있는 상황이다. 그런 만큼 먼저 채용 시장을 파악하고 자신의 역량을 체크한 다음 입사하고 싶은 곳의 채용담당자의 입장이 되어 보아야 한다. '물고기'가 아니라 '물고기 잡는 방법'을 익혀야 하는 것이다.

먼저 공공기관 332개, 지방 공기업 149개부터 리스트업하자(www.alio.go.kr 참조). 내 적성에도 맞고 잘 알려지지 않은 알짜배기 일자리가 많다. 손쉽게 얻으려 하지 말고, 직접 탐색해야 한다.

블라인드 채용의 지도를 손에 넣어라

'블라인드 채용'은 사람을 뽑을 때 학력, 경력, 자격증, 어학점수, 해외활동 등 이른바 '스펙(specification의 준말)'을 보지 않고 인성, 업무 적합성 등을 보는 것을 의미한다. 그런데 취준생들은 이런 블라인드 채용이 어느 날 갑자기 하늘에서 뚝 떨어진 것으로 생각하며 어떻게 취업을 준비해야 하는지 갈피를 못 잡고 있다.

실제 현장에서 취준생들을 만나보면 블라인드 채용 방식에 혼란을 느끼고 있다. '무작정 준비했다가 낭패'를 봤다거나 '허울뿐인 채용 방식'이라며 비난의 목소리를 높이는 취준생도 있다. 하지만 블라인드 채용이 어느 날 갑자기 생긴 것은 아니다. 이미 세계적인 기업들은 구조화된 블라인드 채용을 실행하고 있다.

의문점은, 어떻게 스펙을 보지 않고 업무 적합성을 판단할 것인가다. 말로는 취준생의 학력, 경력, 자격증, 어학점수 같은 스펙을 모두 가린 상태에서 채용한다고 하는데, 결국 면접 과정에서 드러나지 않을까 하는 의구심이 생길 수밖에 없다. 그래서 취준생들은 '블라인드 면접' 하면 면접관들이 눈에 안대를 하고 면접 보는 장면을 먼저 연상한다. 심지어 블라인드 채용 무용론을 주장하는 사람도 있다. 미처 준비가 덜 된 면접관이 실전에 투입되는 경우도 있었기 때문이다.

취준생은 블라인드 채용을 잘 모르니 시중에 떠도는 소문에 더 의존하게 된다. 소문에 휘둘리지 않고 올바르게 준비하려면 무엇보다 블라인드 채용 기반 면접 과정을 살펴보고 어떻게 준비해야 하는지 전략을 세워야 한다.

자소서, 스펙이 아니라 직무역량 분석이 중요하다

면접도 못 보고 자소서에서 계속 떨어진다는 하소연 글이 취업카페에 올라왔다. 그 글을 쓴 사람의 스펙을 보니 고려대 출신, 성적 3.77/4.5, 삼성 영서포터즈 대내외활동, LG전자 인턴, OPIc(Oral Proficiency Interview-computer) AL, 일본어능력시험(JLPT, Japanese Language Proficiency Test) N1, 한국사능력검정시험 1급, CFA(Chartered Financial Analyst) level 1이었다. 이 스펙이면 옛날에는 서류전형에 거의 붙었다. 그런데 폭풍 광탈(?)했다는 것이다.

'광탈'은 지원서를 넣는 곳마다 빛(光)의 속도로 탈락한다는 뜻이다. 폭풍 광탈에서 탈출하려면 채용담당자가 무엇을 원하는지 파악하는 것이 중요하다. 그래야 내가 가진 역량 중에서 무엇을 강조해야 하는지를 알 수 있다. 채용담당자 입장에서 평범한 자소서는 스팸메일과 같고, 기업 분석을 하지 않고 쓴 자소서는 길거리에서 나눠준 광고 전단지처럼 휴지통으로 직행한다.

블라인드 면접, '떠먹을 생각'을 내려놓고 '직접 해먹을 생각'을 하라!

블라인드 면접도 마찬가지다. 다수의 면접관으로부터 여러 차례 심층 면접을 받아야 한다. 실전 면접에 투자가 필요하다는 얘기다. 단순히 머리로 이해했다고 해도 실제 면접에서 어떤 식으로 답변을 하고 행동할지는 직접 해보지 않으면 모른다. 취준생이 면접관의 심리를 읽지 않으면 블라인드 면접에 대한 이해의 폭이 적을 수밖에 없다. 면접관이 되어봐야 면접관의 마음을 알 수 있다.[T]

취준생 대상 교육에서는 대부분 외모와 관련 있는 이미지를 가르치고, 반대로 면접관 대상 교육에서는 첫인상의 불변법칙에서 벗어나 타당도를 높이는 역량면접기법을 가르친다. 사정이 이렇다 보니 미스 매칭이 될 수밖에 없다. 역량면접 교육을 받은 면접관에게 지나치게 외모를 꾸며 보인다 한들 소용없다. 아직까지도 많은 취준생들이 정작 중요한 면접관의 심리를 놓치고 있다.

블라인드 면접관은 기출 질문에서 벗어나려 하는데 취준생은 기출문제를 풀고 모의면접으로 연습한다. 이런 악순환으로는 좋은 결과가 나오기 어렵다. 이제 '떠먹을 생각'을 내려놓아야 한다. 내가 차리지 않은 밥상에서 다른 사람이 사용했던 숟가락으로 식사를 하겠다는 생각이 결국 불합격의 길로 안내한다.

당장 블라인드 채용에 대비할 수 있는 단 한 권의 책

많은 취준생들이 블라인드 채용에 대한 잘못된 정보 때문에 혼란을 겪거나 불안해하고 있다. 이러한 혼란과 불안감을 줄여주는 것이 이 책의 역할이다. 취준생에게 자소서 질문을 해석하는 것부터 면접에서 구체적으로 어떻게 말해야 하는지까지 여러 측면에서 맥락을 정확히 짚어주고자 노력했다. 이 책에 설명된 몇 가지 원리만 적용해도 분명 결과는 달라질 것이다.

쓸데없이 필요 없는 것을 붙잡고 낭비하는 일이 없도록 블라인드 채용에서 자소서와 면접을 준비하는 시간을 최대한 압축시켰다. 취준생에게 이 책은 한 방에 끝내는 취업 길라잡이가 될 수 있다.

블라인드 채용은 아는 것보다 당장 실천이 더 중요하다

이 책의 필자들은 기업교육 전문기관 러너코리아에서 면접관 교육을 진행하고, 외부 채용면접관으로 활동하고 있다. 한국가스공사, 대한무역투자진흥공사(kotra), 한국항공우주산업(KAI), 아시아나항공, 카카오, 넥슨 등에서 면접관 교육을 하면서 노하우를 축적해왔다. 또 현장 전문가로 국내 최초로 역량모델 기반의 역량카드(Boneheart.co.kr)를 만들어서 교육하고 있다.

이 책이 만들어지기까지는 많은 분들의 실질적 도움과 정신적 응원이 있었다. 조언을 아끼지 않은 협력자, 특히 모든 작업에 동행했던 공동저자 김영재 박사에게 감사하다. 사랑하는 아내와 중학생이 된 아들, 초등학생 딸, 좋은 일을 다 몰고 온 우리 강아지 다온에게 고마움을 전한다. 이 책이 블라인드 채용에 도전하는 누군가에게 도움이 된다면 그것은 가장 보람되고 값진 일일 것이다. 이 책 한 권으로 끝낼 수 있기를 응원한다!

윤영돈 · 김영재

공공기관 취업 준비를 하고 계신가요?

준비를 해야 하는데 처음이라서 막막해요.

블라인드 채용이나 NCS를 들어본 적 있으세요?

들어는 봤는데 뭔지 잘 모르겠어요.

준비 1장

NCS, 블라인드 채용의 큰 그림을 그려보자

채용에 대해서 알았다면 이제 자신의 역량을 살펴보아야 해요. 역량은 자신을 분석하는 데서 시작해요. 자신을 알아야 적합한 직무를 찾을 수 있거든요.

역량, 직무… 이게 채용하고 무슨 관련이 있나요?

지원 2장

나를 알고 직무를 알고 기관을 알아야 한다

공공기관을 지원하려면 직무기술서라는 것을 봐야 해요. 그 기관에서 원하는 것과 자신의 역량이 적합해야 합격에 가까워져요.

그러면 제가 가고 싶은 공공기관을 찾고 직무기술서를 봐야겠네요?

이제 블라인드 채용 자소서를 써야겠네요.

어떻게 써야 할지 아직 감을 못 잡겠어요.

서류 3장

지원서, 자소서 쓰기 요령을 터득하자

처음부터 단번에 잘할 수는 없어요. 작성 요령과 주의할 점을 알려드릴게요.

🧔 자소서를 작성했으니 이제 면접을 준비해야겠네요.
🧑 면접은 해본 적이 없어서 두려워요.

🧔 면접은 시간을 들여 연습을 많이 해야 해요. 그리고 면접
관과 평가기준에 대해서 살펴보는 게 중요해요. 그 특징을
모르면 면접을 잘 보기 어려우니까요.

**면접관을 교육하는 면접관과 취업 전문 교수가
말해주는 면접 요령, 채점표 등으로 감을 잡자**

면접
5장

 면접관   **지원자**

🧔 이제 실전이에요. 블라인드 채용 자
소서 써놓은 것과 실제 저자의 클리
닉을 확인해보세요.
🧑 이렇게 실제 작성된 것을 보니 더 실
감이 나네요.

샘플
4장

**대표 공기업의
자소서 작성 클리닉을 확인하자**

두 저자의 책 소개, 이 책 활용법, 핵심 전략 무료 특강은
post.naver.com/visioncorea에서 확인하세요!

NCS, 블라인드 채용의
특성과 유의점

블라인드 채용,
입사지원 시 고려할 것들

입사지원서와 자소서 쓰는 법

공기업 자소서 클리닉

블라인드 면접, 한번에 잡기

NCS, 블라인드 채용의 특성과 유의점

완벽한 단순함은 더 이상 보탤 게
남아 있지 않을 때가 아니라
더 이상 뺄 게 없을 때 완성된다.

– 생텍쥐페리

1 블라인드 채용의 다섯 가지 특성

블라인드 채용을 간단히 정의하면 '입사지원서 · 자소서 · 면접 등 채용 과정에서 편견이 개입되어 불합리한 차별을 야기할 수 있는 항목을 차단하고 직무능력을 평가하여 인재를 채용하는 방식'이다. 블라인드 채용의 특성을 하나씩 짚어보며 제대로 이해해보자.

첫째, 한때의 유행이거나 일부에서만 쓰는 방식이 아니다

이제 블라인드 채용은 공기업에서 권장사항이 아니라 의무사항이 됐다. 민간 기업은 블라인드 채용이 권장사항이지만 안 할 경우에는 보이지 않는 불이익이 있기 때문에 거부하기 힘들어졌다. 이렇듯 블라인드 채용은 메가트렌드로, 단순한 유행(trend)이 아니라 대세(Wave)다.

채용공고부터 다르다. 가장 큰 특징은 성별, 학력, 나이에 제한이 없음을 표기하고 직무를 수행하는 데 필요한 지식, 기술 등을 안내한다는 점이다. 블라인드 채용 입사지원서에서 인적사항 기재란은 지원자를 구별할 수 있는 최소 정보로 구성되며, 교육사항은 학교 또는 학교 밖 기관에서 이수한 과목을 기입한다. 자격사항은 해당 직무와 관련 있는 자격만 명시한다. 경험과 경력사항 또한 지원하는 직무와 연관성이 있는 것을 기입한다. 즉 출신 지역, 가족관계, 신체조건, 학력 등을 기재할 필요가 없다. 단 직무 수행에 중요할 경우 예외적으로 기재하게 되어 있다.

과거에는 국내 항공사 승무원의 경우 일반적으로 키 162cm 이상, 양쪽 교정 시력 1.0 이상, 나이 23세 이하의 미혼여성으로 자격을 제한했다. 승무원의 키가 162cm 이상이 돼야 하는 이유는 바닥에서 200cm 이상 높이에 있는 기내 선반을 여닫고 승객의 짐을 선반에 넣어주기 위해서였다. 하지만 2008년 국가인권위원회가 이를 차별 행위로 규정하고 시정을 권고했다. 몇 년간 눈치를 보며 뜸들이던 항공사들은 결국 신장 제한 제도를 없앴다. 키가 작아도 승무원이 될 수 있는 요건이 만들어진 것이다. 또 특수경비직 채용에서 시력과 건강한 신체를 요구할 수 있다. 연구직이라면 논문과 학위를 요구할 수 있다.

지역인재 채용은 최종학교명에서 최종학교 소재지를 적는 것으로 변경되었

블라인드 채용 시행 후의 변화

구분	시행 전	시행 후
인적사항	성명, 생년월일, 주소, 전화번호, 이메일	현행 유지
신체조건	사진	사진 미제출
병역사항	전역 구분, 군별, 계급, 복무 기간	병역사항 미제출
학력사항	학교명, 학과명, 졸업사항	교육사항으로 변경 (학교, 학과 미제출)
경력사항	근무처, 담당 업무, 기간	경력 및 경험사항으로 변경 (소속 조직, 역할, 활동 기간 등)
외국어	외국어 관련 시험점수(선택)	외국어 능력 증명서 미제출
자격증	공고상 필요 자격	현행 유지
기타사항	가점 및 기타 내역(장애 등)	현행 유지
자기소개서	없음	직무능력 기반 자기소개서 추가 네 가지 항목 각 500자 이내 작성
경험(경력) 기술서	없음	직무 관련 경험(경력) 기술서 추가 세 가지 항목 각 400자 이내 작성

출처: 대전도시공사 블라인드 채용 시행 공고문

다.[T] 사진은 공무원 채용처럼 서류전형 없이 지원자 모두 필기시험을 볼 수 있는 경우 입사지원서에 본인 확인용으로 요구할 수 있다. 증빙서류도 합격 결정과 관련 있는 경우를 제외하고는 최종합격자 발표 전에 요구할 수 없다. 공무원 채용처럼 연고지나 기타 지역적 특수성을 고려해 일정한 지역에 거주하는 사람을 그 지역에 소재하는 기관에 임용하는 경우(지역 제한)에는 면접 전에 연고지나 거주지 확인을 위한 증빙서류를 요구할 수 있다. 이런 형태의 채용 방식은 과도한 스펙 쌓기에 대한 대책이다. 더 자세한 내용은 공공기관별 블라인드 시행 공고문을 찾아보면 좋다.

자소서는 기관에 적합한 인재를 선발하기 위해 인재상이나 직무 관련 내용을 평가하는 문항으로 구성되고, 필기전형은 직무와 유관한 지식 등 기관에 적합한 평가 형식으로 출제된다. 일반상식, 시사 등 연관성 없는 형식은 지양한다.

면접은 지속적으로 취준생의 능력을 파악하기 위해 실무면접, 기관면접, 인턴 수행 등 단계별로 실시한다. 면접위원에게는 지원자의 인적정보 제공이 금지되

채용 프로세스

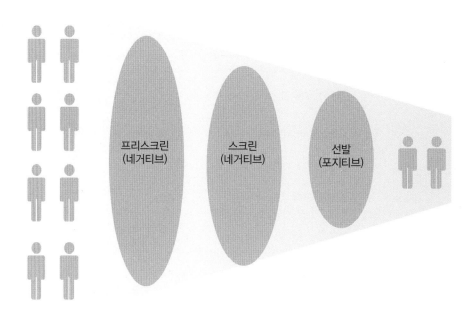

고, 인적사항 관련 질문을 할 수 없으며, 블라인드 면접에 대한 사전교육이 의무화되었다.

둘째, 문재인 정부는 공정한 기회 제공, 블라인드 채용을 의무화한다

문재인 정부는 '일자리 대통령'을 캐치프레이즈로 내세우며 평등하고 공정한 기회 제공을 위한 실천방안으로 '블라인드 채용'을 의무화했다. 2017년 6월 22일엔 '공공부문 블라인드 채용 의무화'를 발표하고 2017년 7월 5일에는 '평등한 기회, 공정한 과정을 위한 블라인드 채용 추진방안'을 제시하면서 2017년 7월부터 모든 공공기관의 입사지원서에서 학력, 출신지, 신체조건 등 편견이 개입될 수 있는 항목이 전부 삭제되었다.

블라인드 채용에서는 프리스크린(Pre-screen)이 되지 않는다. 프리스크린은 서류전형에서 자격이 미달이거나 부적합한 사람을 골라내고, 인적성 검사로 특정 조직에 부적합한 사람을 가려내는 데 초점을 둔다. 즉 네거티브 방식이 강하다. 그러나 블라인드 채용에서는 직무역량이 있다면 공정한 기회를 주는 방식이다.

셋째, 직무역량을 바탕으로 둔다

엄밀하게 이야기하면, 직무능력과 직무역량은 다르다. 능력(Ability)이 '할 수 있는'을 의미한다면 역량(Competency)은 '이미 해본'을 의미한다. 블라인드 채용은 직무역량 위주로 진행된다는 점에서 역량이 준비된 사람이 당연히 유리할 수밖에 없다. 과거 취업 준비는 영어 학원이나 컴퓨터 학원에서 많은 시간을 보냈지만 기업과 공공기관에서 역량과 직무 부분에 초점을 두면서 자소서와 면접의 비중이 높아졌다.ᵀ

블라인드 채용에서 직무와 관련된 '자격증'은 과거보다 더 중요해졌다. 지원서에 기입 가능한 '스펙'인 자격증 영역에서 역량을 입증할 수 있기 때문이다. 공통적으로 요구하는 자격증은 한국사, 한국어, 컴퓨터 등이며 분야별로 종류는 매우 다양하다. 그렇지만 단기간에 취득 가능한 자격증이 있는 반면, 많은 시간을 들여야 하는 것도 있기 때문에 무엇을 준비할지 미리 신중하게 고민해야 한다. 특히

특히 블라인드 채용에서는 스펙으로 걸러내지 못하니 역량 중심 자소서와 블라인드 면접의 비중이 클 수밖에 없다

직무 관련 자격증이나 역량만을 적어야 하므로 블라인드 채용에 도전할 생각이라면 시작하기 전에 범위를 좁히는 노력부터 해야 한다.

블라인드 채용에서는 직무 관련 설명 자료를 공개하고 표준이력서 양식에 맞춰 채용을 진행한다. 자소서는 적합한 인재를 선발하는 데 필요한 직무 관련 내용을 평가할 수 있도록 구성해야 하며, 막연히가 아니라 원하는 직무능력 중심으로 준비해야 한다.

그러려면 내가 전공한 것과 해야 할 것을 고민하고 채용공고를 살펴보면서 그에 맞춰 준비할 목록을 점검해야 한다. NCS 홈페이지(https://www.ncs.go.kr)와 관련 동향을 살피면서 '내가 지원하려는 곳에서 어떤 직무능력을 원하는지' 알아보고 그러한 직무능력을 키우는 데 어떤 활동을 하면 되는지 정한다. NCS 홈페이지에 채용 대상 직무에 대한 공지는 물론 관련 직무를 잘하려면 어떤 능력, 지식, 태도가 필요한지 표준화되어 있으니 참고해서 그에 맞는 활동을 하자.

넷째, 구조화 면접 방식이 강화되었다

블라인드 채용은 공정한 취업 기회 제공과 합리적인 채용 문화 확산이라는 취지를 담고 있다. 많은 사람이 취지 자체에는 공감하지만 미비한 점이 보완될 기회 없이 빠른 정책 추진으로 혼란스러워하는 게 사실이다. 스펙을 다양하게 구성한 사람에 대한 역차별, 공공기관이나 기업이 원하는 이력과 능력이 다른데 서류를 획일화하면서 생기는 모순, 대학교육과 직장에서 요구하는 능력의 괴리 등 다양한 문제가 지적되고 있지만 일단 공공기관에서 블라인드 채용을 실시하고 있기에 취준생 입장에서는 반드시 철저하게 준비해야 한다. 블라인드 채용 흐름에 맞춰 일부 기업이나 금융권에서도 이미 이를 시행하거나 검토하고 있으며, 지원서나 자소서만이 아니라 면접까지 블라인드 방식으로 진행한다.

기존 대기업을 중심으로 시행하던 면접 또한 현재 블라인드 면접과 크게 다르지 않은 '오류를 줄이는 데 초점을 두는' 구조화 면접이다.[T] 다만 블라인드 면접은 직무 연관성을 더 강조하고 사전에 무엇을 준비해야 하는지 알려주는 포지티브 방식이라는 점에서 취준생은 그에 맞는 역량을 길러야 한다. 지원자의 인적 정보

구조화 면접이란 지원자가 기업이나 조직의 인재상에 맞는지, 직무에 맞는 역량을 갖췄는지를 알아보기 위해 이미 정해진 질문 내용과 방법으로 진행하는 방식이다.

에 관한 질문은 금지되며 구조화된 질문(STAR 방식, 면접 부분에서 설명한다)으로 평가를 진행한다. 구조화 질문은 직무역량을 바탕으로 면접 질문을 사전에 구성해 면접관이 임의대로 평가하지 않도록 하는 방식이다.

다섯째, 취준생과 기업의 손실을 줄이는 시스템이다

많은 취준생들은 기존 채용 방식에서 공정하지 못한 경험을 했다고 말한다. 내정자가 있는 것 같은 느낌을 받았을 때, 특정 지원자에게 관심이 집중되었을 때, 채용과 관련 없는 정보를 물었을 때, 특정 조건을 가진 사람의 우대 또는 탈락 소문을 들었을 때, 자신보다 스펙이 낮은 사람이 합격했을 때 그런 느낌이 강하게 들었다는 것이다.

기업 입장에서는 어렵게 인재를 채용했더니 조기퇴사해 업무 공백이 생기는 일이 빈번했다. 인재의 조기퇴사 요인으로는 직무 부적합이 가장 높은 퍼센트를 차지했다. '입사했을 때는 좋아 보였는데 막상 일해보니 생각했던 것과 다를 때' 그만두는 식이다. 조기퇴사는 열심히 준비해 합격한 사람에게 손해이며, 기업에도 마찬가지다.

블라인드 채용은 이러한 문제점들을 보완하기 위해 도입되었다. 첫 번째 취지는 정부가 천명한 '공정한 사회로 가는 길'이다. 학력, 스펙, 신체조건을 요구하는 특별한 경우를 제외하고 이력서에 차별적 요인을 기재하지 않도록 해 직무능력 중심으로 채용 관행을 개선하기 위함이다.

블라인드 채용의 두 번째 취지는 바로 앞에서 말한 '사회적 기회비용 줄이기'로

기존 채용 방식의 문제점

취준생	기업(조직)
• 스펙 쌓기에 비용, 노력, 시간이 너무 많이 소모된다. • 졸업이 늦어지고 직장생활과 잠재역량에 중요한 인성, 직무 지식과 경험의 기회를 얻지 못한다.	• 조직문화, 가치, 직무에 필요한 사람을 채용하기 어렵다. • 직무에 적합한 사람을 선발하지 못하기에 생산성이 저하된다. • 조기퇴사하는 비율이 높다.

취준생이나 기업의 애로사항을 동시에 개선하려는 시도다. 어렵게 준비해서 입사한 인재가 첫 직장에서 업무에 대한 회의감, 허무함, 내적 갈등을 겪다가 성과를 얻기도 전에 퇴사하면 기업이 그때까지 투자했던 시간, 노력, 비용 등은 의미가 없어진다. 그런 점에서 블라인드 채용은 처음부터 개인과 기업이 상생하는 것을 목표로 한다. 그 일을 잘할 수 있는 사람을 뽑아 인재와 기업 모두의 손실을 줄이는 것이다.

2 블라인드 채용 준비 Q&A

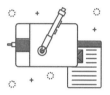

취준생들이 블라인드 채용에 대해 가장 많이 하는 질문들을 정리했다. 특히 블라인드 채용 준비가 처음인 취준생들은 취업 로드맵을 그려나가는 데 도움이 될 것이다.

질문 1 | 블라인드 채용도 결국 새로운 스펙이 아닐까?

최종학력, 가족관계, 출신지, 사진 등을 이력서에서 뺀 이른바 블라인드 채용도 새로운 스펙이라고 생각하는 취준생들이 적지 않다. 이제껏 스펙을 중심으로 취업 준비를 해왔더니 새로운 채용 방식이 나와서 '다시 블라인드 채용에 걸맞은 인재가 되기 위해 또 다른 스펙을 쌓아야 한다'고 볼멘소리를 한다. 정량적 요소를 배제한 블라인드 채용도 이름만 바뀌었을 뿐 결국 스펙을 추구해야 한다는 논리다.

그러나 기업에서 원하는 인재상은 '공부머리 인재'가 아니라 '일머리 인재'다. 공부만 하던 인재는 조직에 적응하지 못하는 경우가 있어서 역량이 있는 인재를 선호하는 것이다.

질문 2 | 모든 전형에 블라인드 채용 방식이 적용되는가?

블라인드 채용을 도입한 공기업 채용담당자를 만나보면 모든 전형에 블라인드 채용 방식이 적용되기는 힘들다고 한다. 예를 들면, 서류전형에서 블라인드 방식을 적용하고 면접에서는 실무면접과 인성면접 중에 어느 하나에만 적용하고 다른 전형 과정에서는 자료를 보면서 면접하도록 하는 곳도 있다.

그래도 스펙보다 직무 경험을 쌓고 직무 상황 문제(이른바 필기시험) 등을 반복해서 풀어야 한다. 과거보다 자소서나 면접 심사 과정에서 채용담당자가 선입견이나 편견을 가질 수 있는 요소가 배제되었다는 점이 핵심이다.

질문 3 | 서류전형에서 학력과 영어 점수를 빼면 무엇을 써야 할까?

일반 기업 채용담당자 또한 블라인드 채용 방식을 어려워한다. 기존에는 학력, 학교, 지역, 나이, 성별, 자격증 유무 등 스펙을 통해 걸렀는데 이제는 그럴 수 없기 때문이다. 현실적으로 정량적 지표(Quantitative Indicator)인 스펙이 없는 상황에서 평가하려면 정성적 지표(Qualitative Indicator)로 자소서를 일일이 봐야 하는데, 이는 현실적으로 매우 어려운 일이다.

현재의 블라인드 채용은 공공기관 1차 서류전형 단계에서 불필요하게 취준생을 거르지는 않는다는 입장이다. 직무 관련 활동, 자격증이 있다면 2차 전형 기회를 공평하게 부여하려고 한다. 다만 각 기관별로 자율적으로 서류 통과 기준이나 지원서 양식 등을 만들고 있다. 이에 서류전형 통과는 직무 관련성을 강조하면 합격할 가능성이 높다.

마지막 자유롭게 하고 싶은 말을 쓰라는 항목에 학벌이나 영어성적 같은 것을 써도 될지 묻는 지원자가 많다. 자소서 작성 시 스펙을 어디까지 노출해야 할지, 직무역량을 어떻게 보여줘야 할지 고민하는 지원자가 많은데 '지원자 주의사항'을 꼼꼼하게 읽어야 한다.

질문 4 | 블라인드 채용이 오히려 역차별 아닐까?

일부 취준생들은 지방대생에게 유리하고 정량적 요소를 배제한 블라인드 채용이 역차별을 조장한다고 주장한다. 지방대생의 경우 기존에는 1차 서류전형에서 탈락하는 경우가 많았는데 학력이 빠지는 블라인드 채용을 통해 최소한 필기시험 등에 응시할 기회라도 가질 수 있기 때문이다.

또 수도권이 아닌 곳에 위치한 공공기관은 신규 채용 시에 소재 시도 출신의 인재를 일정 비율 이상 뽑아야 한다. 그동안 정부가 전체 공공기관에 지역 배려 기준을 넣었는데 이는 앞으로도 계속될 것이다. 예를 들어, 나주로 이전한 한국전력공사는 고졸 채용 시 전남·나주 소재 고등학교 출신을, 대졸 채용 시 같은 지역 대학 출신을 일정 부분 뽑는다. 정부는 지역대학과 연계해 전문 인력을 양성하자는 취지에서 '지역할당제'를 추진하는데 역차별 논란이 있는 만큼 보완책도 병행할 예정이다.

요즘은 비슷한 공기업을 묶어 한날한시 시험을 치르는 합동채용도 대폭 확대되고 있는 만큼 기업과 취준생 모두 준비하는 데 효율성을 높여야 한다.ᵀ

질문 5 | 채용 기준이 명확하지 않아 비리가 이어지지 않을까?

블라인드 면접은 지원자에 대한 기초 정보가 없는 상태에서 평가 기준마저 명확하지 않은 것이 가장 큰 문제다. 그래서 채용비리가 증가할 가능성도 적지 않다. 공공기관일수록 정치권이나 기업, 거래처 등 각계에서 청탁이 들어온다. 기존에는 기준 미달을 핑계 삼아 거절할 수 있었지만 블라인드 채용은 기준이 없다 보니 거절이 어려워질 수 있다고 생각한다.

하지만 삼성그룹 채용 청탁의 경우 이른바 '삼성 고시'로 불리는 입사 필기시험인 '삼성직무적성검사(GSAT: Global Samsung Aptitude Test)'를 통과하지 못해 성사가 안 된 경우가 다수 있었다. 결국 기업은 블라인드 채용으로 지원자의 수준을 가늠하기 어렵기 때문에 자체 채용시험을 강화해 인재를 뽑을 것이다. 현재 기업들이 시행하는 인적성 평가도 제한시간 안에 언어영역·공간지각·수리영역·한국사 문제를 풀게 해 '아이큐 테스트(IQ test)'에 버금가는 평가라는 지적이 끊이지 않고 있다. 채용 과정에서 시험이 강화되면 직무에 적합한 사람이 아니라 시험을 잘 치르는 인재를 뽑는 것 아니냐는 우려도 나온다.

한국조세재정 연구원은 〈공공기관 채용의 사회적 책임에 대한 소고〉라는 보고서에서 '현재 공공기관의 역량으로 블라인드 채용을 시행할 경우 청탁과 같은 부

합동채용으로 필기시험을 동시에 치르는 곳이 늘어나니 '묻지 마' 지원보다는 승산이 있는 곳을 골라야 사전에 효율적으로 준비할 수 있다.

정에 노출될 우려가 있다'고 보았다. 실제 일부 공공기관의 채용비리로 2012~2013년 채용한 신입사원 518명 중 95%인 493명이 청탁을 통해 입사했다는 내부 감사 결과가 최근 드러나기도 했다. 이에 현 정부에서는 공공기관 채용비리를 적발하기 위해서 2017년 하반기부터 특별감사를 실시하고 있으며 계속 많은 비리를 적발하고 있다.ᵀ

질문 6 | 블라인드라서 적합한 사람을 알기가 더 어렵지 않을까?

지원자에 대한 정보가 적어 지원 직무에 적합한지조차 알기 어렵지 않을까 하는 질문이다. 지원자와 기업의 '직무적합성', '핵심가치', '조직 인재상', '조직부합성' 등이 서로 맞아야 하는데 지원자 정보가 가려져 있으니 기업과 지원자의 정보 비대칭이 더욱 심화될 것이라는 우려가 섞여 있다. 채용담당자 중에는 블라인드 채용의 의도와 필요성엔 공감하지만 실효성에 의문을 품는 사람도 있다.

하지만 블라인드 채용에서는 직무와 상관없는 '아버지 직업은 무엇인가?'와 같은 가족관계 관련 질문, '남자친구는 있느냐?' 등의 개인 신상 정보를 요구하지 않고 '냉장고에 코끼리를 어떻게 넣을 것인가?'와 같이 황당한 상황을 주어 지원자의 임기응변 능력을 테스트하는 이른바 '압박면접'이 사라지며 직무 관련 경험이나 상황을 물어보는 구조화 면접이 이루어진다.

가령 국립공원관리공단 지원자의 경우 긴급환자가 생기면 어떤 식으로 대응할지, 산에 대형 화재가 발생했을 때 어떻게 대처할지를 묻는다. 법무직렬은 회사가 처한 특정 소송 상황을 예시로 주고 어떤 식으로 업무를 처리할지를 질문한다. 현재 5급 공무원의 경우에도 블라인드 면접이 진행되는데, 1시간가량 심층면접을 하면서 상황 해결능력을 물으면 지원자의 실력이 금방 드러나게 되어 있다. 그렇기 때문에 블라인드 채용은 실력을 기초로 적합한 사람(right person)을 고르는 방식이라고 할 수 있다.

3 NCS 채용과 블라인드 채용의 차이점과 공통점

블라인드 채용과 함께 많이 거론되는 것이 NCS 채용이다. 도대체 NCS 채용은 무엇인지, NCS 기반 블라인드 채용은 무엇인지 헷갈려 한다. 앞에서 블라인드 채용에 대해서는 어느 정도 설명했으니 NCS의 기본 개념을 훑어보고 차이점과 공통점을 알아보자.

NCS 기반 채용이란?

국가직무능력표준(National Competency Standards, 이하 NCS)이란 산업현장에서 직무를 수행하기 위해 요구되는 능력, 즉 지식(knowledge) · 기술(skill) · 태도(attitude)를 국가가 산업부문별 · 수준별로 체계화 및 표준화한 것이다.

직무능력은 크게 두 가지로 나뉜다. 직업인으로서 기본적으로 갖추어야 할 공통역량인 '직업기초능력', 해당 직무를 수행하는 데 필요한 역량인 '직무수행능력'이다.

NCS(국가직무능력표준) = 직업기초능력 + 직무수행능력

직업기초능력은 크게 다음의 열 가지로 구분된다.

1	의사소통 능력	업무를 수행함에 있어 글과 말을 읽고 들음으로써 다른 사람이 뜻한 바를 파악하고, 자기가 뜻한 바를 글과 말을 통해 정확하게 쓰거나 말하는 능력이다.
2	수리능력	사칙연산, 통계, 확률의 의미를 정확하게 이해하고, 이를 업무에 적용하는 능력이다.
3	문제해결 능력	문제 상황이 발생하였을 경우, 창조적이고 논리적인 사고를 통하여 이를 올바르게 인식하고 적절히 해결하는 능력이다.
4	자기개발 능력	스스로를 관리하고 개발하는 능력이다.
5	자원관리 능력	시간, 자본, 재료 및 시설, 인적자원 등의 자원 가운데 무엇이 얼마나 필요한지를 확인하고, 이용 가능한 자원을 최대한 수집하여 실제 업무에 어떻게 활용할지를 계획하며 업무 수행에 이를 할당하는 능력이다.
6	대인관계 능력	접촉하게 되는 사람들과 문제를 일으키지 않고 원만하게 지내는 능력이다.
7	정보능력	업무 관련 정보를 수집하고, 이를 분석하여 의미 있는 정보를 찾아내며, 업무 수행에 적절하도록 조직하고 관리하며, 활용하는 제 과정에 컴퓨터를 사용하는 능력이다.
8	기술능력	도구, 장치 등을 포함하여 필요한 기술에는 어떠한 것들이 있는지 이해하고, 실제로 업무를 수행함에 있어 적절한 기술을 선택하여 적용하는 능력이다.
9	조직이해 능력	업무를 원활하게 수행하기 위해 국제적인 추세를 포함하여 조직의 체제와 경영에 대해 이해하는 능력이다.
10	직업윤리	원만한 직업생활을 위해 필요한 태도, 매너, 올바른 직업관이다.

직업기초능력은 한 가지씩 따로 작동하지 않는다. 몇 가지가 모여 시너지 효과가 일어나는 경우가 많으므로 이를 염두에 두고 자소서를 작성하고 면접을 볼 때 각 기업의 인재상과 직무에 맞춰 구조적으로 대답을 해야 한다.

직무수행능력은 직무에 꼭 필요한 지식, 기술, 자격 등을 말한다. 조직과 기업에서 제시하는 직무수행능력을 꼼꼼히 살피고 필요한 자격증 등은 미리 준비한다.

NCS 기반 채용과 블라인드 채용의 차이점과 공통점

가장 중요하게 이해해야 할 점은 NCS 채용이 없어지고 블라인드 채용으로 바뀌는 게 아니라는 것이다. 앞에서도 말했듯이 NCS 채용은 직무능력을 기반으로 한다. 그리고 블라인드 채용은 편견 없이 공정한 방식으로 진행된다. 즉 둘은 서

로 상충되는 개념이 아니며, 두 방식을 융합한 것으로 이해하면 더 쉽다.ᵀ

이렇게도 생각해볼 수 있다. 직업기초능력은 서류전형에서 확인하고, 직무수행능력은 면접전형에서 더 평가될 수 있다. 또 면접도 두 단계로 나뉘어 실무면접에서는 직무적합도(Job Fit)를, 임원 면접에서는 조직적합도(Organization Fit)를 중점적으로 본다. 그런데 블라인드 면접에서는 자기소개를 할 때도 이름을 말하면 안 될 정도로 인적사항 노출을 철저하게 배제한다. 그러니 사람이 아니라 능력을 더 보게 된다. 달라진 면접 방식에 따라 면접관의 사전교육 또한 철저히 이루어진다. 차별적 소지가 있는 질문(성별, 연령, 학번, 학력, 학위, 출신지역, 병역, 결혼 여부 등)은 삼가며 지원자가 개인신상에 관한 사항을 언급할 경우 발언을 제지해야 한다. 친인척 중 유명 인사나 고위직 인사가 있다거나 본인에게 유리한 성장배경, 가족관계, 사회경력 등을 의도적으로 드러내는 행위도 금지된다.

NCS 기반 블라인드 채용

정리하면 NCS 기반 블라인드 채용은 NCS를 기반으로 자세한 직무기술서(job descriptions)를 지원자에게 제공해 직무적합성이 높은 인재를 채용하도록 유도하고 학력, 연령 등의 조건에 제한 없이 취준생이 지원하도록 하는 것이다. 서류전형에서는 직무 관련 교육·훈련 과정 내역, 자격증, 자소서 중심으로 평가한다.ᵀ

NCS 기반 블라인드 채용은 직무와 상관없는 스펙 쌓기를 지양하도록 해 사회적 비용을 줄이는 데 의미가 있다. 직무능력 향상을 위한 취업 준비를 유도하고, 필기고사도 그에 맞춰 실시한다. 무엇보다 면접관이 선입견 없이 지원자에게 질문한다는 점에서 공정성을 확보할 수 있다.

NCS 기반 블라인드 면접의 취지는 입사 후 조직 적응력이 높은 인재를 선발하는 것이다. 평가 공정성, 타당도, 신뢰도를 높일 수 있으며 실무를 직접 하는 사람이 면접관으로 참여해 추후 적합한 신입사원을 선별할 가능성이 높다. 다양한 직무 관련 경험과 경력을 지닌 인재 선발로 재교육 비용과 조기퇴사로 인한 손실이 줄어든다. 해당 직무의 역량을 기반으로 면접 문항을 개발해 면접관이 편견, 선입견, 고정관념을 최소화해서 취준생에게 직무적합성과 관련해서 물어볼 수 있다.

📢 NCS 채용에서는 기업에서 출신 학교와 전체 학점을 요구했지만 블라인드 채용에서는 그렇지 않다. 하지만 직무능력을 중요하게 보는 것은 둘다 동일하다.

📢 '채용공고 → 지원 → 서류전형(지원서, 자소서) → 직업기초능력 평가(필기시험)와 전공 시험 → 면접(1, 2단계)'의 순서는 동일하다. 준비 단계에서 스펙 쌓기가 아니라 직무능력 쌓기에 유념해야 하고 자소서, 면접의 각 단계에서 해서는 안 되는 주의점을 명심한다. 안타까운 실수로 제대로 평가도 받지 못하고 탈락하는 일이 없도록 해야 한다.

핵심은 껍데기보다 알맹이다!

_ 조지용 원장

고려대 경영대학원 MBA를 졸업하고 GE 인사팀 과장, 코카콜라 인재개발 과장, 딜로이트 컨설팅 전략 매니저, 주한 다국적기업 HR 네트워크 미팅 회장, 네모파트너스 인사조직컨설팅 부사장을 거쳐 현재 한국컨설팅산업협회 경영컨설턴트 양성과정 교수로 활동하고 있다.

문재인 정부는 '일자리 대통령'을 내세우며 블라인드 채용을 통해 공정한 사회를 만들겠다고 약속했다. 그러나 블라인드 채용에 대한 기대와 졸속 추진의 우려가 교차하고 있다.

이런 상황에서 취준생들은 어떻게 대처해야 하는지를 듣기 위해 채용면접 전문가이자 한국채용면접관인증원 원장인 조지용을 만났다. 그의 인생 3막을 따라가며 사람에게 일이란 무엇인지, 어떤 태도로 일에 임해야 하는지, 블라인드 채용에서 가장 중요한 점은 무엇인지를 들어보았다.

1막 워킹(Working)

처음 다국적기업에 입사해 교육 업무를 맡게 된 것이 그의 인생에서 '결정적 순간'이었다고 한다. 그는 배우고 익혀서 다른 사람들과 나누는 게 좋았다.

"보통 입사를 하면 희망 직무를 쓰잖아요. 저는 인사팀 교육담당을 지원했어요. 운 좋게 원하는 직무를 할 수 있었고, 배울 기회가 많았죠. 상사가 '먼저 글로벌 본사에 가서 배워 와서 가르쳐!'라고 말해준 덕분에 제겐 엄청난 기회가 생겼고 그때마다 최선을 다해 그 기회를 잡았습니다."

그렇게 GE와 코카콜라 등에서 직장생활을 하면서 돈을 내고도 배우기 어려운 것들을 학습하고 나누면서 더 성장했다.

조지용 원장은 HR 담당자에서 컨설턴트로 직무를 바꾸며 채용면접 전문가로서의 길을 가게 된다. 현업 담당자로만 있었다면 지금처럼 다양한 컨설팅 경험을 하지 못했을 것이라고 말한다.

전문가 집단에 들어갔다고 모두 최고로 인정받는 것은 아니다. 전문가 시장에서의 절대적인 기준을 충족시킬 수 있어야 한다. 친한 직장동료였더라도 그 기준에 도달하지 못하면 추천하지 않는다. 친분은 '절대적 기준'에 포함되지 않는다. 그러한 조직에서는 친한 동료 선후배끼리도 일을 수행함에 있어서 적당히 타협하는 것을 경계한다.

"'컨설팅료를 이 정도 받았으니 이 정도만 하자'라고 동료들끼리 이야기하기 쉽지만, 프로페셔널은 적당히 타협하지 않아야 오랫동안 인정받을 수 있다"며 조지용 원장은 '프로페셔널'을 다음과 같이 정의했다.

"같이 일하는 동료가 훗날 고객이 되었을 때 나를 부를 정도가 되어야 한다."

동료와 함께 일을 수행함에 있어서 '팀워크'와 '적당한 타협'을 구분해야 한다. 이것이 조지용 원장이 강조하는 전문가 집단의 올바른 공동체의식이자 철학이다.

다음(Next)을 생각해서 준비(Ready)를 해라!

"프로페셔널은 재미있게 일하니까 성과가 좋은 거지, 프로모션을 잘한다고 되는 것이 결코 아닙니다."

자기가 살아온 시간과 경험은 축적되기 마련이다. 그렇기에 항상 과거를 제대로 정리하고 미래로 나아가야 한다. 단순히, 일시적으로 잘한다고 되는 것이 아니라 때와 장소를 불문하고 절대적 기준을 만족시켜야 한다.

조지용 원장은 두 명의 프로페셔널을 기억해냈다. 한 명은 딜로이트 후배이고 다른 한 명은 GE 선배다. 딜로이트 후배는 당시 전략컨설팅 프로젝트를 함께 수행할 때 수개월간 항상 5시 30분에 출근했다. 그날 수행해야 할 업무를 미리 준비하기 위해서였다. 사소한 미팅이라도 반드시 참여하기 전에 자기 생각을 정리했다. 늘 반 발짝씩 앞서 준비가 되어 있던 그 후배는 결국 컨설팅 대표에까지 올랐다. 다음(Next)을 생각할 줄 아는 사람은 무엇을 준비(Ready)해야 하는지 안다.

발품을 팔면 명품이 된다

GE 선배는 뭘 하든지 열정적으로 손품 발품을 팔며 최선을 다했다.

"일을 열정적으로 하다 보면 다른 사람들 눈에는 자칫 과시하는 것처럼 보이죠. 그 선배가 일에 열정이 넘치다 보니 다른 사람의 시기와 질투를 받기도 했어요. 그런데 남들의 평가를 떠나서 정말 일을 열정적으로 하는 것이 리더의 덕목에서 가장 기본이 아닐까 싶습니다. 그게 '일의 에너지'라고 생각하는데, 일단 그 에너지를 기본적으로 갖고 있어야 다른 사람을 고취시킬 수 있죠. 그 점을 제일 본받고 싶었고, 그래서 지금도 자주 보려 해요. 저는 가급적 에너지를 빼앗는 사람보다는 함께할 때 에너지가 올라가는 사람을 만나려고 합니다."

헛품을 팔면 날만 샐 뿐이다. 에너지를 빼앗는 사람에게 기회를 찾는 것은 어리석은 짓이다. 젊을 때는 헛품도 경험이 되지만 손품 발품도 제대로 하는 것을 배워야지 대충하는 것에 길들어져서는 안 된다. 나이 들어서 바꾸긴 더 힘들다. 어떤 일이든 처음 배울 때 헛품에서 벗어나 진품이 되고, 나아가 명품이 되어야 하지 않을까.

3막 커미트먼트(Commitment)

"채용면접 전문가라 하더라도 편견에 사로잡힐 수 있음을 경계해야 합니다. 제한된 시간 안에 지원자의 역량을 판단하는 것은 매우 힘든 일입니다. 저도 예외는 아닙니다. 예를 들면 첫 질문에서 지원자가 핵심을 말하지 않고 장황하게 이야기를 늘어놓으면 의사소통 역량을 낮게 평가하게 되는데, 이것이 다른 영역의 역량 평가에도 부정적인 영향을 끼치게 됩니다. 그래서 저는 끝까지 인내심을 갖고 어떤 다른 역량을 보유했는지를 세심하게 파악합니다. 면접 경험이 많은 면접관일수록 '내가 보는 게 맞다'고 확신하게 되는데 이게 제일 위험합니다. 그래서 채용면접관들은 면접 후 서로의 평가 근거에 대해 치열하게 논의하며, 하나의 면접 도구가 아닌 여러 도구를 병행해 오류를 최소화하고 있습니다."

직무적합성만큼이나 조직적합성도 중요하다!

"블라인드 채용이라고 해서 갑자기 채용의 원리가 바뀌지 않아요. 다만 블라인드 채용의 이면(裏面)을 잘 보며 '이 사람이 조직에 적합한 사람이냐', 즉 다른 조건보다는 그 사람 자체를 보는 것이 맞고 그렇게 가야 된다고 생각합니다. 그러면 지원자들은 자기만의 색깔이 있어야 되고 자기 가치관이 있어야 면접관에게 좋은 점수를 받을 수 있어요. 가치관에 따라서 조직의 적합도가 드러나지 않을까 싶습니다."

조지용 원장이 블라인드 채용을 준비하는 사람들에게 가장 먼저 해주는 조언이다. 개인적 역량도 중요하지만 조직에 맞게 준비해야 한다. '개인-직무 적합성(Person-Job Fit)' 못지않게 중요한 것이 바로 '개인-조직 적합성(Person-Organization Fit)'이기 때문이다. 직무역량도 중요하지만 조직이 추구하는 인재상과 맞지 않으면 합격과 멀어진다.

평가할 수 있는 시간을 확보하라!

피터 드러커는 이렇게 말했다.

"당신이 채용에 5분밖에 시간을 사용하지 않는다면 잘못 채용된 사람으로 인해 발생한 사고를 수습하는 데 5,000시간을 사용하게 될 것이다."

조지용 원장도 채용에 요구되는 시간과 노력의 중요성을 강조했다. 대부분의 기업들이 지원자 한 명당 약 10여 분 정도만 면접에 할애한다. 기존에는 학력 등의 스펙에 의존해왔기 때문에 짧은 시간에 면접이 가능했을지 몰라도 블라인드 면접에서는 이렇게 해서는 안 된다. 예를 들면 블라인드로 진행되는 서울시 9급 공무원 면접의 경우 지원자 한 명당 면접관 세 명으로 구성된 면접을 기본으로 하며 총 40분(주제 검토 15분, 주제 발표 5분, 개별면접 20분)이 소요된다. 블라인드 면접이 제대로 이루어지려면 지원자의 역량 검증을 위해 현행보다 최소 두 배 이상의 시간이 필요하다.

만남의 횟수보다 관계의 깊이를 추구하라!

조지용 원장은 '행복한 삶은 자신의 결정에 신념을 더하는 것'이라고 말한다.

"한때 경제적으로 어려웠는데 피하지 않고 감당해야겠다고 마음을 먹었어요. 인생의 가치가 돈은 아니라고 생각했어요. 돈에 얽매여 사는 것은 행복하지 않아요. 본인이 결정하고 행동한 것에는 반드시 책임을 져야 합니다. 남을 탓해서는 안 되죠."

항상 자신의 행동에는 대가를 지불해야 하고, 그래야 더 성장할 수 있다. 이제 인생 3막에 들어선 조 원장은 가족들과 시간을 많이 보내고 싶다고 말한다.

"예전에 비해서는 딸이 아빠 목에 매달리는 횟수는 줄었지만 가족 간의 관계가 좋아지고 있어서 행복해요."

조지용 원장에게 스스로 절제를 못하는 것은 무엇이냐고 물었다.

"일보다 사람을 중요하게 여기다 보니 다른 사람의 부탁을 거절하지 못해요. 그래서 고민이지만, 그렇다고 사람보다 일을 우선으로 여길 생각은 없습니다. 저는 일보다 사람이 먼저입니다. 무엇이 중요한지 겪어보니까 보이더라고요."

사람이 우선인 그는 좋아하는 일을 하면서 가족과 더불어 사는 방법을 깨달았다고 말한다.

"주변에서 사업을 키우자는 사람도 많지만 저는 인재를 키워 전문가로 육성하는 것이 먼저입니다. 내년에는 채용면접관인증원을 통해 더 많은 면접 전문가들이 배출되도록 노력할 것이고, 더 나아가 컨설팅산업협회 차원에서 추진 중인 '바른채용 기업인증'에 열정을 바치려고 합니다. 공정하고 적합한 채용을 하는 우수 기업을 발굴해 그 모범 사례를 공유하고 싶습니다. 공정한 사회로 가기 위해서는 국가 차원의 제도 개선도 필요하지만 민간 주도로 바른 채용을 장려하고 불합리한 부분을 스스로 바로잡는 노력도 매우 중요합니다."

인생 3막은 나를 버리고 우리를 위해 가방을 다시 싸는 시간이다. 채용비리와 불공정 면접을 바로잡기 위해 부단히 노력하는 조지용 원장, '채용면접 전문가' 조지용 원장의 인생 3막을 응원한다.

나를 버려야 삶이 가벼워지고 우리를 생각해야 열정이 생긴다. 당신의 인생 가방에서 지금 버릴 것은 무엇인가?

지원
2장

블라인드 채용,
입사지원 시 고려할 것들

당신은 할 수 있고, 해야 하며,
시작할 용기가 있다면, 할 것이다.
- 스티븐 킹

1 자기 분석: 입사 전에 팩트 직시하기

블라인드 채용에서는 직무 분석이 중요하다. 직무에 맞는 경험을 쌓고 자격증을 따야 합격 가능성이 높기 때문이다. 그런데 그전에 선행되어야 하는 것이 자기를 분석하는 일이다. 옆 페이지 표의 취업 준비 점검 문항을 통해 자신이 어느 정도 준비되어 있는지 스스로 알아보자.

'무작정 많이 지원하면 한 곳이라도 취업이 되겠지'라는 안일한 생각을 하면 블라인드 채용에서는 승산이 거의 없다. 국가직무능력표준(NCS)을 바탕으로 하는 블라인드 채용은 해당 직무가 무엇인지, 직무기술서에 나타난 요건을 보고 자신이 지원할 수 있는지 없는지를 꼼꼼하게 살펴야 한다. 스스로 준비가 어느 정도 되어 있는지 알아야 다음 단계로 나아갈 수 있다.

자기 분석을 통해 지원할 곳이 정해지면 그때부터 그 조직에 최적화된 지원서, 자소서, 면접을 준비한다.

합동채용을 한다면 먼저 지원할 곳을 잘 골라야 한다

앞에서도 말했지만 최근에는 성격이 비슷한 공공기관은 같은 날에 합동채용을 실시한다. 합동채용을 하면 공공기관은 채용 업무를 처리하기가 수월하고, 취준생 입장에서는 번거롭지 않게 시험을 볼 수 있다는 장점이 있다.

취업 준비 점검 문항

1	취업을 목표로 준비하는 직종이 있다	O	×
2	취업 도서, 인터넷 정보 검색을 통해 지원회사 관련 정보를 수집하고 있다	O	×
3	취업 기술의 향상을 위해 취업설명회, 박람회, 프로그램, 스터디 등에 참여하고 있다	O	×
4	희망 조직과 직종에 적합한 이력서를 작성할 수 있다	O	×
5	직무 중심 자소서를 작성할 수 있다	O	×
6	희망 직종의 전문성을 갖추기 위한 준비를 충분히 했다	O	×
7	취업에 필요한 자격증을 충분히 소지하고 있다	O	×
8	지금 면접을 본다면 효과적으로 자기를 PR할 자신이 있다	O	×
9	입사 희망 업체의 구인 조건에 대해 잘 알고 있다	O	×
10	구인 정보를 수집하고 있는 사이트가 3개 이상 있다	O	×

취 업 준 비 점 검 평 가

• O의 숫자를 합한다.

8개 이상 언제라도 블라인드 채용 취업에 성공할 수 있는 사람이다. 주도적으로 취업 준비를 하고 상황에 따라 희망 기업이나 직종에 취업할 수 있다.

6~7개 어느 정도 블라인드 채용 취업 준비가 되어 있다. 나름대로 준비해왔지만 아직 블라인드 채용을 전문적으로 파고든 편은 아니다. 블라인드 채용에 대한 더 많은 지식과 경험을 쌓을 필요가 있다.

4~5개 취업 준비를 할 마음은 있으나 아직 블라인드 채용 취업 준비가 덜 되어 있다. 취업 준비 때문에 스트레스를 많이 받는 편으로, 마음만 먹었지 본격적인 취업 준비는 미루어왔다. 좀 더 적극적으로 블라인드 채용 준비와 경험을 쌓을 필요가 있다.

3개 이하 아직 취업하기에는 턱없이 부족한 상태다. 블라인드 채용에 대한 관심이나 경험을 적극적으로 가져야 한다. 비즈니스 환경에서 살아남기 위해서는 취업 준비를 더 열심히 해야 할 필요가 있다.

그런데 같은 날 동시에 필기고사 등을 치르기 때문에 미리 자신이 가고 싶은 곳이 어디인지 결정해야 하는 부담감이 있다. 또한 같은 지역에 위치한 공공기관끼리 합동채용을 추진하는 사례가 생기고 있어서 취준생은 희망하는 지역도 사전에 선택해두어야 효율적으로 준비할 수 있다.

블라인드 채용담당자는 팩트를 원한다

의심의 눈초리로 자소서를 읽는 채용담당자에게 신뢰를 주어야 합격이 될 수 있다. 채용담당자는 뛰어난 사람(best people)이 아니라 적합한 사람(right people)을 뽑

사실을 바탕으로 쓰는 자소서 사례

질문	지원자 답변
나는 왜(why) 이 일을 하려고 하는가?	대학 입학 후 전공수업을 들으며 엔지니어의 꿈을 키웠습니다. 특히 공정설계 전문가가 되겠다는 목표를 다졌습니다. 또 대학 입학 후 연구실 아르바이트, 체험캠프 인솔교사 등의 아르바이트 경험을 하며 스스로 학비를 충당하고 다양한 경험을 쌓았습니다.ⓣ 학창시절에는 임원 활동을 비롯해 프로젝트 팀의 팀장을 맡아 하면서 공모전에서 팀을 구성하고 이끌어 장려상을 받았습니다. 이런 경험을 살려서 엔지니어로서의 노하우를 발전시키고 싶습니다.
이 직무를 위해서 무엇(what)을 했는가?	대학 시절 건설분야에서 필요로 하는 인재가 되기 위해 먼저 건축 업무를 위한 전공 공부를 열심히 했습니다. 기본에 충실한 인재가 되기 위해 노력한 결과 여섯번의 성적우수 장학금을 받았습니다. 무엇보다 하나를 꾸준히 파고드는 성실함 때문이었습니다. 미국 어학연수, 호주 영어캠프 등을 거치며 쌓은 풍부한 해외 경험은 열린 사고를 하는 인재로 성장하는 데 도움이 되었습니다.ⓣ 기본기를 다져온 성실함과 도전정신을 바탕으로 이곳에 기여하고 싶습니다.
지원하는 회사의 어디(where)에서 일하고 싶은가?	건설의 핵심 분야 중 하나는 바로 플랜트입니다. 저는 공정설계 팀에 들어가 효율적으로 석유 제품을 생산할 수 있도록 노력할 것입니다. 세계 최고 수준을 갖춘 플랜트 인재로 성장해 앞으로 건설을 짊어질 전문가가 되겠습니다.ⓣ 배운다는 신입사원의 자세를 유지하고 최고의 엔지니어가 될 것을 약속드립니다.
장차 어떻게 (how) 하고 싶은가?	처음 1년 동안은 전공지식을 실무로 연결하면서 전문가가 되기 위한 초석을 다지겠습니다. 공정설계를 할 때는 작은 실수가 좋지 못한 결과를 가져올 수도 있다는 것을 항상 염두에 두고 업무에서도 책임감과 긴장감, 열정을 가지고 임하겠습니다.ⓣ 회사에 원활하게 적응하며 팀원들과 좋은 관계를 유지하는 것은 물론, 제2외국어 공부에 전념하는 등 자기개발 또한 소홀히 하지 않겠습니다.

📢 연구실 활동, 체험캠프 인솔교사, 아르바이트 등 여러 경험을 나열하는 것보다 한 가지를 구체적으로 쓰는 편이 읽는 사람에게 설득력을 높인다.

📢 어학연수, 영어캠프에서 생각하고 느꼈던 경험을 직무와 연결해야 지원자가 무엇을 했는지 더 명확하게 알 수 있다.

📢 전문가가 되고 싶은 희망은 알 수 있지만 구체적 사례 1~2줄을 적는 편이 설득력을 높인다.

📢 책임감, 긴장감, 열정이라는 표현을 나열하기보다 한 가지에 집중해서 글을 작성하는 편이 명확성을 높이는 데 도움이 된다.

고 싶어 하기 때문에 지원자는 주관적 의견이 아니라 객관적 사실을 말해야 한다. 그렇게 하려면 미리 자신이 했던 경험이나 아르바이트, 연구실 활동 등을 정리해 두어야 한다. 닥쳐서 자소서를 쓰려고 하다 보면 사소하지만 중요한 사항을 놓쳐 나중에 후회하게 될 수도 있다.

최근 블라인드 채용에서 채용담당자는 지원자의 직무적합성과 조직적합성을 구분해서 평가하려고 한다. 두 가지 영역에 맞추어 자신의 경험, 경력, 자격증 등을 준비하는 것이 좋다. 보통 취준생들은 자신이 직무에 적합하다는 것을 알리려고 노력하는 경우가 많은데, 내가 아무리 뛰어난 사람이라도 조직에 적합한 사람이 아니면 채용되기가 어렵다. 직무적합성도 중요하지만 조직적합성도 고려해야 한다.

기본적으로 자기 분석이라는 것은 스스로에 대해 아는 것이다. 내가 이 직무, 조직에 얼마나 준비되었고 무엇을 더 준비해야 하는지 자신이 가장 잘 안다.

2 직무 분석: 직무에 적합한 경험하기

블라인드 채용은 청년들이 편견에서 벗어나 공정하게 실력으로 평가받도록 하는데 목적을 둔다. 평등한 채용 기회를 부여하기 위해 도입되었으며, 블라인드 채용 방식을 도입한 기관은 자소서와 면접에서 편견이 개입될 수 있는 사항을 배제하고 직무능력 중심의 평가를 실시하게 된다. 그렇기 때문에 블라인드 채용에 맞춰 자신에게 맞는 직무 분석을 미리 해야 한다. 직무 분석이 되어 있어야 NCS 자소서나 블라인드 면접을 준비할 때 유리하다. 일단 자신이 가지고 있는 이력과 직무기술서에 나타난 조건이 어느 정도 맞는지 살펴보는 것이 중요하다. 제일 먼저 지원하려는 기관의 NCS 공고에 나타난 직무기술서를 살펴본다. 기업(조직)은 해당 직무의 상세 내용, 직무능력(직업기초능력, 직무수행능력), 평가 기준을 정해 사전에 명확하게 공지하며 이를 바탕으로 인재를 선발한다.

공공기관은 완전히 블라인드 채용을 해 학벌에 대한 차별이 없어졌다. 한국은행의 경우 출신 대학을 기재하지 못하게 했을 뿐만 아니라, 자소서에 어느 대학 출신인지 추정할 수 있는 문구를 기재할 시 탈락시킨다고 명시되어 있다. 실제 최종 합격자 중 10% 정도는 학점 3.5점 이하이며, 영어가 정말 필요한 곳을 제외하고는 토익 점수도 기준치 이상이면 된다. 토익 700점만 넘으면 다른 스펙을 전혀 보지 않기 때문에 정말 다 붙는다. 한국가스공사의 경우에는 CPA, 변호사 등 지정한 몇 개의 전문자격증 말고는 적는 칸도 없고 학교, 학점, 대외활동, 자격증 등이 블라인드 채용에서 중요하므로 실력에 비해 스펙 준비가 덜 된 취준생에게 더욱 좋다.

하지만 면접에서는 자소서를 토대로 질문이 나오기 때문에 자소서를 직무 분석에 따라 성심껏 써야 한다. 그러려면 먼저 그에 맞는 경험이나 있어야 한다. 즉 블라인드 채용에서는 벼락치기가 힘들다. 미리 자기 분석과 함께 가고 싶은 공기업의 직무 분석을 통해 그에 적합한 경험을 쌓아야 한다. 만약 그런 경험이 없다면 자신이 한 일 중에 최대한 그에 맞는 것을 찾아 정리한다. 이때 거짓말을 해서는 안 된다. 자소서에 동아리에서 어떤 능력을 키웠다는 이야기가 있으면 면접에서 그 동아리 이름이 무엇이고, 그렇게 이름을 지은 이유는 무엇인가를 물어보기도 하기 때문이다.ᵀ

여기서 가장 고민스럽고 원서 제출 후 아쉬워하는 부분이 바로 내가 경험한 것을 제대로 기억하지 못했을 때다. 의외로 자신이 충분히 경험하고도 글이나 말로 드러내지 못해서 써먹지 못하는 경우가 많다. 일상에서 매일 겪다 보니 막상 떠오르지 않았던 경험, 예전에 했었는데 기억이 가물가물한 경력, 한꺼번에 배우다 보니 자신도 모르게 빠뜨린 학습 경험이 있을 수도 있다. 특히 학생은 동아리나 대외활동을 잘하고도 그것을 말하지 못하거나 쓰지 못해서 아쉬워하는 경우가 많다. 원서를 제출하고 기억이 떠오르면 정말 아까워한다.

또 하나 지원자들은 NCS의 정확한 평가 기준을 모르는데 어떻게 직무 분석을 하냐고 불만을 토로한다. 하지만 자신이 하고 싶은 직무, 이 직무에서 어떻게 일을 해나갈지에 대한 이해가 명확하다면 고민거리가 아니다. 직무에 대한 정확한 평가기준을 모르겠다는 것은 내가 뭘 원하는지 모르는 것과 같다.

블라인드 채용에서는 제일 먼저 자기 분석이 되어야 한다고 말했다. 지원할 직무를 찾기 위해서 자기가 무엇을 가장 잘하고 무엇을 원하는지 명확하게 파악한 다음 직무 분석을 통해 나에게 맞는 곳에 입사지원서를 내야 한다.

동아리 팀원들의 이름을 묻는 경우도 있다. 한 번은 잘 꾸며서 대답할 수 있겠지만 면접관은 이를 적어두었다가 마지막 무렵에 다시 한 번 묻기도 한다. 팩트를 기반으로 자소서를 작성하지 않으면 면접에서 당황해 제대로 말하지 못할 확률이 높다.

필기전형 시 유의사항

공기업은 서류전형에서 모집정원의 10~20배수를 뽑는다. 그러나 필기시험을 거치면 지원자가 2~5배수로 확 줄어들기 때문에 필기시험이 핵심이라고 할 수 있다. 한국은행을 제외하면 난이도는 높지 않으나, 지원자들의 실력이 전부 뛰어나기 때문에 만점을 받는다는 생각으로 필기시험에 임해야 한다.

과거 공기업 필기시험은 전공 또는 논술 위주였다. NCS 도입 후 공공기관 필기시험은 크게 NCS 직업기초능력 검사와 NCS 직무수행능력 평가로 나뉜다. 직업기초능력 검사는 과거의 직무적성 검사에 해당하고, 직무수행능력 평가는 기존 공공기관의 전공시험에 약간의 실무평가 항목을 추가한 것이다. 다만 NCS 기반 직무수행능력 평가는 이전의 전공시험과 다른 점이 있다. 지원 직무에 대해 지원자가 얼마나 이해하고, 평소 직무와 관련해 준비가 돼 있는가를 평가한다는 점이다.[T]

한국가스공사의 평가 방법은 인성검사의 경우는 적합/부적합을 가렸고, 적성검사 50%와 전공시험 50%를 합산해 인성검사를 통과한 사람에 한해 합계가 높은 사람들을 뽑았다. 갑자기 배수가 확 줄다 보니 필기시험이 공기업 취업에 있어 가장 중요하고 준비 시간이 걸리는 부분이 됐다. 보통 NCS는 6개월, 전공은 2~3개월 정도 준비하면 합격한다.

옆 페이지 표를 보고 직무 분석을 어느 정도 했는지, 만약 원하는 곳이 있다면 지원할 준비가 되었는지 스스로 점검해보자. 공통역량은 지원 직무에 관계없이 공공기관에서 기본적으로 요구하는 사항이다. 어쩌면 직무적합성보다 더 넓게 장기적으로 필요한 것이 바로 공통역량이다.

중요도 순으로 따지면 NCS 〈 인성검사 〈 전공시험이다. 지원이야 누구나 할 수 있는 NCS 블라인드 채용인데 필기에서 전공시험을 본다는 것은 준비된 사람만 뽑겠다는 의미로 볼 수 있다.

공통역량 파악하기

영역	항목	그렇지 않은 편	다소 그런 편	매우 그런 편	합계
1	윤리적 딜레마가 생길 경우 나의 이해관계보다 규범을 따른다.				
	자신이 속한 집단의 기준에 맞춰 가치와 원칙을 추구한다.				
	불리한 입장에 서더라도 올바른 가치와 신념을 고수한다.				
	비윤리적이거나 부당한 결정에 이의를 제기한다.				
	구체적인 윤리규범을 만들고 이를 준수한다.				
2	수치나 계량으로 이루어진 자료에 익숙하다.				
	계산 관련 활동에 익숙하고 정확하다.				
	수치화된 자료를 다루는 일에 실수를 하지 않는다.				
	수치화된 자료 등으로부터 어떤 내용을 분석하고 그것을 통해 결론 내는 것을 잘한다.				
	숫자로 구성된 자료를 논리적으로 확인하고 관련 사항을 수행한다.				
3	스스로 목표를 설정하고 그것을 달성하려는 욕구가 강하다.				
	나의 전공 및 업종의 환경 변화에 관심이 많고 앞으로 어떻게 변화되어야 할지에 대해서도 의견과 생각이 있는 경우가 많다.				
	목표를 달성하기 위해 활용이 가능한 자원을 파악하고 동원하여 원하는 것을 성취하는 편이다.				
	나는 목표를 세울 때, 나의 목표가 내가 속한 집단이나 다른 사람들의 목표와도 관련성이 있도록 설정한다.				
	목표를 달성하기 위해 해야 할 일과 구체적인 과정 및 단계, 시기 등을 포함하여 계획을 상세하게 작성하는 편이다.				
4	계층이나 나이, 전공, 업종, 지역 등을 가리지 않고 폭넓게 인간관계를 형성하는 편이며, 그들의 협조도 쉽게 끌어낼 수 있다.				
	내가 한 말과 행동을 잘 지키려고 하며, 다른 사람들의 생각도 믿고 신뢰하는 편이다.				
	과제나 업무 등 공식적인 관계뿐만 아니라 그 외적인 사항에도 관심을 갖고 다른 사람들과 관계를 형성한다.				
	내가 속한 집단 안팎의 사람들과 두루 관계를 형성하며, 협조가 필요한 상황에서는 그들에게 도움을 요청한다.				
	다른 사람들 입장에서 생각하고 배려하려고 노력하며, 불평이나 갈등을 삼가 긍정적 대인관계 이미지를 형성하고 있다.				

5	함께 과제나 업무를 수행하는 팀원이 제대로 일을 하기 어려운 상황에 있다면 나의 능력 내에서 적극적으로 도움을 준다.				
	팀원들과 협력하며 과제나 업무를 처리한다.				
	팀원과 불화를 일으키지 않고, 갈등이 발생해도 신속히 해결한다.				
	팀을 위해 일정 부분 내가 희생하거나 손해 볼 수 있다.				
	팀원들과 친밀하고 협력적인 관계를 갖는다.				
6	내가 속한 집단에 대한 자긍심을 갖고 생활한다.				
	나의 행동이 내가 속한 집단에 영향을 끼칠 수 있다는 생각을 갖는다.				
	나는 개인적인 것보다 집단 전체의 이익과 결과를 우선시한다.				
	내가 속한 집단의 역할, 기능 등에 대해 정확히 이해하고자 노력한다.				
	내가 속한 집단이 발전할 수 있도록 건설적인 대안을 제시한다.				
7	문제가 발생하면 신속하게 대처한다.				
	문제가 발생하면 근본적인 원인부터 찾으려고 한다.				
	어떤 문제를 해결할 때 기대되는 효과를 떠올리고 진행한다.				
	한 번 발생했던 문제는 철저히 파악하여 두 번 다시 일어나지 않게 하려고 한다.				
	일단 해결된 문제라도 원인이나 이유를 파악하여 유사한 상황에 대처할 수 있도록 준비한다.				
8	곤란한 일이라도 위험을 감수하고서 시도하는 편이다.				
	어렵거나 실패 가능성이 높더라도 포기하지 않고 일단 해본다.				
	하고 있는 일에 매우 몰입하는 편이며 그것이 끝나면 곧바로 다른 할 일을 찾아 시작한다.				
	지금까지 해보지 않았거나 남이 잘하지 않는 새로운 일을 하는 것을 좋아하는 편이다.				
	변화를 위해 나뿐만 아니라 관계된 사람들이 행할 수 있도록 구체적으로 실천해야 할 사항과 향후 결과 등을 계획한다.				
9	과제나 업무에 필요한 지식, 기술이 변화되면 즉시 파악 및 반영한다.				
	현재 속한 전공이나 진출하고자 하는 분야와 관련된 사항, 정보 및 기술 등과 관련된 동향 정보를 파악하고 있다.				

	과제나 업무 수행과 관련하여 새롭게 대두되는 방식을 적용하고 그것을 익히려고 한다.				
	과제나 업무와 관련하여 나의 경험을 다른 사람들에게도 공유하여 알려주고 개선될 수 있도록 피드백을 받는다.				
	나 개인은 물론 내가 속한 집단이 더 좋은 방향으로 갈 수 있도록 하기 위해 자기개발 활동에 참여하고 그 과정이나 결과에 기여한다.				
10	뉴스나 서적, 미디어 등을 통해 국제적 이슈를 지속적으로 파악한다.				
	평상 시 다른 나라의 환경이나 동향에 관심을 가지고 있다.				
	다양한 문화 및 나라의 이슈, 상이한 관점 등을 이해하고자 노력한다.				
	나의 전공 또는 진출 희망 분야의 국제적 상황에 대해 알고 있다.				
	외국인과 문서 또는 언어로 효과적인 의사소통을 할 수 있다.				
11	다양한 분석 방법을 통해 어떤 사안의 타당성을 파악한다.				
	다양한 정보 속에서 필요하고 중요한 정보를 찾아내어 활용한다.				
	전산시스템의 활용이 능숙하여 신속한 업무 처리를 할 수 있다.				
	정보를 체계적으로 전자문서로 기록 생성 및 저장하고 관리한다.				
	나의 전공 또는 진출 희망 분야와 관련한 컴퓨터 소프트웨어 및 IT 관련 기능을 효과적으로 다루고 활용한다.				
12	다른 사람의 의견을 잘 듣고 대응하는 능력이 뛰어난 편이다.				
	나의 의사를 전달하고 협의할 때 상대방의 특성을 파악하여 상대방의 입장에서 말하고 잘 수용하게 한다.				
	회의 등에서 다양한 정보를 주고받을 때 나와 상대방 모두에게 도움이 되는 방향으로 공유한다.				
	다른 사람에게 내가 생각하거나 뜻한 바를 빠르고 효과적이며 오해가 없도록 잘 전달한다.				
	상대방의 입장을 고려하여 상대방의 기분이나 이익에 무리가 없도록 나의 생각과 의견을 전달하여 전반적으로 우호적인 집단 분위기 형성에 기여한다.				

3 기관 분석: 나와 기업을 잇는 스토리 짜기

앞에서 자신을 알아보고 직무를 분석했다면 이제 내가 지원하고 싶은 공공기관을 살펴봐야 한다. 공공기관은 홈페이지를 통해 연혁, 인재상, 설립 목적, 현황을 알 수 있다. 기본적으로 공공기관은 자신들이 만든 각종 자료나 정보를 공개하는 것이 원칙이므로 국민 누구나 홈페이지에 접속만 하면 정보 자체를 찾는 데는 문제가 없다.

설립 목적과 인재상을 알아야 합격한다

공공기관은 일반 기업과 선호하는 인재상이 조금 다르다. 일반 기업처럼 성과를 높이려고 노력하지만 공익을 추구하는 커다란 목적을 같이 수행한다. 그래서 자신의 역량을 직무기술서에 적합하게 작성하는 것이 중요하지만 더불어 공공기관의 특성도 파악해야 한다.

예를 들어보겠다. 내가 A 기관을 지원하려는데 B 기관에 적합한 역량을 가지고 있다면 지원 자체를 고민해봐야 하지만 내 역량이 A, B, C 기관 어디에나 적용 가능하다면 통과 가능성을 기대할 수 있다. 이제 중요해지는 것이 공공기관은 충분하고 타당한 목적을 바탕으로 만들어진다는 사실이다. '어떤 특정한 일을 전문적이고 구체적으로 잘하도록 설립된' 곳이기 때문에 기관끼리 일정 부분 공통역량을 요구하면서도 전혀 다른 특성을 원할 수 있다. 이를 가장 쉽고 명확하게 파악할 수 있는 부분이 바로 설립 목적과 인재상 영역이다. 두 가지 부분은 입사 후 계획(포부), 지원동기와 직결되므로 나와 업무를 이어주는 역할을 한다.

지원하려는 공공기관에 맞게 스토리를 구성하라

아무리 경험이 많고 경력이 화려해도 자신의 스토리를 매력적으로 구성을 못하면 그 가치가 크게 떨어진다. 먼저 가고 싶은 공공기관 몇 곳을 정해서 홈페이지를 중심으로 기본 정보를 알아본다. 이때 자신의 경력, 경험, 자격을 바탕으로 무엇을 말할지, 먼저 무엇을 드러낼지 등을 스케치해야 한다. 나와 업무를 잇는 스토리 짜기를 스케치할 때는 완전하게 표현하려고 노력하기보다 메모 형태로 생각나는 대로 적어보는 편이 좋다.[T]

그렇게 적은 다양한 단어나 단서를 바탕으로 지원하려는 공공기관에 맞는 스토리를 찾아낼 수 있다. 스토리를 구성할 때는 자신을 잘 이해하고 이야기를 들어주는 사람을 만나는 게 좋다. 듣는 사람이 나의 기억을 되살려주거나 표현하도록 유도한다. 이런 작업을 몇 차례 반복하면 수년간 했던 자신의 활동 내역이 정리되고 그것을 필요할 때마다 알맞게 스토리로 구성할 수 있다.

공공기관의 주요 사업을 확인해라

하나의 공공기관은 규모에 관계없이 목적에 맞는 활동을 한다. 그 목적에 관련된 사업이나 프로그램이 적지 않아서 연도별, 분기별, 계절별, 월별로 크고 작은 일을 수행한다.

설립 목적과 인재상을 확인했다면 자신이 지원할 공공기관의 주요 사업을 살펴본다. 많은 국민이 무엇을 하는지 알고 있을 법한 공공기관이라도 막상 홈페이지를 살펴보면 "이런 일까지 여기서 해?"라는 내용을 찾을 수 있다. 특히 일상과 밀접한, 또 지역 사회에서 활동하는 공기업은 다양하고 복잡한 업무를 한꺼번에 처리한다. 다시 말해서, 사업이나 프로그램이 너무나도 많다는 뜻이다.

지원하고 싶은 세 군데 공공기관의 성격이 모두 다르다면 그에 어울리는 활동

일단 머릿속에서 공공기관 지원과 관련되는 모든 것을 끄집어내야 언제나 활용 가능한 자원이 된다. 처음부터 완벽하게 그것을 글로 쓰려면 어려우니 메모, 습작, 낙서하듯이 기록해둔다.

을 자신이 했거나 해야만 합격할 가능성이 높아진다. 문제는 기관의 성격이 다르면 그만큼 활동도 차이가 있다는 점이다. 이 경우는 지원자가 시간과 노력을 더 많이 투자해야 한다. 반대로 세 군데 공공기관의 성격이 비슷하다면 사업이나 프로그램도 서로 엇비슷할 수 있다. 지원자 입장에서는 연관 활동을 집중해서 하면 되어 편하다. 이때 집이나 학교 주변에 그런 공공기관이 있다면 직접 방문해보는 것도 좋다. 예를 들어, 문화센터 관련 일을 하는 공공기관이라면 문화센터를 직접 방문하거나 프로그램을 수강해보는 것도 나쁘지 않다. 간혹 이런 곳에서 인턴이나 아르바이트를 모집하는 경우도 있으므로 관심을 기울이면 기회를 잡을 수도 있다. 아무래도 지원할 곳과 연관된 활동을 잘했을수록 자소서나 면접에서 유리할 수밖에 없다. 그렇기 때문에 주요 사업을 수시로 확인해서 자신의 역량을 키우는 데 활용해야 한다.

언론이나 보도자료를 관심 있게 살펴보자

나와 업무를 이어주는 스토리를 구성할 때 힌트를 얻을 수 있는 부분이 바로 지원하고자 하는 공공기관이 언론에서 비춰지는 모습을 검색하는 일이다. 어떤 공공기관이 A라는 사업을 강조하는 모습을 뉴스 검색 등에서 찾을 수 있으면 그 내용이 자신의 활동과 어떤 관련이 있을지 고민해본다. 연결고리가 있다면 자소서와 면접 등에서 활용할 수 있다. 인터넷 신문만이 아니라 지역 신문(지역에서 발행하는 신문으로 그 지역 소식을 포괄적으로 담고 있으며 무료로 배부 또는 비치된다)도 시간 내어 읽어본다. 스토리를 구성하는 데 필요한 단서가 있을 수 있다.

'보도자료'는 공공기관 홈페이지에 공지사항과 나란히 나오는데 공공기관 스스로 기사를 작성해서 언론에 보도를 요청하거나 사실 관계 등을 설명하는 용도로 사용한다. 여기서 발행되는 기사를 모아서 읽어보면 연간 계획, 성공한 사업이나 프로그램, 주민 반응 등을 살펴볼 수 있다. 또 행사, 모임, 세미나 등의 소식뿐 아니라 인재 채용 계획도 찾을 수 있다.ᵀ

📢 관심을 두는 공공기관과 직무기술서를 확인했다면 홈페이지를 중심으로 언론 보도를 넓게 살펴보는 작업이 필요하다. 가장 손쉽게 공공기관의 현황을 알아내는 방법이다.

진정으로 원하는 모습은 무엇인가?

_ 김주미 대표

취업, 면접, 대인관계 등에서 외모 덕을 보는 사람들이 있다. 반대로, 외모 때문에 피해를 보고 비관하는 사람들도 있다. 일에 파묻혀 외모를 돌보지 못하는 사람들이나 외모에 집착해 내면이 황폐해지는 사람들도 있다. 내적 자존감과 외적 아름다움을 함께 끌어내는 방법을 담은 책《외모는 자존감이다》의 저자 김주미 대표를 만났다.

마음을 움직이는 이미지 코칭 전문가. 감성이미지 클리닉 '소울뷰티디자인' 대표. 사람들의 숨겨진 외적 아름다움과 내적 자존감을 찾아주는 활동을 하고 있다. 서경대학교 미용예술학과에서 외래교수로 활동하며, 일반인을 위한 컨설팅 외에도 다수의 기업과 공공기관에서 '셀프 이미지 디자인', '이미지 브랜딩' 강연을 한다. MBC 프로그램 〈생방송 오늘 아침〉에 출연했다.

당신은 내면이 중요한가, 외면이 중요한가?

그녀는 학창 시절에 좋아하는 선생님에게 잘 보이고 싶어 외모 관리에 관심을 갖게 되었다고 한다. 성인이 되어서는 취미로 화장품을 수집하고 잡지를 스크랩하고 자신이 했던 방법으로 다른 사람을 꾸며주는 일에 관심이 많았다.

"자신의 정체성인 외모를 관리하지 않는 것은 나를 존중하지도 상대를 배려하지도 않는 것과 같아요."

자존감(self-esteem)을 높이려면 '나는 사랑받을 만한 가치가 있는 소중한 존재'임을 알게 해야 한다.

자존감과 외모에 새로운 접근을 하는 그녀는 어떤 사람일까?

연세대학교 식품영양학과를 졸업한 후 비서와 헤드헌터로 직장생활을 한 그녀는 이미지컨설팅에 관심이 생기면서 누군가의 이미지가 변화하는 데 얼굴이 중요하다는 것을 깨닫고 본격적으로 메이크업을 배우게 된다. 서경대학교 대학원 메이크업 석사학위를 받고 박사과정을 수료한 뒤 서경대학교 미용예술학과 외래교수, 동서울대학 뷰티코네이션학과 외래교수, 서울모드 패션전문학교 패션뷰티예술학부 외래교수 등으로 활동했다. 감성이미지클리닉 소울뷰티디자인의 대표로 퍼스널 이미지 컨설팅, 스타일 코칭, 퍼스널 쇼퍼 등 '국내 최고의 퍼스널 이미지 코치'로 맹활약하고 있다. 한국코치협회의 인증코치이기도 한 그녀는 단순한 외모 변화만이 아니라 심리 코칭을 통해 자신이 무엇을 원하는지 알고 자신의 가치관에 어울리는 외적 변화를 만드는 일을 하고 있다.

그런 그녀가 처음 꺼낸 이야기가 '경험치(experience point)'였다. 김주미 대표의 인생 3막을 따라가보자.

1막 익스피리언스(Experience)

대학에서는 식품영양학과를 전공했지만 전공 공부 대신 연극에 빠졌었다.

"대학 4년 내내 연극반이었어요. 배우로도 무대에 섰지만, 스태프로 분장을 맡아서 다른 배우들의 메이크업을 도와주곤 했지요. 그때의 경험이 지금 하는 강의에 도움이 되고, 메이크업 코칭으로도 이어지고 있네요."

김주미 대표는 첫 직업을 비서로 시작했다. 대학을 졸업할 무렵 영어를 잘하는 강점을 발휘하면서도 차분한 성격에 맞는 일을 찾다 보니 비서가 좋겠다고 생각했다. 마케팅, 홍보, 기획 업무를 하면서 CEO의 업무를 지원하는 전문비서(executive assistant)로 일했다.

"비서를 했던 경험은 지금 하는 이미지 코칭에 매우 도움이 돼요. CEO처럼 크게 보는 눈이 생겼고, 상대를 편안하게 해준다는 평도 받았죠."

중소기업 무역회사의 회장 비서, 외국계 벤처회사 CEO의 비서, 외국계 은행 지점장 비서 등을 거치면서 조직 경험을 쌓았다. 세상을 바라보는 관점도 자연스럽게 넓어졌다. 그녀의 말투, 화법, 표정, 태도, 외모 등 어느 것 하나 빈틈이 없어 보이는 것도 그때 다져진 내공이다. 결혼 후 주도적으로 일하며 성취감을 얻고 싶다는 생각으로 새로운 직업을 찾기 시작했다.

2막 트랜스포메이션(Transformation)

김주미 대표는 비서에서 국내 헤드헌팅 1위 업체 커리어케어의 헤드헌터로 직업을 전환했다. 헤드헌터 실적 1위를 할 정도로 성취감을 느꼈고, 이후 잡코리아 헤드헌터로 전문성을 인정받았다. 헤드헌터는 기업의 임원이나 전문 기술자 등 고급 인력을 필요로 하는 의뢰업체에 추천할 사람을 선정해 대상자의 경력, 학력, 인성, 전직 이유, 희망 연봉 등을 기술해 분석 자료를 보낸다. 이후 헤드헌터는 의뢰업체에서 긍정적인 반응을 보인 후보자를 인터뷰하며 연봉 등을 협상하고 조정한다.

헤드헌터는 시작하기는 쉬워도 실적을 내기는 어려운 프로페셔널 직업이다. 그녀는 스카우트 제의를 받을 정도로 실적을 내는 상황에서도 이미지 컨설턴트가 되기 위해 메이크업을 배우러 다녔다. 그런 그녀를 주위에서 말렸다고 한다. 그러나 그녀는 메이크업 대학원을 다니면서 메이크업 강사로도 활동했고 메이크업 박사과정에 들어가서 대학 강의를 시작했으며 예스24에 뷰티 칼럼을 기고하는 등 왕성하게 움직였다.

3막 리스타트(Restart)

그녀는 글을 쓰는 것을 좋아한다. 책을 내기 위해서가 아니라 자기가 하고 싶은 이야기를 하기 위해서 글을 썼다고 한다. 《외모는 자존감이다》가 출간되기까지 우여곡절이 있었지만 그녀의 메시지를 그대로 이해해준 출판사를 잘 만났다고 했다. 그녀의 책은 외모에 대한 균형 있는 관점을 소개하며, 스스로를 사랑하는 마음을 다지고 자연스럽게 아름다워지는 마인드 세트와 외모 관리의 습관에 대해 이야기한다.

'아름다움은 정신에서 나온다.'

그녀가 운영하는 소울뷰티디자인의 모토다.

"진짜 아름다움은 보이지 않는 곳에서 나와요. 매력적인 사람이 되고 싶은 마음이 있어야 하지만 그렇다고 예뻐지는 것에 너무 집착하면 안 돼요."

김주미 대표는 외모에 대한 왜곡된 가치관으로 외모 관리에 소홀한 분들, 일과 육아에 치여 꿈과 아름다움을 잃어버린 분들에게 '진정으로 원하는 삶의 모습'에 대해 생각하게 하고, 그에 어울리는 이미지를 잡아줌으로써 외모 관리에 대한 올바른 가치관을 심어주고 있다.

인생 3막에서 김주미 대표는 '진짜 나'를 찾길 원하는 사람들을 위해서, 그리고 자신을 위해서 글을 쓰고 싶다고 말했다. 김주미 대표의 인생 3막을 응원한다.

내면을 알아야 외모가 바뀐다. 당신이 진정 원하는 삶의 모습은 무엇인가? 그리고 블라인드 채용에서 중요한 내면과 외모는 무엇일까?

서류
3장

입사지원서와 자소서
쓰는 법

필요한 말은 빼지 않고, 불필요한 것은
넣지 않아야 한다.
– 헤밍웨이

서류전형의 핵심 포인트, 글쓰기 5T

블라인드 채용에서는 서류를 작성할 때도 전략이 필요하다.T 지금까지 준비해온 경험과 직무 이해도를 채용담당자에게 설득력 있게 이해시키는 것이 중요하기 때문이다.

말하고 쓰는 방법에 따라 당락이 좌우된다

사기업과 공기업은 선호하는 인재상이 다르고 어떻게 말하고 쓰는지에 따라 스토리의 힘이 달라진다고 했다. 무엇을 말하려고 하는지, 먼저 말할 것은 무엇인지, 쓰고자 하는 내용이 정확한지, 지금까지 말한 내용이 무엇이었는지 등을 스스로 구조화하는 것이 좋다. 블라인드 채용에서는 하나의 주제로 지원자가 오랜 시간 채용담당자의 주의를 사로잡을 수가 없다. 그렇기 때문에 짧게, 주제에서 벗어나지 않게 관련된 내용만 쓰거나 말하는 것이 좋다.

공공기관의 인재상을 감안하면 '당찬 신입'이기보다는 '겸손한 신입'의 자세로 임하는 것이 좋다. 인위적으로 모습을 꾸미면 티가 날 수 있다. 한 예로, 공기업 블라인드 면접 때 직원평가 만점을 받은 인턴이 최종발표회에서 다소 당차게 발표를 했다가 떨어진 경우도 있었다. 블라인드 채용 과정은 지원자가 얼마나 잘났는지를 보기보다 같이 일하고 싶은 사람을 뽑는 과정이라는 사실을 명심해야 한다.

글쓰기 5T 원칙

Task : 구체적인 과제는 무엇인가?	모든 비즈니스에는 과제가 있기 마련이다. 진정한 승자가 되려면 과제를 구체적이고 정확하게 기술해야 한다. 그러려면 사전에 공지된 직무기술서에 맞춰 자소서를 작성해야 한다.
Target : 글쓰기 목적에 부합되는 대상은 무엇인가?	최종적으로 누가 읽고 평가하는지 알아야 좋은 자소서를 작성할 수 있다. 물론 채용담당자가 원하는 것을 반영해야 한다. 명확한 타깃이 중요하다.
Titling : 글 전체를 아우르는 제목을 잡았는가?	문서의 핵심을 한눈에 파악할 수 있는 키워드가 제목에 들어가야 한다. 어떤 글이든 제목을 먼저 써라. 물론 마지막으로 다시 한 번 제목을 정리해야 한다.
Talent : 글쓰기 소질을 강화하고 있는가?	글이 한 번에 완성되는 경우는 드물다. 적어도 세 번 정도 고치는 것을 각오해야 한다. 문장은 짧게 쓰고, 맞춤법 검사기(http://speller.cs.pusan.ac.kr)로 확인하자. 맞춤법 하나하나 꼼꼼하게 확인하며 작성해야 합격 확률이 높다.
Timing : 글의 목표 유지를 위해서 시기를 관리하고 있는가?	신속하게 작성해서 적절한 시기를 놓치지 말아야 한다. 종료 시점이 정해지면 시작점을 잡고 중간 점검 시점도 잡아야 글이 늦지 않고 적절한 시기에 작성될 수 있다. 제출 시점에 임박해서 하다 보면 실제로 인터넷 사이트가 다운되는 상황이 생길 수도 있다. 사전에 점검을 해야 불상사를 막을 수 있다.

지나치게 이야기를 꾸미는 것은 좋지 않다. 거짓말을 하지 않고 호감을 줄 수 있게 이야기를 구성해야 한다. 작은 거짓말이 신뢰를 무너뜨린다. 그렇다고 자신의 결점을 너무 드러내는 것은 좋지 않다. 또 재치 있게 쓰려다가 오히려 망친다. 질문의 의도를 파악하지 않고 답을 하면 결국 불합격된다. 과장된 표현보다 솔직한 표현이 유리하다. '글쓰기 5T(Task, Target, Titling, Talent, Timing)'를 명심하면 불필요한 점은 없애고 필요한 점은 빠짐없이 들어가면서 설득력 있게 작성할 수 있다. 글쓰기 5T 원칙으로 서류전형을 준비해보자.

Task: 사전에 공지된 직무기술서 조건에 맞춰 준비한다

NCS 기반 블라인드 채용에서 원하는 것은 '직무역량'이다. 그런데 지원자들은 단순히 '경험'을 많이 쓰는 것에 초점을 두다 보니 직무역량을 놓치기 쉽다. NCS에서는 신입인 경우 지원자의 직무 관련 경험이 적을 수밖에 없기에 서류전형에

블라인드 채용 입사지원서 예시(고용노동부)

1. 인적사항

지원구분	신입 (O) 경력 ( )		지원직무	사무직	접수번호	00120
성명	(한글) 한석규					
현주소	서울특별시 강남구					
연락처	010-66**-13**		전자우편	webwriter@naver.com		
	02-29**-45**					
최종학교 소재지	서울시		가점항목	ㅁ 장애대상 ㅁ 보훈대상		

2. 교육사항 ①

* 지원직무 관련 과목 및 교육과정을 이수한 경우 그 내용을 기입해주십시오.

교육 구분	과목명 및 교육과정	교육시간
ㅁ 학교교육 ㅁ 직업훈련 ㅁ 기타		

직무 관련 주요 내용 ②

3. 자격사항 ③

* 지원직무 관련 국가기술/전문자격, 국가공인민간자격을 기입해주십시오.

자격증명	발급기관	취득일자	자격증명	발급기관	취득일자

4. 경험 혹은 경력사항 ④

* 지원직무 관련 경험 혹은 경력사항을 기입해주십시오.

구분	소속조직	역할	활동기간	활동내용
ㅁ 경험 ㅁ 경력				

* 직무활동, 동아리/동호회, 팀 프로젝트, 연구회, 재능기부 등 주요 직무 경험을 서술하여주십시오.

직무 관련 주요 내용 ⑤

위 사항은 사실과 다름이 없음을 확인합니다.

지원 날짜:

지 원 자: (인)

서 연관 아르바이트와 인턴 경험을 평가의 중요한 포인트로 본다. 이 역시 사전에 공지된 직무기술서에 맞춰 준비한다.

직무기술서는 현장 중심으로 표준화된 내용이다. 불필요하거나 과도한 스펙이 아니라 현장에서 원하는 일과 관련된 능력, 해당 직무에 맞는 스펙을 지원자가 갖추었는지를 평가한다. 기존에 정해진 학교교육이나 직업훈련을 받으면서 NCS에서 원하는 능력을 갖추기는 분명 어려운 일이다. 그렇지만 NCS에서 규정한 내용과 내가 지원하려는 곳의 모집요강대로 사전에 준비하지 않으면 블라인드 채용에서 합격하기는 매우 어렵다.

공공기관과 일부 기업은 NCS를 활용해 공공기관 채용 게시판 등에 채용공고를 공지한다. 취준생은 그 공고에서 희망 직무를 분석하고 핵심역량을 찾아내 미리 준비하고, 채용공고에 제시된 직무에 적합한 스펙을 쌓을 수 있도록 노력해야 한다. 모집분야별로 직무에 필요한 교육, 경력, 경험, 성과, 자격 등의 필요한 사항을 준비할 수 있도록 공지하고 있으니 공고를 보고 미리 준비하거나 자신이 준비해왔던 각종 경력이나 경험과 일치시키도록 노력해야 한다.^T

기존 방식대로 준비해왔던 취준생이 블라인드 채용에 관심을 가진다면 모집요강에 맞는 자신의 경험이나 경력이 무엇인지 골라야 한다. 무작정 경험이 많고 다양한 경력이 있다고 해서 합격한다는 보장이 없으며, 모집공고에 적합한 요건을 지닌 사람이 절대적으로 유리하다.

NCS 기반 자소서는 자신의 연대기를 적는 방식이 아닌 지원동기(조직/직무), 조직적합성(핵심가치/인재상), 직업기초능력을 평가하는 문항으로 구성되어 있으며 해당 기업·기관의 기준에 따라 평가되고 면접에서 지원자에 대한 참고자료로 활용된다. 자소서에 적힌 경력과 경험(직무 관련 활동)에 대해 수행한 내용, 역할, 주요 성과를 자세히 기록할수록 유리하다. 지원서-자소서-면접이 일치되도록 직무적합성에 관한 활동을 잘 표현해야 한다.

Target: NCS 자소서는 직무역량 중심으로 작성한다

직무와 관련된 작은 경험이라도 직접 겪고 이를 바탕으로 자신이 현장에서 어

블라인드 채용에서 자소서는 거의 보지 않는다는 사람도 있고, 자소서가 더 중요해졌다고 하는 사람도 있다. 그런데 블라인드 채용은 자소서에 담을 내용이 없으면 아예 지원 자체가 불가능하다.

떤 역량을 보여주었는지가 정확하게 설명된다면 기업은 지원자를 직무역량형 인재라고 평가하게 된다. NCS 서류전형을 통과하기 위해서는 자신의 직무역량을 자소서에 녹여내는 전략을 짜야 하며, 필기시험과 전공시험까지 사전에 준비해야 한다.^T

블라인드 채용에서는 자소서를 어떻게 작성하느냐에 따라 다르게 평가받을 수 있다. 채용담당자들은 서류에 기반에 두고 지원자의 성격, 능력, 이미지, 일자리와의 적합성 등을 1차적으로 판단한다. 기업 입장에서 자소서는 지원자에 대한 종합적인 요약서이며, 적합한 사람을 뽑을 수 있는 준거 자료다. 따라서 채용담당자가 원하는 것을 반영해야 한다.

Titling: 자신의 직무능력을 연결해서 제목으로 정리한다

자소서를 작성할 때부터 자신의 직무와 연결해서 제목으로 정리하는 것이 좋다. 무엇보다 충분한 여유를 가지고 차분하게 작성해야 내용도 충실하고 군더더기가 없다. 블라인드 채용은 지원 직무, 모집요강, 채용 조건이 명확해서 지원서가 정리되지 않으면 지원 자체가 안 된다.

블라인드 채용에서 자소서는 시간 순서와 관계없이 특정 직무를 중심으로 모아서 쓰는 형태다. 직무 중심 형태의 자소서는 불필요한 내용이나 관련 없는 내용을 쓰면 불합격한다. 블라인드 채용에서 간과하면 안 되는 점은 자신의 여러 가지 경험 가운데 직무에 적합한 것을 선택하는 과정이다. 다시 말하면, 블라인드 채용에서 직무와 관련된 사항이 가장 중요하다. 신입이든 경력이든 '지원 직무' 항목에 맞는 내용만 기재해야 한다.

서류를 접수하면 어디에, 언제 이메일로 접수했는지 등을 기록해두면 응답하기 좋다. 의외로 자신이 지원한 곳이 어디인지 기억하지 못하는 사람도 있고, 전화 답변 또는 이메일 답장을 대수롭지 않게 생각하는 경우도 있다. 그런데 이것은 채용에서 불이익을 받을 수 있는, 사소한 것 같지만 사소하지 않은 이유가 될 수 있다. 내가 채용담당자라고 가정한다면 충분히 이해할 수 있다. 이메일을 잘 쓰지 않는 사람은 메일함이 스팸으로 가득 찬 경우도 있는데, 그러면 누군가가 나에게 보낸 메일이 반송될 수도 있다. 그러니 평소에 스팸메일을 모두 삭제하고 메일함의 용량을 비우는 습관을 길러야 한다.

이메일은 국내외 업무에서 매우 중요한 도구이므로 자신이 일하는 데 효율성을 높일 수 있는 형태로 수시로 확인하고 정리하는 것이 좋다.

Talent: 구체적으로 증빙할 수 있는 것만 적는다

교육사항(54쪽 표 ① 참조)은 학교교육과 직업훈련으로 크게 나눌 수 있는데, 가장 중요한 점은 증빙할 수 있는 서류가 있어야 한다는 점이다. 증빙서류는 공신력 있는 기관에서 발급된 것이 유리하다. 예를 들어, 중앙부처(고용노동부)에서 시행하는 직업훈련, 학교에서 실시하는 공식적인 교육사항을 적는데 이 또한 직무와 연관이 있어야만 한다. 직무와 관련이 없는 내용을 적어서는 안 된다. 교육과정과 시간을 적어두는 것은 형식적 측면에서 알차 보일 뿐만 아니라 자소서나 면접에서 실감나게 설명할 수 있다는 점에서 중요하다.

직무 관련 주요 내용(54쪽 표 ② 참조)은 입사지원서 예시 서류에서 해당 항목의 바로 위에 적었던 사항을 일목요연하게 문장으로 기술하면 좋다. 빈칸을 채운다는 마음으로 교육 구분–명칭–과정–교육시간을 꼼꼼하게 적어야 읽는 사람이 한번에 이해할 수 있다. 교육이나 훈련을 받아서 무언가 달라진 점(내가 얻은 효과)을 수치로 표시할 수 있으면 가장 좋다. 일단 객관적인 느낌을 주는 데 수치만큼 좋은 방법이 없고, 교육 및 훈련에 대한 성과를 수치로 표현했기에 읽는 사람에게 믿음이 생긴다. 대표적으로 공공기관은 업무 성과를 계량적으로 표현하려고 많은 노력을 기울이므로 이런 형태의 기술은 읽는 사람에게 익숙하다.[T]

실적을 수치로 표현할 순 없어도 논리적이고 자연스럽게 이해할 수 있다면 문

📢 그러한 수치가 나타난 이유를 면접에서 물을 수 있기 때문에 관심을 받을 가능성도 높아진다.

직무교육 작성 예시

추상적 직무교육 기술	구체적 직무교육 기술
에너지 관련 현업 담당자 초빙 특강	에너지공사 최진태 팀장님 등 에너지 분야 실무전문가 특강을 통해 국내 에너지 산업 현장에서 열역학, 열전달, 유체역학, 연소공학의 적용 방안 이해

제가 없다. '이 사람이 이 조직에서 어떤 역할을 얼마 동안 했다'는 사실만 명확하게 작성되면 채용담당자의 경험과 지식 안에서 충분히 납득할 수 있다. <u>첫 문장은 두괄식으로 내용의 결론부터 작성한다.</u> 자신이 과거에 했던 경험이나 경력에 대해서 상세히 적어야 한다. 관련된 포트폴리오나 증빙서류가 있다면 간직해두었다가 언제든지 제출할 수 있도록 준비한다. 예를 들어, 학교 다닐 때 장학금을 받은 경험이 있으면 '장학금 수혜 확인서'를 미리 발급받아둔다. 확인서를 제시할 수 있는 사람과 장학금을 받았다고 말로만 주장하는 사람은 분명 차이가 있다.

경험과 경력사항 표기가 중요해진 만큼 증빙서류를 놓쳐서는 안 된다. 교수님 연구실에서 연구과제비를 수령했다면 그것도 경력사항에 넣을 수 있다. 증빙서류 양식을 만들어서 교수님에게 미리 확인을 받는 경우도 있다.

<u>그다음으로, 직무기술서에 있는 자격사항(54쪽 표 ③ 참조)을 확인하라.</u>

블라인드 채용에서 상대적으로 강조되는 게 자격증이다. 정부에서 인증한 자격증 가운데 지원 직무와 연관되는 것만 적어야 한다. 그런데 사실 그 범위가 모호하다. 공공기관이나 기업 사무직이라면 컴퓨터 활용 능력은 매우 중요한데, 관련 자격증이 상당히 많다. 운전면허 자격증도 많이들 가지고 있는데, 과연 여기에 포함되는지도 불분명하다. 사무직이라도 실제 근무를 하다 보면 출장 등으로 운전할 일이 적지 않으며, 사무실이 아닌 현장을 돌아다녀야 하는 경우는 운전면허가 필수다.

공공기관에서는 아직도 한자가 업무에서 활용되며, 한국사와 한국어 검정능력시험 자격증은 보통 한 번 취득으로 평생 유효하므로 사전에 준비 차원에서 시간을 두고 취득하는 것이 좋다. 이는 블라인드 채용만이 아니라 일반 채용에서도 중요하니 자격증과 직무적합성의 연관성을 다른 항목보다 유연하게 생각할 필요가 있다.^T

Timing: 3~5년 이내 일어난 경험 위주로 작성하고, 마감을 맞춘다

경험 혹은 경력사항(54쪽 표 ④ 참조)은 최근 3~5년 이내에 일어난 일을 중심으로 작성해야 한다. 너무 오래된 경험은 역량의 신뢰도를 떨어뜨린다. 신입 지원자

유튜브(www.youtube.com)에서 '블라인드 채용'을 검색하면 좋은 내용의 콘텐츠가 많고, 오프라인으로는 대학교 취업지원센터나 취업박람회 등에서 무료로 자소서 컨설팅을 하는 경우가 많다. 여러 차례 들어도 생소한 부분이 생기기에 블라인드 채용과 관련되는 내용을 꾸준히 듣는 것은 중요하다.

경험 기술서와 경력 기술서의 차이

	경험 기술서	경력 기술서
내용	구체적으로 본인이 수행한 활동 내용	구체적인 직무 영역
활동	소속 조직이나 활동에서의 역할	활동 · 경력 · 수행 내용
결과	활동 결과 등에 대해 작성	본인의 역할과 구체적 행동, 주요 성과에 대해 작성
범위	직무와 특별히 관계없는 일	직무와 관련 있는 일
소재	돈은 벌지 못했지만 다양한 경험	돈을 벌었던 이력

라면 대학생활 위주로, 경력 지원자라면 이전 직장생활 위주로 작성한다.

블라인드 채용에서 직무적합성을 중요시하는 이유는 지원자의 직무역량과 경험을 활용해 조직의 이익을 높이기 위함이다. 그러니 자신의 경험 가운데 모집공고에서 필요로 하는 부분을 꼼꼼하게 찾아야 한다. 자신의 경험이 모집공고와 연결되며, 이로써 조직의 발전에 기여할 수 있다는 점을 보여야 한다. 단순한 경험의 나열, 추상적인 표현으로 경험을 적는 것은 채용담당자의 이목을 잡기 힘들다.

경험과 경력은 모두 조직-역할-기간-내용으로 기록하는데 '직무활동, 동아리/동호회, 팀 프로젝트, 연구회, 재능 기부' 등이 모두 지원한 직무와 관련 있어야 한다. 교육사항도 평소 기록해두었다가 일목요연하게 정리한다. 직무활동은 기관이나 기업에서 실시했던 활동과 관련이 있다. 요즘은 어느 단체에서나 협동해서 특정 업무를 하거나 봉사하는 일이 많아서 그러한 활동을 찾는 것은 어려운 일이 아니다. 교내외 동아리는 오프라인과 온라인으로 넓게 생각할 수 있는데 역할-기간-내용이 모호하다는 점에서 증거를 남길 수 있는 수준으로 개인이 정리할 필요가 있다.

경험 작성 예시

구분	소속조직	역할	활동기간	활동내용
☑ 경험 ☐ 경력	○○○○	인턴/ 회원 관리	2019. 08~ 2019. 10	회원 관리, 거래처 대상 단체 홍보 경험

팀 프로젝트나 연구회도 마찬가지인데, 내가 어떤 역할을 맡았는지를 분명하게 기록한다. 활동 내용도 한 사람이 여러 일을 동시에 하는 경우가 많아 평소에 정리하지 않으면 막상 이력서나 자소서를 작성할 때 기억을 못 할 수밖에 없다. '나'라는 사람이 어떤 동아리에서 '총무'를 하다가 '회장'이 되면 역할–기간–내용이 달라지는데, 이를 제한된 이력서에 표현할 방법이 별로 없다. 물론 자소서에서 이를 자세히 적을 수 있지만 일단 지원서에 깔끔하게 적는 방법을 고민해야 한다. 이 경우도 증빙서류를 제출할 수 있도록 준비한다. 경험이 아닌 경력은 위촉장, 수료증, 증명서 등으로 발급 가능한 여지가 많아서 경험보다는 정리하기가 더 수월하다.

미리 알아두는 서류전형 채점표

교육사항(채용부문 관련 과목 중 최대한 높은 학점 중심으로 기입)	40점
자격사항(직무 관련 자격증만 인정, 난이도에 따라 10~20점 부여)	20점
외국어 사항(토익은 700점 이상이면 만점 처리, 일부 기업은 850점 만점)	15점
경력사항(경력의 개수와 기간으로 점수 부여, 경력이 많을수록 높은 점수)	10점
직무 관련 활동(공모전, 학회, 동아리, 현장실습 등 관련 경험만 인정)	10점
자소서(한 명의 자소서를 두세 명의 과장·차장급이 A~D 등급으로 평가)	5점
경력기술서(면접전형 자료로 활용)	
합계	100점

2 자소서 쓸 때 유의할 점

막상 자소서를 작성하려 하면 유의점이 많고 어렵게만 느껴진다. 그래서 쉽게 다른 사람의 자소서를 베끼려고 하거나 자신의 강점만 나열하는 모습을 보인다. 스스로를 잘 파악한 다음 관련 경험과 내용을 자연스럽게 여러 차례 고치면서 작성한다는 마음을 가져야 한다.

억지가 아닌 자연스럽게 작성하라

블라인드 채용은 본인이 어느 부서나 직무에서 무슨 일을 하고 싶은지 상상하면서 대비하는 게 좋다. 자신의 성격과 직무의 연관성을 파악하려고 끊임없이 노력하고, 공공기관이나 기업을 광범위하게 선정하면 합격 가능성이 낮아지니 자신이 원하는 직무를 결정했으면 그 범위 안에 있는 기관이나 회사를 찾아 지원 희망 목록을 만들고 꾸준히 그곳에 관심을 두어야 한다. 관심을 유지하는 가장 쉬운 방법은 주기적으로 홈페이지에 방문해 그 기관이나 회사에 관한 정보와 언론보도 내용을 수집하는 것이다. 블로그를 비롯한 스마트폰에 수집 기능이 매우 잘 갖추어져 있으므로 그 기능을 활용하면 편하다.

그리고 자소서를 작성할 때는 다음 페이지에 정리해둔 '블라인드 채용 자소서에서 피해야 할 15가지 표현'을 유의한다. 유려하고 폼나게 쓰겠다는 생각을 버리고, 특정 업무가 자신의 역량과 어떻게 부합되는지를 표현해야 한다. 최선을 다하겠다는 말보다 최선의 결과를 위해서 구체적으로 어떤 성과를 낼 수 있는지가 드러나도록 작성한다.

자기 분석이 잘되면 능력 발휘가 쉽다

자신에게 희망하는 직무에 맞는 성향이 있음을 발견하면 능력을 발휘하기가 당연히 쉽다. 공공기관이나 기업에서도 채용한 사람을 활용해 생산성을 높일 수 있고, 입사한 개인도 적응하는 데 시행착오를 줄일 수 있다. 직무 중심 채용에서 가장 중요한 전략은 자신의 강점, 장점, 경험, 경력 등으로, 즉 지원 분야에 대한 역량을 키워서 지원하는 것이다.[T] 채용공고에 나타난 조건을 살펴서 다음 기회, 다음 연도 채용에서 기회를 잡는 형태로 전략을 세운다면 수많은 스펙을 어떻게 쌓을지에 대한 심리적 불안을 줄이는 데 도움이 된다.

어떤 직무에서 뛰어난 성과를 발휘하도록 만드는 개인의 특성을 정리한 것을 역량이라고 할 수 있다. 일반 채용에서는 지원자가 스스로 고민해서 초점을 맞추어야 했기에 어떤 것을 준비해야 할지 모르는 경우가 많았다. 그런데 블라인드 채용은 미리 채용조건과 직무에 적합한 역량이 어떤지 알려주므로 복잡하게 이것저것 준비하는 부담을 줄일 수 있다. 다시 말해서, '내가 맞춤형 자소서를 작성하기'보다 '이미 맞추어진 자소서의 빈칸 채우기'라고 이해해도 틀리지 않는다.

어떤 일을 하든지 인성과 적성은 직업 선택의 중요 기준이다. 온라인과 오프라인, 교육기관 내외에서 제공하는 각종 서비스를 통해 수시로 점검하면 좋다. 자소서를 작성하는 연령층은 대체로 희망 직업이나 직종이 수시로 달라질 수 있는 만큼 자주 자신의 인성과 적성을 점검하는 것 자체가 훌륭한 경험이다. 일반적으로 사람들이 해보는 적성 검사나 직업능력 관련 검사 결과는 '증빙'할 수 있고 어느 정도 신뢰성을 확보한다는 점에서 그 자체가 하나의 자료가 되어 자소서 작성에 활용 가능하다.

학교를 졸업하고 다른 직장에 다녔던 사람이라면 그 시절의 경험과 성과, 익힌 지식을 자소서에 적어야 한다. 단 채용공고와 관련성이 없다면 합격할 가능성은

📢 자신이 지원하는 곳에서 어떤 일을 맡아서 하게 될지 모르는 경우가 많은데, 블라인드 채용은 그러한 불확실성을 다소 낮춘다는 점에서 의미가 있다.

블라인드 채용 자소서에서 피해야 할 15가지 표현

1	저는 ○○대학을 수석졸업한 ~	블라인드 채용에서는 안하무인 같은 인상을 줄 수 있다.
2	엄격한 부모님 슬하에서 지냈기 때문에 ~	아직도 부모님 그늘에서 벗어나지 못한 인상을 줄 수 있다.
3	저는 1남 1녀의 차남으로 태어나 ~	너무 식상한 표현이다.
4	저는 급한 성격으로 일처리가 빠른 ~	합리적이지 못하고 충동적인 성격으로 해석될 수 있다.
5	저는 타고난 행운아 ~	노력보다 행운에 기대는 유형이라는 인상을 줄 수 있다.
6	저는 완벽주의 스타일로 ~	융통성 없고 고지식한 성격으로 비쳐진다.
7	저는 성실하고 책임감 있는 사람 ~	우유부단한 성격으로 비쳐진다.
8	저는 법 없이도 살 수 있는 착한 사람 ~	딱히 다른 내세울 것이 없어 보인다.
9	솔직히 말씀드리면 ~	그동안에는 거짓말을 했다는 소리로 들린다.
10	비록 지금은 부족하지만 ~	부족한 사람으로 찍힐 수 있는 표현이다.
11	저를 뽑아만 주신다면 ~ 어떤 일이든 잘할 수 있습니다	너무 없어 보이는 표현이다.
12	저는 어떤 일이든 매우 굉장히 열심히 ~	과장된 표현이다.
13	~라고 생각합니다	확신이 없어 보인다.
14	~분야에서 전문가가 되기를 기대합니다	구체적인 미래 설계가 되지 않은 인상을 줄 수 있다.
15	~ 초일류 기업에서 최고의 인재로 성장하겠습니다	진부한 표현이다.

낮아진다. 하지만 자신이 했던 여러 업무 가운데 채용공고에서 명시한 조건과 일치하는 부분이 있다면 그것을 돋보이게 기술해야 블라인드 채용의 원래 취지에서 벗어나지 않는다. 다채로운 경력이나 경험을 했던 사람이라면 채용조건에 부합하는 부분만 뽑아서 그 내용을 어떤 형태로 부각시킬지 고민해야 한다.T

인터넷에 떠도는 합격 자소서를 베끼면 표절검사에서 걸린다

요즘 기업이나 기관에서는 채용서류 분석을 꼼꼼하고도 체계적으로 하고 있다. 서류심사자의 인지 편향과 편견에 의해서 당락이 결정된다는 문제점을 고민하다 보니 인공지능(AI) 기술로 직무명세와 자소서를 매칭하여 요구직무에 적합한 인재를 가려내고 있다.

공정한 인공지능 서류심사는 취업 청탁이 통하지 않는 채용 프로세스 구축을 현실화한다. 또 10만 개 자소서를 모두 읽고 합격 혹은 불합격을 예측하는 데 4시간밖에 걸리지 않는다. 요즘 채용담당자는 인공지능에 서류심사를 맡겨놓고 정시에 퇴근한다.

인공지능이 지원자들의 자소서를 서로 비교 검사할 뿐만 아니라 50억 건 빅데이터를 대상으로 비교 검사해서 인터넷에 떠도는 합격 자소서를 표절한 지원자, 상투적으로 글을 쓴 지원자, 성의 없는 지원자를 걸러내고 독창적인 인재를 찾아내고 있다. 대표적인 표절검사 솔루션은 카피킬러(http://hr.copykiller.com)로, 스펙에서 벗어나 지원자의 직무적합성 평가를 효과적으로 수행하고 있다.

따라서 이제 합격 자소서를 보고 베낀 사람들은 떨어진다고 보면 맞다. 합격 자소서는 단지 참고만 해야지, 그것을 카피해서는 불합격된다는 사실을 명심하자. 요즘은 맞춤법 검사도 중요하지만, 서류전형에서 불합격 판정을 받을까 불안해서 미리 자소서 유사도 검사를 해보는 경우가 늘었다. '표절 의심'으로 분류된 자소서가 무조건 다 '불합격' 처리가 되는 것은 아니지만, 안전하게 합격하기 위해 서류 접수 전 유사도 검사를 해보면 자신의 자소서가 의심받을 가능성을 크게 줄일 수 있다.

표절(유사도) 검사 사이트

카피킬러 표절(유사도) 검사 결과

번호	발급번호	문서명	인용/출처	법령/성경	참고문헌	표절률
1	00034821327	▩▩자소서.docx	제외	제외	제외	16%
2	00034821328	▩▩자소서.hwp	제외	제외	제외	9%
3	00034821329	▩▩소서.docx	제외	제외	제외	7%
4	00034821330	▩▩자소서.hwp	제외	제외	제외	14%
5	00034821331	▩▩자소서.hwp	제외	제외	제외	8%
6	00034821332	▩▩자소서.hwp	제외	제외	제외	29%
7	00034821333	▩▩자소서.docx	제외	제외	제외	13%
8	00034821334	▩▩자소서.hwp	제외	제외	제외	13%
9	00034821335	▩▩자소서.hwp	제외	제외	제외	1%
10	00034821336	▩▩자소서.docx	제외	제외	제외	7%

3 항목별 · 역량별 자소서 작성법

어느 자소서 질문에서나 등장하는 지원동기, 성격, 성장과정, 입사 후 포부, 성취경험 등을 작성하는 법을 알아보자. 거기에 직업기초능력별 자소서 작성 유의점도 살펴본다.

'지원동기' 잘 쓰는 법

지원동기는 '나는 왜 이 일을 하고 싶은가?'를 쓰는 항목이다. 지원자들의 열정을 미래에서 찾지 않고 과거를 통해 확인하는 항목이기에 평소 관심 있는 일을 위해 학창시절부터 커리어를 쌓아온 사람이 더욱더 신뢰를 얻는다. 나중에 면접의 자기소개, 첫 인사, 마무리 등에서도 지원동기는 항상 다른 질문에 대한 답변과 논리적으로 일치해야 한다.

지원동기를 뒷받침하는 배경이나 자신만의 이야기가 불일치하면 신뢰가 그만큼 떨어진다.

지원동기를 잘 쓰려면 일단 자신이 가고 싶은 공공기관을 이해하는 것이 무엇보다 중요하다. 그래서 희망하는 공공기관에서 하는 일과 직간접적으로 같은 일을 했다면 지원동기에 반영해야 한다.ᵀ 자소서 작성과 면접에서 지원동기를 얼마나 명확하게 설명하는지 여부가 당락을 결정한다.

내가 취득한 자격증이 희망하는 공공기관에서 필요한 것이어도 설득력을 가질 수 있다.

'성격의 장단점' 잘 쓰는 법

성격의 장단점은 자소서에서 매번 물어보는 항목이다. 성격의 장점을 기록할 때는 하나의 사례를 두고 최대한 구체적으로 적으면 좋다. 여러 사례를 단순히 나열하는 것은 의미가 없다. 읽는 사람이 머릿속에서 상상할 수 있을 정도로 한 가지 사례를 자세하게 적어야 한다. 스스로 '성실하다', '착하다', '활동적이다'라고 쓰는 것이 아니라 읽는 사람이 그렇게 느끼도록 써야 한다.

단점도 마찬가지로 작위적으로 쓰지 말고 자신의 단점을 인정하고 그것을 고치려고 '노력'하는 모습을 구체적으로 적어야 한다. 단점을 적으라는데 장점처럼 쓰면 읽는 사람이 상당히 혼란스럽다. 단점을 분명히 적고 그것을 어떤 식으로 개선, 보완하고 있는지를 자세히 적는 것이 좋다.

'성장과정' 잘 쓰는 법

성장과정도 그 사람의 인성, 태도, 습관, 성격을 추측하는 데 중요한 문항이다. 이미 예전부터 성장과정 작성 방법이 수없이 공개되었지만 비결은 자신의 이야기를 잘 담는 것이다. 읽는 사람이 '이 사람의 성장과정이 이렇구나!'를 연상할 수 있을 정도가 된다면 성공했다고 봐도 무방하다.

성장과정도 단순히 나열하거나 자랑하는 것이 아니라 하나의 상황, 사건, 사례를 두고 읽는 사람이 추측할 수 있도록 작성한다. '이 사람이 어떻구나!'를 알려주는 데 성장과정 작성의 목적이 있다.

'입사 후 포부' 잘 쓰는 법

입사 후 포부는 일단 희망하는 공공기관이 어떤 일을 하고 어떤 특징이 있는지를 어느 정도 알아야 작성할 수 있다.

자신이 공공기관에서 일할 수 있는 적합한 사람이라는 모습을 보여주고, 입사하면 자신이 가지고 있는 자격, 경험, 경력을 바탕으로 무엇을 어떻게 하겠다는 흐름으로 작성하는 것이 좋다. 무작정 '입사하면 잘할 수 있다'고 써서는 읽는 사람을 설득할 수 없다.

'성취 경험' 잘 쓰는 법

성취 경험도 앞서 말한 요령이 그대로 적용된다. 자신이 잘 쓸 수 있고 말할 수 있는 소재를 골라서 구체적으로 작성해야 한다. 성취 경험은 '성과 달성'과 연결되므로 막연하게 '성공', '성취', '목표 달성'으로 표현하지 말고 숫자를 활용해 결과를 표현하는 것이 좋다. 단순히 '성적이 향상되었다'가 아니라 '30점 향상'으로 적는 것이다.

숫자에는 비율도 포함된다. '몇 퍼센트(%) 상승시켰다'라는 표현은 자소서뿐만 아니라 프레젠테이션 면접이나 심층면접에도 적용된다. 성취라는 단어는 구체적인 성과나 목표와 연결되므로 이를 자세히, 계산 가능하도록 표현하는 것이 중요하다.

그다음 자소서를 쓰기 전에 자신의 역량을 미리 확인해야 한다. 자기 분석이 되어 있다면 어려운 것이 아니다. 다음의 표와 같이 자신이 어떤 역량이 있는지 확인하며 경험을 그에 맞춰 정리해본다.

자소서 작성에서 가장 중요한 부분은 직업기초능력에 맞게 자기 경험을 적는 것이다. 특히 하위영역 능력별로 개념을 각각 경험과 연결 지으며 시너지 효과를 내는 구조로 작성해야 한다. 평가 기준 및 척도가 NCS 표준을 기반으로 하기에 실제 NCS에 올라온 직업기초능력과 기업에서 제공하는 직무기술서를 적용해 자소서를 작성하면 높은 점수를 받을 수 있다.

역량(Competency)은 조직 구성원이 지식과 기술, 행동양식, 가치관, 성격 등 다양한 요소를 종합적으로 활용해 높은 성과를 낼 때 나타나는 측정 가능한 특성이다. 즉 특정 직무의 성공적 수행과 관련된 능력으로, 특정 상황에서 어떻게 행동하는지에 대한 자료를 수집해 취준생의 특징을 파악하기 위해서 강조된 개념이 역량이다.

역량은 지식, 관계, 실행 분야로 나눌 수 있으며 자소서를 평가하거나 면접관의 평가 기준에도 그대로 적용된다. 특히 공공기관에서 역량은 어느 정도 눈에 드러나는 특성으로 평가를 한다.[T]

📢 블라인드 채용은 반드시 역량 평가 기준에 따라 진행한다. 평가자료를 통합하기 전에 면접관 개개인의 결과를 공유하지 않는다. 평가 기준을 벗어나거나 돌발 상황이 발생하면 반드시 기록한다. 면접관은 개인의 가치관을 버리고 평가자로 참여하므로 지원자는 자신을 객관적으로 드러내야 한다.

NCS 직업기초능력과 경험

직업기초능력	하위능력	주요 관련 경험
의사소통능력	문서 이해와 작성, 경청, 의사표현, 기초 외국어	• 자신과 생각이 다른 사람을 설득했던 경험 • 고객을 이해시켰던 경험
수리능력	기초 연산 및 통계 도표 분석 및 작성	• 문제 해결을 위해 분석력을 발휘했던 경험 • 매출, 재고 관리 아르바이트
문제해결능력	사고력, 문제 처리	• 해결하기 어려운 문제를 창의적 사고를 통해 개선한 경험 • 여러 사람, 여러 일이 한꺼번에 얽힌 문제 해결
자기개발능력	자아 인식, 자기 관리, 경력 개발	• 자기개발을 위해 노력하고 있는 것 • 꾸준하게 운동했거나 성적을 향상시킨 사례
자원관리능력	시간 · 예산 · 물적 자원 · 인적 자원 관리	• 인력, 물자, 예산을 관리한 경험 • 부족한 자원으로 큰 성취를 이뤘던 사례
대인관계능력	팀워크, 갈등 관리, 리더십, 협상, 고객서비스	• 공동의 목표를 달성하기 위해 협업한 경험 • 공동의 목표를 달성하는 과정에서 발생한 갈등을 원만하게 해결한 경험 • 리더로서 팀원들에게 비전을 제시하고 동기를 부여해 목표를 달성했던 경험 • 소속된 조직 및 단체에서 의견을 조율하고 협상을 이끌어냈던 경험 • 고객의 불만을 이해하고 해결책을 제시했던 경험
정보능력	컴퓨터 활용, 정보 처리	• 원하는 정보를 수집하고 분석하여 목표를 달성한 경험 • 과제 수행 시 자료 수집과 가공 사례
기술능력	기술의 이해 · 선택 · 적용	• 지원 직무 수행 시 필요한 지식과 기술을 쌓기 위해 노력한 경험 • 새롭게 배운 기술이나 프로그램을 적용한 사례
조직이해능력	국제 감각, 조직 체제 이해, 경영 이해, 업무 이해	• 지원하는 기관의 비전, 핵심 가치, 사업 방향에 대한 이해 • 조직 인재상, 조직 환경, 업무 분장과 협력 이해
직업윤리	근로윤리, 공동체윤리	• 근면 · 성실 · 정직을 발휘했던 경험, 봉사활동 경험 • 규칙 준수, 정보 보호 등

직무기술서는 역량기술서다

역량 중심으로 뽑는 이유는 지원자가 입사 후 직무에서 높은 성과를 거둘 것이라는 근거가 되기 때문이다.

역량 중심 채용은 역량 요건 분석, 개인 역량 평가, 직무와 사람의 연관성, 역량 중심 선발로 이어진다. 이 방식의 장점은 명확한 직무 요건기준을 제공함으로써 지원자의 지식과 기술을 가늠하고, 조직에 기여할 사람을 채용할 가능성을 높이며, 잠재력을 확인할 수도 있다는 점이다. 역량 중심 채용은 체계적인 면접과정을 설계할 때 더 정확해진다.

교육을 통해 실력이 나아질 기술이나 지식은 벼락치기 형태로 준비할 수 있지만 학습이 어려운 가치관, 이미지, 특질, 동기는 단기간에 바꾸기가 쉽지 않다. 자소서를 작성할 때는 가치관, 이미지, 특질, 동기를 읽으면 바로 어떤 사람인지를 떠올릴 수 있도록 해야 통과하기 쉽다. 이러한 모습을 간접적으로 알 수 있는 항목이 바로 '성격의 장단점'이다.

역량 개발 가능 영역

단기간 개발 가능 영역	기술 (특정 과제를 수행하는 능력)	기술 역량 해당 직무나 역할을 수행하는 데 반드시 필요한 것. 일정 수준까지 학습 가능
	지식 (특정 분야에 대한 정보)	
장기간 개발 가능 영역	가치관 (자신이 타인에게 보여주는 중요한 가치)	행동 역량 개인 특징과 경험에 따른 문제해결 방식. 일반 성과를 뛰어넘는 차별성 확보 가능. 학습되기 어려움
	자기 이미지 (자신의 내면에 있는 이미지)	
	특질 (개인이 가진 일관된 인지심리적 반응)	
	동기 (개인이 지닌 일관된 생각이나 선호)	

직무기술서를 역면접의 기초 자료로 활용한다

역면접은 지원자가 면접관이나 공공기관의 인채 채용 의도를 파악해 준비한다는 의미다. 과거에는 지원자가 어떤 기준으로 채용되는지 알 길이 없었지만 지금은 직무기술서를 근거로 유추할 수 있다. 직무기술서는 일종의 평가범위라고 볼 수 있다. 평가하는 사람도 직무기술서에 공지된 기준에 맞는 적합한 인재를 선발한다.

직무기술서가 없었을 때는 지원자를 종합적으로 살펴보고 판단하는 경향이 강했다. 그렇지만 특정한 직무에 적합한 사람을 뽑는 블라인드 채용에서는 종합적으로 사람을 판단하기보다 구체적으로 그 사람의 역량을 살핀다. 오히려 취준생만큼 면접관이나 담당자도 신경을 많이 써야 한다.

직무와 연관된 지원자는 탈락하지 않는다

블라인드 채용에서는 지원서 자체가 자소서를 결정짓는다는 점에서 지원 직무와 역량이 지원서와 일치하도록 적어야 한다. 다시 말해서, 직무와 관련된 활동을 꾸준히 했던 사람이 지원서를 작성할 수 있고, 자소서는 그 지원서를 잘 설명할 수 있도록 꾸며야 한다. 자소서는 과거부터 지원하는 시점까지 있었던 일을 바탕으로 쓰는 것이지, 미래에 대한 추측이나 막연한 희망으로 작성하면 안 된다.

자소서는 읽는 사람이 직관적으로 '무엇을 말하고 있는지'를 알 수 있도록 적는 것이 좋다. 그래서 읽는 사람이 원하는 수준, 범위, 내용에 최대한 맞춰야 한다. 여러 차례 면접 경험이 있는 신입 지원자나 경력자는 자신이 가진 전문성을 총동원해 실력을 포장하는 데 신경 쓰기도 하는데, 이런 글은 채용담당자에게 핵심을 알려주기보다 분량을 채우거나 포장하려는 욕심으로 글을 썼다는 인상을 주어 오히려 도움이 되지 않는다.

경험하거나 아는 것만 적는다

경험한 사람만이 적을 수 있는 내용이 있다면 채용담당자에게 강력하게 어필할 수 있다. 직무적합성이 중요한 블라인드 채용에서는 독창성보다 숙련도에 초점을 맞춘다. 과연 지원자가 해당 업무를 해낼 수 있는 기본 역량이 있는지가 관건인데 그 역량은 자격, 경험, 경력이 일관성이 있는지와 연결된다. 일관성은 다른 말로 '공통점'이며, 지식과 경험의 '숙련도'와 일치한다. 신입 지원자에게 숙련도를 기대하기는 어렵지만, 여기서 의미하는 숙련도는 '직무와 관련된 활동을 꾸준히 했는지'의 여부다.

경력이 적은 신입 지원자는 해당 분야에 대한 업무 수행 능력을 강조하는 데 어려움이 있으므로 직무와 관련된 교육, 훈련, 활동사항을 평소에 기록해두었다가 자소서에서 표현해야 한다. 반대로 경력자는 이전 직장에서 수행했던 업무와 직무 연관성을 강조해야 한다.

단순하게 경력을 많이 나열하다 보면 채용담당자가 좋아할 만한 부분이 하나쯤 있을 것이라고 생각하지만, 그것은 오히려 전체 흐름을 해칠 수 있다. 그러니 자소서에는 정해진 분량에 맞게 자신의 역량을 잘 드러내면서, 동시에 '산만하게 보이지 않을까'를 항시 고민해야 한다.[T]

자소서를 작성할 때 모집공고를 자세히 살펴보지 않으면 채용 기준과 다른 내용을 쓸 수 있는데, 그러면 불합격이다. 블라인드 채용에서 원하는 이력서와 자소서는 문학적 글쓰기와 달리 자신이 겪었던 사항을 사실적으로 잘 표현하는지가 훨씬 중요하다. 처음 이러한 자소서를 작성하려면 부담이 되는 것이 사실이지만 이는 자신의 경력이 제대로 갖추어지지 않았거나 그것을 잘 정리하지 못해 생긴다고 볼 수 있다. 결국 이력서를 바탕으로 지원 직무와 역량 항목을 잘 갖추어 적어야 한다.

옆 페이지의 직무설명자료 예시를 보자. 채용분야가 '행정'이고, '분류체계'에 명시된 직무는 경영·회계·사무, 기획·총무인사 등이라고 볼 수 있다. 그렇다면 자신이 이러한 직무에 적합한 활동을 했는지를 돌이켜봐야 한다. '공단 주요사업'에서 채용을 예정한 기관의 할 일을 보여주고, '직무수행내용'에서 경영기획, 경영평가, 사무행정에 관한 사항을 알려주고 있다. 여기서 지원자는 자신이 전략 수립과 지원, 평가 기준 마련과 보고, 문서 등 관리운용 지원에 관한 업무와 관련된 활동을 했는지를 검토해야 한다. '필요지식', '필요기술', '직무수행태도'에서

경력을 쓸 때는 그것과 연관된 생각이나 결과가 나타나야 한다. 경력 중심으로 쓰는 것과 경력을 나열하는 것은 다르다. 특히 역량은 교육, 훈련 항목을 자격증과 연결해 설명해야 설득력이 높아진다는 점을 잊어서는 안 된다.

직무설명자료 예시(한국산업인력공단)

채용분야	행정	분류체계	대분류	02. 경영 · 회계 · 사무
			중분류	01. 기획 · 사무, 02. 총무인사
			소분류	01. 경영기획, 03. 일반사무
			세분류	01. 경영기획, 02. 경영평가, 02. 사무행정
공단 주요사업	\multicolumn{4}{l}{• 능력 개발, 자격검정, 외국인 고용 지원, 해외취업/국제교육 협력, 숙련기술 진흥/기능경기대회, 국가직무능력표준(NCS)}
직무 수행내용	\multicolumn{4}{l}{• (경영기획) 경영목표를 효과적으로 달성하기 위한 전략을 수립하고 최적의 자원을 효율적으로 배분하도록 경영진의 의사결정을 체계적으로 지원 • (경영평가) 조직의 지속적 성장을 위하여 경영목표에 따른 평가 기준을 마련하고, 일정 기간 동안 조직이 수행한 성과를 이 기준에 따라 분석 · 정리하여 보고 • (사무행정) 문서 관리, 문서 작성, 데이터 관리, 사무자동화 관리운용 등 조직 내 · 외부에서 요청하거나 필요한 업무를 지원하고 관리}
전형방법	\multicolumn{4}{l}{• 직무능력 평가→직무능력 면접→인턴 선발→인턴 근무기간 평가→최종 정규직 전환}
일반요건	연령	\multicolumn{3}{l}{공고문 참조}
	성별	\multicolumn{3}{l}{무관}
교육요건	학력	\multicolumn{3}{l}{무관}
	전공	\multicolumn{3}{l}{무관}
능력단위	\multicolumn{4}{l}{• (경영기획) 01 사업환경 분석 03 경영기획 수립 • (경영평가) 01 경영평가 계획 수립 04 경영평가 방법 설정 • (사무행정) 01 문서 작성 02 문서 관리}
필요지식	\multicolumn{4}{l}{• (경영기획) 내 · 외부 환경 분석 기법, 사업별 핵심성과 평가 기준 및 전략기술 등 • (경영평가) 경영조직 체계 및 평가방법론, 노사관계법, 인사 관련 규정 분석, 일정관리 방법론, 정보 수집 및 분류체계 기법 등 • (사무행정) 업무처리 지침 개념, 문서기안 절차 및 규정, 전자정보 관리 및 보안 규정, 회의 운영 방법 등}
필요기술	\multicolumn{4}{l}{• (경영기획) 사업기획 및 보고서 작성 기술, 문제 예측 및 대응방안 능력, 분석 기법 및 통계 프로그램 운영기술, 의사결정능력 등 • (경영평가) 경영공시 시스템 사용기술, 공문서 작성 능력, 정보수집 기술 능력, 평가분석(SWOT) 활용 기술 등 • (사무행정) 데이터베이스 관리 능력, 문서 분류 및 관리 능력, 사무기기 활용 능력, 회의 내용 이해 및 처리 능력 등}
직무 수행태도	\multicolumn{4}{l}{• (경영기획) 객관적인 판단 및 논리적인 분석 태도, 사업 파악 및 개선 의지, 투명하고 공정한 업무 수행의 청렴성, 문제 해결의 적극적인 의지, 창의적인 사고 노력, 의사결정 판단 자세, 주인의식 및 책임감 있는 태도 • (경영평가) 경영자원 전략 자세, 수용적 의지 및 관찰태도, 다양한 정보 수집을 하려는 태도, 합리적인 분류자체 등 • (사무행정) 고객 지향 의지, 데이터 특성 및 분석 기술, 업무규정 준수, 업무 협조 노력, 회의 처리 능력 등}
필요자격	\multicolumn{4}{l}{• 경영 및 행정 관련 전문지식 및 경험 보유자}
직업 기초능력	\multicolumn{4}{l}{• 의사소통능력, 조직이해능력, 수리능력, 문제해결능력, 자기개발능력, 자원관리능력, 정보능력, 대인관계능력, 기술력, 직업윤리}
참고 사이트	\multicolumn{4}{l}{• www.ncs.go.kr}

열거된 다양한 내용과 관련되는 경력, 경험, 자격 등이 있는지 돌이켜보거나 앞으로 이에 맞추어 준비해야 한다.[T]

이렇게 다양하게 언급된 사항이 이미 기존 채용에서 중요시하는 부분과 많이 겹친다는 점에서 '엄청나게' 새로울 것은 없지만 자신이 이러한 요건과 관련이 없거나 연결고리가 불분명하다면 지원을 하더라도 좋은 결과를 기대하기 어렵다. '필요자격'은 자격 또는 경력을 의미하며, '직업기초능력'에 기초한 필기시험과 면접을 실시한다는 점에서 무엇을 준비해야 할지 알 수 있다.

현재 이 예시는 일반적인 행정 분야의 채용이기 때문에 요건이 포괄적이지만, 직종 범위 자체가 좁으면 요건도 그만큼 좁아진다는 점을 알아야 한다.

이렇게 열거된 다양한 내용과 자신이 가지고 있는 자격증이 연관성이 있는지, 내가 했던 동아리 활동이 과연 어느 부분과 관련 있는지 등을 고민해봐야 한다.

직무적합성은 업무 전문성이다

직무에 관한 지식을 측정하는 것은 객관식 시험으로 판별할 수 있지만 사람의 인지력과 관련된 지식과 기술은 알아내기가 쉽지 않다. 이에 채용에서 전문성이라는 항목은 직무적합성의 바탕이 되며 문제해결능력과 직결된다. 문제해결능력은 기업이나 공공기관 모두 중요하게 생각하는 영역이다.

블라인드 채용 준비 방법은 자신이 원하는 '직무설명자료'를 통해 그것이 자기적성과 일치하는지를 파악하여 직무를 고른다. 직무설명자료를 바탕으로 파악된 능력 중 부족한 요소는 학습활동 등을 통해 향상시킨다. 적합한 요소는 유지 또는 향상시켜 자신만의 강점이 되도록 관리한다.

서류전형에서 공고된 직무설명자료를 기반으로 모집 직무별로 요구되는 내용은 지원자의 교육이수 내용, 자격사항, 경험 및 경력사항 등이며 그 내용을 적을 때는 직무에서 요구하는 능력과 연결해야 한다. 직무설명자료를 바탕으로 직무와 관련된 학교교육, 직업교육, 기타교육 등 지원자가 이수한 교육을 기입한다. 채용공고문 또는 직무설명자료에 제시되어 있는 자격 현황, 지식, 기술 등을 토대로 해당 직무를 수행하는 데 필요한 공식화된 능력을 기입한다. 경력은 금전적 보수를 받고 일정 기간 동안 일했던 경우, 경험은 금전적 보수를 받지 않고 수행한 활동을 말한다. 직무능력소개서는 기입한 경력 혹은 경험을 구체적이고 자세하게 기술한다.

직무기술서를 잘 들여다보면 채점표가 보인다

직무기술서는 해당 회사에서 중요하게 생각하는 역량을 기준으로 평가된다. 회사마다 업종이 다르고 문화가 다르고 채용하려는 직무가 다르고 중시하는 역량이 다르기 때문에 서류심사를 하는 기준 또한 다르다. 예를 들어, 문제해결능력이라는 역량을 파악하는 의도로 지원서 항목이 제시되었다면 그 역량을 근거로 어떤 행동을 보였는지를 채점자가 보고 가점을 주거나 감점을 할 수 있다.

4 자소서 실전 쓰기

조직이 원하는 역량과 연결해서 나를 드러내자

채용담당자는 모집요강에서 원하는 직무나 회사와 관련된 내용이 담긴 자소서를 읽으면 좋은 인상을 받을 수밖에 없다. 특히 입사한 다음의 포부나 계획까지 작성하면 자소서에 대한 호감도는 더욱 높아진다. '입사 후 계획이나 포부'는 단순한 장밋빛 미래를 말하는 것이 아니라 자기가 선택한 직무에 대한 계획을 말한다. 경력사원도 어떤 기관이나 회사에 처음 입사하면 그곳에서는 신입사원이라는 점을 명심해야 한다. 그러니 경력이든 신입이든 이 항목에서는 앞에서 기술한 내용을 종합적으로 연결해 입사 후에 내가 어떤 성과를 달성하겠다는 자신감이나 열정을 보여주는 것이 좋다.

다만 인재상을 적을 때는 지나치게 강조하거나 과장하고, 허위내용을 작성해서는 결코 도움이 되지 않는다. 차라리 경험이 부족하거나 원하지 못한 결과를 얻은 경험 자체를 솔직하게 기술하는 편이 훨씬 낫다. 이 항목은 앞에서 설명했던 '직무수행태도'와 관련이 있다는 점에서 실현 가능한 다짐을 적는 것이 좋다.[T]

이때 합격한 사람의 인재상이나 포부를 참고하는 것도 중요하지만 스스로 핵심 역량이 무엇인지, 어떻게 역량을 키워서 조직에 기여할 수 있을지 계획을 적어야 한다. 그러한 계획을 채용담당자가 납득하고 예상할 수 있는 수준이라면 합

채용담당자 기준에서 직무에 적합하다는 인식이 뚜렷하고 자신의 생각과 주장이 분명하고 입사 후 포부가 구체적으로 정리된 사람에게 당연히 좋은 점수를 주게 된다.

격에 가까워진다. 앞의 항목과 다소 다르게, 지원하는 시점에 지원하는 곳에 대한 면밀한 조사, 미래(내년 또는 내후년)에 조직이 필요로 하리라고 예상되는 사항을 포함해서 적을 수도 있다. 조직 전체의 발전에 자신이 기여할 수 있다는 내용을 적는 것이 중요하다.

첫 문장에 핵심을 담자

자소서의 전체 내용을 파악할 수 있는 헤드라인(headline)이 명확하다면 채용담당자가 '효율적'으로 읽을 수 있다.[T]

보통 공공기관이나 기업에서 채용담당자는 채용 업무만 하는 것이 아니라 조직에 필요한 다른 업무도 해야 하므로 많은 시간을 할애해서 자소서를 읽기가 쉽지 않다. 이에 읽는 사람은 효율성을 고려할 수밖에 없고 조직에서 필요로 하는 기준에 맞는 자소서를 고르려고 상당히 노력한다. 조직 내에서 채용과 연관된 사람들이 모여서 방법과 기준 등을 논의해 채용 자체의 효율성을 높이기도 한다. 지원자가 채용담당자와 입장을 바꾸어 생각해보면 쉽게 상황을 이해할 수 있다.

그러니 자소서 질문마다 첫 문장은 전체 내용을 대표할 만한 표현으로 작성하는 것이 좋다. 하위 내용을 포괄하는 표현이나 읽는 사람이 관심을 가질 만한 문구로 작성하는 것이 자소서 통과에 큰 역할을 한다. 자소서는 채용담당자와 처음으로 만나는 문서다. 마찬가지로 첫 문장은 첫인상과 비슷한 효과가 있고 채용담당자가 끝까지 읽어보고 싶다는 생각이 든다면 잘 작성되었다고 볼 수 있다.

자소서는 자신이 지원하는 분야에 알맞은 내용에 초점을 두고 쉽게 써야 한다. 채용담당자가 읽고 싶은 부분이 자소서에 담겨 있는지, 모집요강에 적합한 내용이 잘 표현되어 있는지 여러 차례 검토하고 고민한다. 단순히 자신의 경력이나 경험을 나열하고 있지는 않은지, 내용을 두서없이 쓰지는 않았는지, 추상적인 표현으로 말하고자 하는 내용이 흐려지지는 않았는지를 점검한다. 제일 중요한 점은 핵심을 얼마나 잘 전달했는지 여부다.

채용담당자는 수백 장의 자소서를 정해진 시간 안에 읽어야 하므로 그 자체가 업무 부담이다. 채용담당자가 한 사람의 자소서를 읽는 시간은 매우 짧다. 첫 문장에서 관심을 끌지 못하면 그다음을 기대하기는 어렵다.

진실한 내용을 담자

좋은 문장을 쓰는 여러 가지 원리가 있지만 대체로 좋은 문장은 내용에 충실하다. 자신의 경험을 열거한 것이 아니라 성공과 실패의 측면에서 어떤 결과를 보여준다. 이는 글쓰기의 정직성과, 내용을 채울 수 있었던 성실성에서 비롯된다. 좋은 문장은 문장 자체를 길게 작성해서 여러 의미로 읽히는 일이 없고, 매우 특수한 경험을 일반화하려고 하지도 않는다.

즉 잘 쓴 자소서는 상세하고 진실하다. 아무리 성과나 결과를 원한다고 하지만 언제나 좋은 결과나 성과를 얻을 수는 없다. 특히 공공기관에서 하는 많은 업무는 더욱 그렇다. 미흡, 부족, 미달, 실패 등을 하더라도 그것을 잘 표현하고 극복하려고 노력했다는 의지를 보여준다면 훌륭한 자소서다. 읽는 사람도 그러한 내용에 공감한다면 다른 내용이 부족하더라도 다음 단계로 통과시킬 가능성이 있다.

채용담당자가 자소서를 읽고 지원자의 경험에서 우러나온 내용이라고 판단하면 면접에서도 그것을 그대로 이어갈 가능성이 높다. 어차피 조직 내·외부의 면접관이나 채용담당자 모두 여러모로 경험이 풍부하고 해당 분야의 전문성이 높기 때문에 공감의 폭도 비슷하다.

가독성을 높이자

가독성의 요소는 여러 가지다. 첫째, 안정감이다. 배열이 좋고 전후좌우 열이 흩어지지 않아야 한다. 둘째, 친근감이다. 쉽게 어떤 내용인지 예측할 수 있으며, 상식에서 멀리 벗어나지 않아야 좋다. 셋째, 강조다. 잘 배열된 문장이 되려면 단락을 나누고 번호나 소제목을 활용하면 된다. 넷째, 통일성이다. 글을 읽는 흐름을 방해하지 않도록 일관성 있게 편집해야 한다. 몇 개의 단락으로 계층화하면 강조, 안정감을 동시에 확보할 수 있다.

가독성은 핵심 단어로 문장을 구성해 자신을 적절히 표현할 수 있는가에 달려 있다고 해도 과언이 아니다. 한눈에 잘 보이게 쓰면 좋다. 단락이나 문단을 구분하지 않고 쓰기보다 단락을 나눠서 명확하게 써야 한다. 글자 수가 넘치는 경우 '명사형 어미'나 '~함'으로 종결해도 된다.

블라인드 채용에서 지원자는 이력서와 자소서 작성에 과거보다 더 많은 주의를 기울여야 한다. 자소서는 자신이 만드는 것이지 다른 사람이 만드는 것이 아니다.

누누이 말했지만 자소서를 체계적으로 작성하려면 급하게 쓰면 안 된다. 먼저 모집요강에서 원하는 직무와 관련되는 자신의 경험, 경력, 자격을 꼼꼼하게 살펴야 한다. 당연히 처음부터 그것을 꼼꼼하게 기록하는 것은 어려운 일이다. 처음에는 시간이 많이 걸리고 귀찮은 과정이지만 어느 정도 기록한 내용이 많아지면 이력서와 자소서에서 무엇을 더 강조할지, 내용을 어떤 형태로 연결할지 등을 더 고민하게 된다. 자신의 장단점, 성격, 성장 배경, 자신에게 영향을 주었던 사건이나 계기 등은 미리 작성하면 나중에 시간을 많이 단축할 수 있다.

퇴고는 모든 글에서 더 강조할 필요가 없을 정도로 중요하다. 자소서 작성 자체도 충분한 시간을 가지면 좋지만, 퇴고도 여유를 갖고 하면 수정할 부분을 더 잘 발견할 수 있다. 자소서를 모두 작성하면 전체적으로 정돈이 잘되었는지를 살펴보고 여러 번 맞춤법과 오탈자를 확인한다. 문장이 문법적으로 정확한지, 번역어투처럼 작성되지는 않았는지, 한 문장이 길어서 여러 번 읽게 하지는 않는지 등을 확인한다. 맞춤법이 엉망이면 안 된다. 자주 쓰는 낱말을 틀리면 기본적인 자질을 의심받는다. 띄어쓰기도 잘못하면 이해하는 데 어려움을 주어 채용담당자는 불편함을 느낀다.

직무기술은 적합성과 역량 기반에 초점을 두자

직무기술서 작성 시 무엇보다 많은 스펙의 나열이 아닌 '적합성'에 초점을 두어야 한다. 내가 자랑하고 싶은 모든 것을 나열하기보다는 그 기관, 그 직무에 적합한 경험을 중심으로 작성하고 희망 기업과 직군의 요구역량에 기초하여 역량을 쓴다.

그다음 '역량 기반'으로 작성해야 한다. 역량은 구체적인 행동과 경험으로 나타난다. 역량을 기술할 때에는 '막연히 그렇게 생각한다'는 식이 아니라, '내가 구체적으로 이런 행동을 했다'는 점이 드러나야 한다.

1단계: 희망 기관과 직군의 요구역량을 명확히 파악한다.

2단계: 역량을 증명할 수 있는 증거를 확보한다.

3단계: 질문에 맞게 작성한다.

기관에 따라, 직군에 따라 요구하는 역량은 다르다. 어떤 기업에서는 장점으로 인정받을 수 있는 역량이 다른 기관에서는 오히려 불필요할 수 있기 때문에 '적합성'을 높이려면 사전탐색이 반드시 필요하다. 기관이나 직군에 따라서 미래지향적이고 혁신을 원하는 곳이 있는가 하면, 현재에 충실하며 안정적인 운영관리를 추구하는 곳이 있다. 사람 지향적인 기관이나 직군이 있는 한편, 상대적으로 업무 지향적인 곳이 있다. 윤리의식, 기본적인 수리능력, 정보기술 활용 능력, 자기개발능력은 모든 구성원들에게 필요한 영역이지만 목표 성취, 창의 도전, 성실 책임, 친화 관계 지향 여부는 기관마다 다르다.

상황−행동−결과를 구체적으로 설명하자

경력이 다양하더라도 모집 직종과 관련된 경력만 기술하는 것이 핵심이다. 업무 관련성 위주로 자신이 했던 경험과 경력을 최대한 상세하게 적고, 그 내용을 바탕으로 공고된 분야의 일을 자신이 잘해낼 수 있다는 점을 기술해야 한다. 이 상황−행동−결과 항목은 이력서의 '직무 관련 주요 내용'을 구체적으로 설명한다는 생각으로 쓰면 된다. '구체적인 설명'을 잘된 문장으로 쓰는 것은 갑자기 이뤄질 리 없다. 평소 경험을 잘 정리하는 습관이 조금씩 쌓이면 구체적인 설명을 잘 쓰게 되는 것은 물론 앞으로 경력 선택, 경력개발, 경력관리에서 매우 유리하다.

주어진 업무를 단순히 수행하기보다 문제를 인식하고 비판적인 사고를 발휘한 경험을 중복되는 내용이 없도록 쓰면서 지원서에 적었던 내용이 잘 이어지도록 적어야 한다. 우선 지원서에 적은 내용을 자소서에서 전개한다. 지원서와 자소서의 내용을 통일시키고 자소서를 바탕으로 자신이 직무에 적합한 사람이라는 점을 면접에서 보여주어야 한다. 블라인드 채용은 처음부터 직무에 적합한 사람을 채용하려고 모집공고하는 채용 방식이므로 지원서−자소서−면접의 내용이 일치하도록 주의를 기울이고, 불필요하거나 관련이 없는 내용은 애초에 넣지 않는다. 자신이 상대방을 설득하거나 같이했던 활동도 지원서와 연결 지어 써야 한다.

구체적 상황−구체적 행동−구체적 결과를 논리적으로 기술해야 한다. 특히 결과를 수치(몇 회, 몇 번, 만 원, 퍼센트, 인원 등)로 나타낸다면 채용담당자가 더 쉽게 내용을 이해할 수 있다.

블라인드 자소서 샘플 1 – Task 형

구조	행동 키워드	예시 답안
Situation 상황	비판적 사고	대학교 1학년 때 독습(讀習) 독서 동아리에 가입했습니다. 1주일에 한 번 토요일마다 만나서 책 주제에 대해 토론했는데, 문제는 각각 개인사정이 있다 보니 팀원들 상당수가 결석을 했습니다.
Task 과제	책임감	이런 분위기에서 남은 팀원들도 정신이 해이해진 것 같아서 재결집을 위해 저는 팀장과 해결책을 강구했습니다.
Action 행동	논리적 사고, 창의적 사고	우선 동아리모임 환경을 바꾸기로 했습니다. 기존에 모이던 공간에 질릴 수도 있어서 매주 약속장소를 학교 인근의 분위기 좋은 카페나 음식점으로 변화를 주었습니다. 또 어느 정도 의무감을 주어야 하므로, 정당한 사유로 결석한 학생이 아니라면 벌금을 부과하는 방안을 내놓았습니다.
Result 결과	문제해결 경험을 통해 배운 교훈	여기에 진행방식을 다양하게 바꿨습니다. 토론 이외에 독서퀴즈나 책 주제 외에 사회현상에 관한 논의, 자신이 좋아하는 도서 추천 등을 통해 즐거운 분위기를 조성했습니다. 이러한 경험을 통해 제가 속한 팀이 위기에 처해 있어도 적합한 방법을 강구한다면 문제를 해결할 수 있다는 것을 배웠습니다.

채용담당자가 지원서와 자소서에서 기대하는 수준과 실제 접수되는 지원서와 자소서 내용의 차이가 적을수록 합격할 가능성이 높아진다. 어떤 활동을 해왔는지 적는 것이 지원서이지만 단순히 활동만 적지 않고 그것을 하면서 어떤 성과를 냈는지 드러내는 게 더 중요하다. 채용담당자가 혼란스러워하거나 이해하기 어려운 사항이 나오지 않도록 명확하게 경력과 경험을 바탕으로 결과를 적어야 한다. 비록 그 결과가 눈에 띌 정도로 긍정적이지 않더라도 그것을 기술하고 하지 않고의 차이는 매우 크다. 누구나 높은 성과를 달성할 수 있으면 좋겠지만, 그렇지 않기에 경력과 경험을 통해 조금이라도 나아졌다는 사실을 기술하면 된다.

삶의 어려움을 극복한 이야기는 구체적이고 솔직하게 쓰자

삶의 어려움 극복에 관한 내용을 쓸 때도 다른 사람의 이야기를 인용하지 말고 자신의 경험과 생각을 담아야 한다. 블라인드 채용은 직무적합성이 중요하므로 누구나 흔히 쓰는 진부한 표현은 피하고, 삶의 어려움은 모두 다르기 때문에 일반화할 수 없지만 '5년 내'라는 단서에서 자신을 돌이켜봐야 한다. 고등학교

블라인드 자소서 샘플 2 – Target 형

구조	행동 키워드	예시 답안
Situation 상황	업무와 관련된 문제를 인식	제가 일했던 물류창고의 경우 상품 입고에서는 문제가 없었지만 출하에 문제가 있었습니다. 한 차량에 200개의 박스를 적재하는 정해진 방법이 있었는데 그 방법대로 적재하다 보면 중간에 틈이 생겨 상당히 비효율적이라는 생각이 들었습니다.
Target 목표	사고력	하루 평균 3대의 차량에 적재를 하고, 차량운송료가 1회 평균 200,000원이라는 점을 고려한다면 열흘마다 한 대의 운송비용을 줄이는 목표를 세웠습니다.
Action 행동	문제처리 능력	차량 적재공간 크기, 박스 크기를 실측해 가장 효율적인 적재방법을 계산했고 출하 업무 때 계산이 맞는지 실제 확인 작업을 했습니다.
Result 결과	문제해결 능력	그 결과 200개 박스를 싣는 이전 방법보다 5개를 더 실을 수 있게 되었습니다. 박스 적재방식을 바꿔 비용을 대폭 줄였습니다.

졸업을 기준으로 대학을 졸업할 때까지 걸리는 시간을 5년으로 보면 비교적 범위를 좁힐 수 있다.[T]

삶의 어려움을 겪지 않은 사람도 있겠지만 대체로 외적으로나 내적으로 어려움을 경험한 사람이 더 많다는 점에서 그것을 직무와 어떻게 연결할지 고민하는 것이 중요하다. 예를 들어, 자격증을 취득하기까지 힘들었던 과정, 교육이나 훈련을 이수할 때 겪었던 어려움, 경험이나 경력을 쌓으면서 생겼던 상황도 삶의 어려움의 하나로 고려하는 것이 좋다. 누구나 취업을 준비하면서 어려움을 겪는데, 이를 극복 또는 돌파한 경험은 직무 달성에 필요한 요소일 수도 있다.

이러한 문항과 비슷한 것이 자신의 경험에 영향을 주었던 사건, 감명 깊게 읽은 책이나 들었던 강연, 자신의 인생에 영향을 미친 인물 등을 소개하는 것인데 읽는 사람이 납득할 수 있는 수준으로 정리해야 한다. 삶의 어려움을 극복한 이야기를 수치화해서 설명할 수 있다면 그렇게 정리하는 편이 가독성을 높이는 데 도움이 되지만, 수치화해서 표현하기 어렵다면 직관적으로 내용을 읽었을 때 연상 또는 이해할 수 있도록 글을 써야 좋다.

어려움을 극복하는 과정을 기술할 때는 직무와 관련된 자신의 장점을 드러내

입대와 제대, 휴학과 복학, 연수 등을 고려하면 고등학교를 졸업하고부터 채용에 지원하는 시점까지로 볼 수 있다.

블라인드 자소서 샘플 3 - Trouble 형

구조	행동 키워드	예시 답안
Situation 상황	대인관계능력	대학교 4학년 때 OO백화점에서 OOO 입장권 판매 아르바이트를 통해 영업활동을 경험했습니다. 6월부터 8월까지 3개월 동안 백화점 서비스 교육을 통해 기본 고객응대 방법을 터득하고 현재 종사하고 계신 영업사원들의 조언을 들으며 영업을 시작하게 되었습니다.
Trouble 문제	고객응대력	입장권 판매는 단독 부스로 이루어져 영업, 계산, 매출 관리를 저 혼자서 해야 했습니다. 판매전략 이외에도 배워야 할 업무 지식이 많았고 영업활동에 필요한 연령대, 방문 시간 등의 데이터 없이 영업활동을 해야 해서 많은 어려움을 겪었습니다.
Action 행동	고객 컴플레인에 대한 위기대처능력 및 영업 스킬	하지만 영업사원에게 수시로 고객 컴플레인 대처방법, 궁금한 점, 비법을 듣고 배우며 3개월 동안 아르바이트를 무사히 마칠 수 있었습니다.
Result 결과	영업은 데이터를 기반으로 치밀한 전략을 짜야 한다는 교훈	저는 영업활동에 필요한 매출 정리, 외부 요소를 반영한 영업 데이터 없이 영업활동을 하면 안 된다는 것을 깨달았습니다. 자신만의 영업전략 없이 단순하게 상품을 판매하는 데만 그치게 되어 장기적인 이윤 극대화를 실현하기가 힘들다는 것을 경험했습니다.

자. 장점을 과장하거나 자랑하는 것이 아니라 솔직하게 작성한다. 자신의 단점으로 어려움이 생겼다면 그 '단점' 때문에 겪었던 사건이나 상황, 그것을 고치려는 자신의 노력이 명확하게 드러나야 한다. 채용담당자는 단점이 많은 사람보다 장점을 많이 지닌 사람을 선호하지만, 누구나 단점은 가지고 있으므로 그것을 잘 표현하고 어떤 형태로 고치려고 했는지 기술하는 데 초점을 맞추어야 한다. 단점을 고치는 것과 어려움을 극복하는 것 모두 솔직하면서도 설득력 있는 내용으로 꾸며야 한다.

자신의 경험에서 실패했거나 노력한 만큼 성과가 드러나지 않은 일도 입사 전후에 쓸모 있는 경험이 되기 때문에 솔직하게 기술할 필요가 있다. 원하는 대로 결과가 나타나지 않은 이유, 환경적 원인, 다른 사람 사이에 있었던 갈등이나 문제 등을 자소서에 기술하는 것은 읽는 사람이 이해하기에 좋다. 앞선 내용과 마찬가지로 '어떤 상황'이 발생해서 어려움을 겪는 것이기에 생각의 흐름이 자연스럽게 이어질 수 있도록 내용을 작성하는 것이 중요하다.

기본적으로 자소서는 직업에 관련된 자신의 삶을 되돌아본다는 차원에서 중요하다. 그런데 많은 사람들이 성장 배경이나 학창시절을 적을 때, 삶에 영향을 주었던 계기를 찾아야 할 때 귀찮아한다. 그렇지만 꼼꼼하게 자신을 살펴봐야 적합한 직무를 찾는 데 도움이 되고, 잘할 수 없는 직무가 무엇인지 가려내기가 유리하다. 블라인드 채용은 채용 요건에 맞는 사람끼리 모여서 경쟁하기에 그러한 요건에 안 맞는 사람은 경험이 풍부해도 합격하기가 쉽지 않다. 삶의 어려움과 극복했던 경험을 적는 것은 성장 배경이나 학창시절을 기술하는 것과 난이도가 같다. 평소에 자신의 경험 등을 정리해놓고 역량, 직무와 연결해 정리한다면 합격하는 자소서가 될 수 있다.

삶의 어려움과 극복했던 경험을 작성할 때 극적으로 꾸며야 한다는 생각에 부담을 느끼거나, 과도한 창의성을 발휘하려는 취준생들이 많다. 개성 있는 지원서나 자소서를 원하는 직종이라면 얘기가 다르겠지만, 사무직 등의 직종에서는 작위적으로 느낄 수 있다. 경험의 폭이 다양하면서도 공감하는 부분이 많아서 읽는 사람이 자연스럽게 이해할 수 있도록 해야 한다.

직무 수행과 문제해결 사례는 꼼꼼하게 적자

'문제해결능력을 발휘한 경험'을 기술할 때는 단순히 경험이나 경력을 나열하면 효과적으로 자신을 알릴 수 없다. 그러니 지금까지의 경험이나 경력 중에서 읽는 사람이 원할 만한 핵심을 다시 간추려 적거나 공통점을 먼저 밝히자.[T]

그리고 구체적인 직무 수행 사례에서 문제를 해결하는 과정을 세밀하게 적으면 좋다. 여러 가지 사례를 병렬적으로 전개하기보다 한 가지 사례를 꼼꼼하게 적는다. 이력서에 기재된 자격증, 경험, 경력, 교육, 훈련사항을 활용해서 문제를 해결했다고 하면 더욱 좋다.

자소서는 사실적이면서 구체적인 내용이 뒷받침되면 합격할 가능성이 높아진다. 막연하거나 추상적인 내용보다 모집요강에 나타난 분야나 특성에 자신의 경험을 연결해 지원동기와 직무 관련성을 밝혀야 한다. 공공기관이나 기업 모두 작

📢 경력과 경험이 많은 것은 자신에게는 좋지만 단순한 나열은 오히려 채용담당자에게 혼란을 준다.

은 문제부터 큰 문제까지 해결할 것이 많은데, 기관이든 기업이든 지원자의 역량으로 문제를 해결하기를 바라기 때문에 그 점을 고려해 다른 항목보다도 구체적이고 납득할 수 있는 문장으로 작성해야 한다.

문제해결능력은 뚜렷한 목표의식과 연결된다. 목표가 분명해야 문제를 해결할 가능성도 커지므로 이 항목은 합격 이후에 지원자의 행동을 예견하는 데도 의미가 있다. 자소서에 목표의식이 드러나지 않으면 지원한 곳에 대한 취업 준비가 덜 되었다는 인상을 주기 쉽다. 자신이 이곳에 지원하기 위해 무엇을 했으며 어떤 결과를 얻었다는 내용이 잘 드러나면 목표의식을 명확히 할 수 있다.

직무에 적합한 자소서를 작성하다 보면 자칫 뻔한 내용으로 쓰기가 쉽다. 너무 틀에 박힌 표현이나 형식을 고수하거나, 지나치게 경험이나 경력을 과시해서는 안 된다. 자소서는 창작력이 돋보여야 하는 소설이나 수필이 아니다. 채용담당자가 직무와 연결된 문제해결 사례를 쉽게 이해하도록 내용과 형식을 고민하고 수정해야 한다.

직업윤리는 사소한 것에서 찾자

직업윤리는 인간을 대상으로 하는 실험(의료윤리)부터 인간관계에서 지켜야 할 규범(상도덕)까지 매우 포괄적이며 양심과도 연결된다는 점에서 가장 추상적으로 작성할 가능성이 높다. 직업윤리는 개인적, 법률적 측면으로 접근할 수 있는데 직장생활을 하지 않은 신입 지원자가 직업윤리에 관련된 상황을 적기는 쉽지 않다. 물론 아르바이트 등에서 얻은 경험으로 설명할 수도 있지만 해당 직무와 관련짓기는 어렵다.

일부 기업을 비롯한 공공기관에서 반드시 지켜야 하는 직업윤리는 바로 지원자가 작성해 제출해야 하는 '개인정보 수집 이용 · 제공 · 동의서'에 관한 사항이다. 개인정보에 관한 법률이나 규정을 잘 읽어보지 않고 제출하는 경우가 대부분인데 막상 법률 문제가 발생하면 그것은 결정적인 쟁점이 된다. 직업윤리에 대한 가장 중요하면서도 기초적인 주체가 바로 개인정보보호에 관한 사항이므로 이 부분을 강조하는 것도 의미가 있다.

교육과 훈련, 경험과 경력을 쌓으면서 직접 겪은 직업윤리 상황을 적을 수도 있다. 부정행위를 목격했을 때, 부당한 처우를 받았을 때, 여러 가지 활동을 하면서 윤리적 문제가 될 수 있는 상황을 기술할 수 있다. 자신이 겪은 내용을 직업윤리와 연결한다면 그 경험을 잘 묘사해야 읽는 사람이 이해하는 데 어려움이 없다.

윤리는 개인의 내면과 연결된다는 점에서 글로 표현하기가 어려운 부분이 있지만 적어야 한다면 상황-행동-결과의 형태로 자연스럽게 쓴다. 어차피 직업윤리에 관한 내용도 무언가를 겪고 느끼는 상황이 있어야 적을 것이 생기고, 내가 그러한 상황에서 어떤 식으로 행동했는지 적는 것이 중요하다.

인재상은 입사 후 포부까지 기술하자

블라인드 채용에서는 자신이 그 기관이나 회사에서 뽑으려는 사람의 범위에 들어가는지 곰곰이 생각해야 한다. 요건에 안 맞는데 억지로 지원한다고 합격할 수 있는 것이 아니고, 애초에 조건(범위)에 맞는 사람을 원하므로 자신이 지원할 시점까지 준비했던 것과 채용 요건을 맞추어봐야 한다. 아직 대학생이거나 이직을 준비하는 청년층은 일정한 기간을 두고 모집요강에 대한 정확한 이해와 준비를 하고 나서 지원서와 자소서를 쓰는 것이 좋다.

직무연관성과 적합성을 중요시하므로 먼저 지원서에 무엇을 담을 수 있을지 생각해야 한다. 이때 다양한 활동을 했던 사람은 고민이 될 것이다. 블라인드 채용은 직무 관련 사항만 적도록 한다는 점에서 많은 활동을 한꺼번에 적기는 곤란하다. 지원하려는 기관이나 채용담당자의 관점에서 어떤 항목이 포함되면 좋을지 역으로 파악하려는 노력이 필요하다. 내가 좋아하고 잘했던 것도 중요하지만 정해진 범위 내에서 경쟁하기 때문에 채용하려는 사람의 기준과 입장에서 준비하고 작성해야 한다. 자신이 지원하는 곳에 대한 사전조사를 바탕으로 일정한 기간 동안 준비해야 합격 가능성이 높아지고, 지원서에 기재된 내용을 바탕으로 인재상과 입사 후 계획·포부까지 기술해야 직무와 연결되는 자소서를 작성할 수 있다.

공공기관이나 기업의 인재상은 채용공고나 홈페이지 등을 살펴보면 어느 정도 알 수 있다. 특히 공공기관은 웬만한 정보를 법률에 따라 공개해야 하므로 시간을

개인정보 수집 · 이용 · 제공 동의서 예시

사진 부착 (3.5cm × 4.5cm) 최근 6개월 이내	성 명	
	생년월일	연도(나이) 미기재, 월일만 기재
	주 소	
	연 락 처 (휴대전화)	
수집하는 개인정보 항목		성명, 주민등록번호, 주소, 연락처, 자격·경력사항, 병역사항 등 채용 관련 항목
개인정보의 수집 및 이용 목적		채용 제한사유 해당 여부, 채용심사 관련 확인
개인정보의 보유 및 이용 기간		채용 관련 목적을 달성할 경우 파기
개인정보 제공 동의 거부 권리 및 동의 거부에 따른 불이익 내용		• 개인정보 수집 동의를 거부하실 수 있습니다. • 다만, 동의하지 않을 경우 일정이 지연되거나 채용심사 대상에서 제외됩니다. • 채용에 필요한 개인정보는 채용 업무 이외의 다른 목적으로 사용되지 않습니다. • 사진은 부정방지를 위한 본인확인 용도로만 이용됩니다.

개인정보의 수집 및 이용 목적에 동의하십니까? (해당란에 v표시)

□ 동의함   □ 동의하지 않음

년   월   일

성 명: (서명)

투자하면 좋은 정보를 찾을 수 있다. 기업의 인재상도 기존 내용과 크게 달라지지 않기에 각종 취업정보 사이트에서 직간접적으로 추리할 수 있다. 이를 입사하고 싶은 이유와 연결하고, 지금까지 쌓아온 경험이나 경력과 연결해야 블라인드 채용에서 원하는 목적대로 지원서와 자소서를 작성할 수 있다.

공기업 자소서
클리닉

한국가스공사KOGAS

기본적으로 지원동기, 입사 후 포부, 인재상과 자신을 연결하는 문항이다. 집단(팀)에서 갈등을 해소
한 경험, 역량과 연관해서 적는 문항, 예상하지 못한 문제를 해결한 경험은 사소한 사례라도 구체적으
로 써야 읽는 사람이 알기 쉽다. 여러 가지 경험을 나열하기보다 한 가지 사례를 세밀하게 적는 편이
좋다.

질문 01 KOGAS에 지원하게 된 동기와 희망 직무를 선택한 이유를 입사 후 목표 및 포부를 포함하여 기술해주십시오. (500자 이내)

이곳은 향후 에너지 분야에서 성장 가능성이 큰 기업입니다. 그리고 우리 생활과 밀접하게 맞닿아 있는 회사이기에 지원하게 되었습니다. 안정적인 가스 제조와 공급을 위해서는 전기의 사용이 기반되어야 하기 때문에 철저한 전기설비 시공은 필수입니다. 저의 강점은 철저하고 꼼꼼한 성격입니다. 변전 도면을 모아 공부하면서 고장 전류의 계산법이 제각각인 것을 따로 기록해두었습니다. 혼란을 방지하기 위해 체크한 것들을 비교해보니 사고의 위치에 따라 계산법이 다르다는 것을 알았습니다. 세세한 부분까지 메모하는 습관 덕분에 자격증을 취득할 수 있었고, 그 습관은 정확성과 세밀함을 필요로 하는 해당 직무에서 큰 도움이 될 것입니다. 입사하여 실무를 통해 내부 규정을 체득하고 업무를 통해 배운 것들을 통합해 사고할 수 있는 능력을 기르고 싶습니다. 장기적으로 실무 경험을 쌓아 전기기능장에 도전하는 것이 포부입니다.

실전 작성하기

> **질문 02** 의사소통능력 | 과제 및 업무 수행 상황에서 구성원들 간의 갈등을 중재하거나 효율적으로 과제 및 업무가 진행될 수 있도록 의사 발언을 한 경험이 있습니까? 상황을 설명해주시고 본인이 생각하는 업무 효율성 또는 업무 성과를 높이기 위한 효과적인 의사소통 방법을 기술해주십시오. (500자 이내)

고등학생 참여 교육 프로그램에서 연락 담당을 맡은 경험이 있습니다. 예약 명단을 확인하는 일을 맡았는데, 예약했던 주제가 갑자기 변경되었습니다. 변경사항을 학부모님들께 설명을 드려야 하는 상황이라 불만이 있는 분들을 상대해야 한다는 어려움이 있었습니다. 그렇지만 아이들의 만족스러운 참여를 우선으로 여기시는 학부모님들이었기 때문에 아이들의 입장이 되어 소통을 해야겠다고 마음먹었습니다. 변경된 주제를 직접 다뤄본 경험도 있고, 익히 알고 있는 자석의 원리이기 때문에 경험상 아이들에게는 바뀐 주제가 참여하기 쉽고 더 흥미로울 것이라고 생각했습니다. 이러한 점을 고려하여 50명 가까운 학부모님들에게 한 분씩 충분히 설명해드려서 원성을 사지 않고 원만하게 해결했습니다. 상대방의 생각을 고려하고, 경험을 근거로 상대방에게 신뢰를 심어줌으로써 원활한 의사소통을 할 수 있었습니다.

실전 작성하기

질문 **03**

기술능력 | 과거의 교육과정이나 경력을 통해 습득한 전공 지식 및 기술 경험들이 KOGAS 지원 분야 내의 업무들과 어떠한 관련성을 맺고 있다고 생각합니까? 또 그러한 지식과 경험이 실제 업무 수행에 어떠한 방식으로 도움을 줄 수 있는지 구체적으로 기술하여주십시오. (500자 이내)

전기설비 시공은 중요한 직무이므로 변전 및 부하설비의 이해, 수전방식과 보호방식에 대한 총괄적인 지식이 필요합니다. 효율적인 전력 사용을 위해 전반적인 이해와 시공 지식이 필요하다고 생각하여 학교 교육과정 외로 전기학원을 꾸준히 다니며 학식을 넓혔습니다. 그 결과 전기기사와 전기산업기사 자격증을 취득했고, 고전압공학과 전력공학을 수강하며 안정적인 전력설비의 중요성을 깨닫게 되었습니다. 수업을 통해 전력기기 절연설계의 기초가 되는 전계 해석 툴을 다루고 연구센터에 직접 방문해 사고에 대비하여 데이터베이스를 구축하는 시험설비가 가동되는 것을 배웠습니다. 이러한 지식과 경험들로 전기설비 시공 상세도를 이해하고 전기기기를 관리하는 업무에 발 빠르게 도움이 될 것입니다. 시공 상세도를 작성하고 전기기기를 설치하는 기술 등 해당 업무를 완수할 수 있도록 노력할 것입니다.

실전 작성하기

질문 04 **문제해결능력 |** 학업 과제 수행이나 업무 수행 중에 예상치 못한 문제를 해결해본 경험이 있습니까? 그 문제를 해결하기 위해 어떠한 과정(문제 원인 도출, 해결방안 탐색, 해결방안 적용 등)을 거쳤으며 어떠한 점에서 그 해결책이 효과적이었는지를 기술하여주십시오. (500자 이내)

우선순위를 세워 계획하는 것이 중요하다고 생각합니다. 교내 동아리에서 새 학기부터 사무국장을 맡게 되었습니다. 학기가 시작되면서 회비를 올리자는 이야기가 나왔으나 회원들이 쉽게 동의하지 못했습니다. 재학생이 30명, 신입생이 10명이고 각각 회비가 2만 원, 1만 원, 지원금 등으로 100만 원이 넘는데 회비가 부족했습니다. 총무로서 그동안 적어두었던 동아리 장부를 통해 회비가 어떻게 사용되고 있는지를 알아보았습니다. 동아리 물건 유지비, 새내기 행사 지원 비용, 회식비 등으로 파트를 나누어 금액을 정리해 각각 얼마나 사용했는지 확인했습니다. 그 결과 회비를 계획적으로 쓰지 않아 사소한 부분에서 지출이 생각보다 많이 발생했다는 것을 알게 되었습니다. 회비 사용처 비율에 기반을 두어 파트별로 우선순위를 정하고 일정 금액 이상 쓰지 않도록 결정했습니다. 그것을 학기말에 피드백하여 비율을 재조정하고 2학기에는 회비를 10만 원가량 남겼습니다. 우선순위를 정해 각 부문마다 한도를 두어 무분별하게 사용하지 않았기 때문에 회비를 올리지 않고 효과적으로 운용했습니다.

실전 작성하기

KOGAS 인재상 | KOGAS에서 중요하게 생각하는 인재상은 다음과 같습니다.

1) 미래에 도전하고 변화를 선도하는 사람
2) 믿고 협력하여 공동의 성공을 실현하는 사람
3) 자기 분야의 최고를 추구하는 사람

세 가지 인재상 중 자신과 가장 부합된다고 생각하는 인재상을 하나 선택하여, 구체적인 사례를 포함하여 그렇게 생각하는 이유를 기술하여주십시오. (500자 이내)

실전 클리닉

➡ KOGAS가 추구하는 인재상인 N_EX_T에 부합하는 사람을 뽑는 것은 당연하다. 미래에 도전하고 변화를 선도하는 사람은 Neo이고, 자기 분야의 최고를 추구하는 사람은 EXcellent이고, 믿고 협력하여 공동의 성공을 실현하는 사람은 Trust이다. KOGAS의 인재상은 비전과 미션을 바탕으로 만들어진다. 비전, 미션, 인재상을 파악하고 작성하면 더욱더 조직에 적합한 인재로 평가받을 수 있다.

전기설비 시공에서 최고를 추구하는 사람이 중요하다고 생각합니다. 2학년 때 스톱워치를 만드는 팀 프로젝트를 하였습니다. 몇 가지의 기능을 설계하여 보드에 매칭하는 것이었습니다. 타과 수업이라 팀원과 과제를 함께할 시간을 맞추는 것이 어려웠습니다. 게다가 팀원이 거의 매주 시험이 있어서 도서관에서 공부를 하느라 과제를 진행하는 데 차질이 있었습니다. 하지만 주어진 팀 과제보다 좋은 성능을 첨가하고 싶은 욕심이 있었기 때문에 팀원의 시간을 존중해주면서도 팀원과 함께하는 시간을 만드는 것이 중요했습니다. 함께할 수 없을 땐 팀원 옆에 나란히 앉아 혼자 코딩을 하고 가능할 때 함께 작품을 만들었습니다. 그 결과 스톱워치의 기존 기능에 세계시각과 1분마다 화면에 변화를 주는 기능을 넣었습니다. 더 좋은 것을 만들기 위해 노력하다 보니 논리회로 실험에서 A+라는 좋은 성적을 받을 수 있었습니다.

실전 작성하기

한국수자원공사 K-water

전문성, 자기주도성, 윤리성, 인재상과 입사 후 목표, 경력이나 경험은 모두 블라인드 채용에서 기본적으로 강조하는 사항이다. 팀 내 갈등 극복 경험도 다른 공공기관 문항에서 많이 등장하는 만큼, 이와 같은 문항을 적을 수 있도록 시간을 두고 대비하면 좋다. 하위 문항이 여러 개 있는 경우는 내용이 구체적이어야 한다. 세부적으로 묻는 항목에 적합하게 적어야 한다.

질문 01 자신이 지원한 분야에서 뛰어난 전문가가 되기 위해 기울이고 있는 노력에 대해 구체적으로 서술해주십시오.

'전 세계 No.1으로 뻗어나갈 환경 전문가'

환경 직무는 평소 치밀한 준비와 긴장을 통해 불의의 사고를 방지하고 긴박한 상황에서 발생하는 문제를 다른 팀과 협업하여 재빨리 해결하기 위해 순발력, 안정감, 근성이 필요합니다. 4년 동안 쌓은 많은 경험은 맡은 업무를 끝까지 완벽하게 완수해내는 근성, 업무를 처리할 때 필요한 순발력과 센스, 최대한 빨리 그 조직에 스며들어가는 적응력, 안정감을 기를 수 있게 도와주었습니다. 또한 마음가짐과 더불어 업무 관련 기본 지식 습득에 소홀히 하지 않고 환경공학, 물리학적·생물학적 수처리 등 관련 과목을 우수한 성적으로 이수하여 근무현장에서 필요한 사전지식을 단단하게 다졌습니다. 1년간 활동했던 서포터즈는 국내 최고를 넘어 전 세계 No.1으로 뻗어나갈 역량을 기르게 해주었습니다.

[실전 작성하기]

실전 클리닉

➡ 다양한 특성, 순발력, 조직적응력, 환경공학 등 경험은 많지만 나열된 형태라서 읽는 사람이 지원자를 판단하기가 쉽지 않다. 특히 경험과 교과목이 섞여 있으므로 경험에 초점을 맞출지, 교과목에 초점을 맞출지 고민해야 한다. 또 제목에 어떤 넘버원으로 가는 환경 전문가인지 직감적으로 알 수 있는 내용이 없다.

질문 02 팀(조직) 내에서 갈등을 극복한 경험이 있다면 귀하는 어떠한 노력을 했습니까?

3개월간 학생들의 불편사항 개선과 학교의 발전을 위한 교육지원 모니터링 요원으로 활동했습니다. 저희 팀의 연구 주제를 선정할 때 팀원 간 아이디어 충돌로 주제를 결정하기 어려웠습니다. 저는 팀장으로서 본인이 말하고자 하는 것, 이 활동을 통해 얻을 수 있는 것을 간단하게 핵심만 이야기하도록 했습니다. 저희 조는 서로의 생각을 정확하게 공유함으로써 모두가 만족할 수 있는 '장애학생에 대한 도움', '학교 지도개선'이라는 최고의 주제 두 가지를 선정하였습니다.

3개월간 매주 모여 회의하고 발로 뛴 결과, 저희 팀은 열 팀 중 3등을 차지했습니다. 비록 더 좋은 성적을 내지는 못했지만, 효과적인 의사표현 방법, 갈등조정 방법 등을 배울 수 있었습니다. 또한 상대방의 의도를 날카롭게 이해하고 다양한 생각과 본인의 의사를 명확하게 전달할 수 있을 때 문제 해결 속도를 높일 수 있다는 것을 몸소 느꼈습니다.

실전 작성하기

질문 03 학업 이외에 본인이 관심과 열정을 가지고 가장 자기주도적으로 계획을 수립하고 추진했던 경험이 있으면 서술해주십시오.

'어디서나 당당하게'

어렸을 때부터 3남매 사이에서 욕심 없이 항상 양보했고, 중간 위치에서 참으라는 부모님의 말씀에 감정 표현을 절제하며 의사표현을 명확하게 하지 않는 소극적인 성격으로 자랐습니다. 그러나 대학에 입학한 뒤 주어진 삶을 충실하게 살기 위해 적극적인 사람으로 바뀌어야겠다는 생각이 들었습니다. 따라서 저는 사람들 앞에서 말하는 것을 두려워하지 않기 위해 다양한 성격을 가진 많은 사람과 만날 수 있는 활동을 해야겠다는 목표를 설정했습니다. 다양한 기업 아르바이트 경험과 많은 사람을 만나게 해줬던 대외활동은 자신감 없던 말투를 고치게 해주었습니다. 특히 공기업 아르바이트와 한-일 대학생 국제교류 행사에 참가하면서 용기를 내어 먼저 당당하게 나선다면 상대방도 그 노력을 알아주고 받아준다는 것을 확실하게 깨달았습니다. 앞으로 업무를 수행할 때도 같은 효과를 발휘할 것입니다.

실전 작성하기

> **질문 04** 자신이 규칙 및 규정 준수, 준법성 등과 같은 공동체 윤리를 중요하게 여기는 사람임을 입증할 수 있는 사례를 구체적으로 서술해주십시오.

'어려울수록 바른 길로'

연말마다 타 기업의 연말정산 업무를 담당했습니다. 제가 맡았던 업무는 해당 기업의 사원들이 입력한 데이터와 제출한 지면상의 자료가 일치하는지, 오류가 없다면 입력된 자료를 토대로 증빙서류 제출 여부를 판단하고 부족한 서류의 보완 요청을 했습니다.

'수년 동안 걸린 전례가 없으니 앞으로도 추징당할 일은 없다'는 짙은 고정관념 때문에 맡은 임무를 완수하는 것이 굉장히 어려웠습니다. 이를 해결하기 위해 증빙서류를 완벽하게 제출할 때까지 하루에 두 번씩 전화를 드렸습니다. 수단과 방법을 가리지 않고 끈기를 가지고 서류 제출을 유도함으로써 국세청에서 정하고 있는 연말정산에 필요한 서류들을 알맞게 보완 완료할 수 있었습니다. 연말정산 작업이 완료된 후 오류 없이 연말정산이 완료됐다는 기분 좋은 소식을 나중에 담당자에게 들었습니다.

실전 작성하기

K-water에 입사 지원한 동기 및 입사 후 실천하고자 하는 목표를 K-water 인재상(내실, 혁신, 신뢰) 중 자신과 가장 잘 부합하는 역량과 결부시켜 작성해주십시오.

'통합적 사고의 결실 보기'

3개월간 활동했던 서포터즈 캠프 일정 중 강사님의 강의를 듣게 되었습니다. 강사님께서 말씀해주셨던 중점적인 내용은 통합적인 사고를 바탕으로 물의 인권, 수자원 관리체계 형성, 물과 관련된 모든 연결고리를 종합적으로 고려해야 한다는 것이었습니다. 이 강의를 듣고 난 뒤, 저는 K-water에 입사하여 단단한 내실을 만들어야겠다는 의지를 다지게 되었습니다.

'No.1에서 Only 1으로'

저는 우리나라 No.1뿐만이 아닌 전 세계로 뻗어나가는 혁신적인 K-water를 꿈꾸고 있습니다. 물관리의 새로운 가치를 발견하고 그 가치를 한층 돋보이게 해줄 물관리 강국으로 거듭나게 하고, 해외 기관과의 끊임없는 교류를 통해 발전을 이룩하며 국제사회에서 큰 목소리를 낼 수 있는 Only 1으로 한 걸음 더 성장하여 열매를 완성하는 것이 제 꿈이자 목표입니다.

실전 작성하기

질문 06 입사지원서에 기술한 교육, 경력, 경험사항에 대해 상세히 기술해주시기 바랍니다. (본인의 역할과 행동, 주요 성과를 중심으로 각 700자 이내)

'기반을 단단하게'

업무에 필요한 기초 지식을 탄탄하게 쌓는 것을 당연하게 생각했기 때문에 환경공학개론, 물리화학적 수처리, 생물학적 폐수처리, 신재생에너지, 산업생태 및 지속 가능 공학 등 현재 눈앞에 주어진 과목을 우수한 성적으로 수강했습니다. 그 덕분에 현재를 치밀하게 살아 찬란한 미래를 준비하는 기쁨을 알게 되었습니다. 향후 입사하여 이러한 습관을 지속적으로 유지하여 찬란한 미래를 준비하는 인재가 되겠습니다.

'공무를 수행하는 자의 중압감'

한 달간 구청 환경위생과에서 탄소포인트제 관리를 담당하는 아르바이트를 했습니다. 탄소포인트제 관리를 하면서 민원인의 응대를 적절하게 처리하는 방법을 배웠으며 공무를 수행하는 사람들의 사명감, 자부심을 간접적으로 느낄 수 있었습니다.

'세계로 뻗어 나가는 K-water의 줄기'

4학년 때 참가했던 서포터즈 활동은 학교에서 배웠던 이론과 다른 방면을 배울 수 있었던 좋은 기회였습니다. 인간과 지구의 지속 가능한 발전, 기후변화 대응에 관련된 주요 국제사회 이슈에 대해 지식과 경험을 쌓을 수 있었고, 글로벌 녹색성장 활동을 통해 매 순간 물의 소중함, 위대함을 다시 한 번 느꼈습니다.

인천국제공항공사

직무 경험과 경력, 장점을 활용한 성공 사례와 회사 발전에 기여하는지 여부는 자신을 잘 파악하고 지원 역량을 갖추고 있다면 충분히 작성할 수 있다. 다만 실패 사례는 주관적인 것보다 누가 봐도 납득할 수 있는 사례를 언급해야 설득력이 높아진다.

직무 관련 경험 및 경력에 대해 기술해주시기 바랍니다. (300자 이내)

기계설계 회사에서 2달 간 인턴을 했습니다. 인턴 기간이 끝날 때까지 약 10개의 제품을 오차 없이 모델링하고 도면 해독에 관한 일을 하며 기계설계 관련 업무를 경험했습니다. 무엇보다 기계설계 관련 일은 경험이 중요합니다. 또 큰 사고로 이어질 수 있기에 모든 일에 확인이 필수입니다. 짧은 기간 동안의 인턴 생활이었지만 이를 잘 살려서 저의 강점으로 인천공항이 더 효율적으로 운영될 수 있도록 철저한 준비를 하는 엔지니어가 되겠습니다. 저의 강점을 바탕으로 준비된 기술력과 성실성을 통해 인천국제공항이 세계 1위를 지속적으로 기록하도록 하는 데 이바지하겠습니다.

실전 작성하기

실전 클리닉

인천국제공항공사의 인재상은 도전, 혁신, 존중이다. 자신이 지원한 직무에 맞게 수치를 활용해서 서술해 구체적이라는 인상을 준다. '저의 강점'이라고 해놓고 자신의 강점이 무엇인지 언급된 바가 없으므로 강점을 업무에 요구되는 성실함, 책임감, 직무수행 태도와 연결시켜서 구체적인 문장으로 작성해야 읽는 사람이 이해할 수 있다.

실전 클리닉

➡ 자신의 장점 중에도 직무와 관련된 것으로 한정시켜서 작성해야 한다. '반드시, 끊임없이'라는 표현은 자제하고 이 지원자는 자격증 취득이 강점이므로 '더 높은 목표'가 무엇인지 명확하게 적을 수 있다면 그것과 연결해야 한다. 자격증이 돋보이므로 이를 강점으로 부각해서 자신이 지원하는 곳에 어느 정도 기여할 수 있는지 알려야 한다.

> **질문 02** 본인의 장점에 대해 기술하고 그 장점을 발휘하여 성공적으로 일을 처리했던 경험, 그리고 이러한 경험이 인천국제공항에 어떠한 기여를 할 수 있을지에 대해 기술하세요. (300자 이내)

목표를 정하면 반드시 이루기 위해 끊임없이 노력하고 도전합니다. 기계기술직 엔지니어가 되기 위해서 1학년 때부터 목표를 정하고 도전해왔습니다. 첫걸음으로 기본역학 이론과 도면 해독 및 작도 능력을 키우기 위해 기사자격증을 두 개 취득했으며, 대학교 수업 중 열역학 과목에 많은 흥미를 느껴 공조, 냉동 분야 기사자격증에 도전했습니다. 안전에 관한 이슈가 떠오르면서 '산업안전기사'를 취득하며 안전 관련 규제 및 법령에 관한 지식도 쌓았고 엔지니어로서 다방면으로 많은 노력을 했습니다. 인천국제공항에서도 더 높은 목표에 끊임없이 도전하여 본인의 역량을 키워나가 기술직으로서 맡은 임무에 충실하여 탑승 기계, 수화물 처리 시스템 발전에 더 크게 기여하겠습니다.

실전 작성하기

질문 03	본인이 실패했던 사례와 이러한 실패를 극복한 경험에 대해 기술하시오. (300자 이내)

유학 기회가 있었으나 낯선 환경과 혼자 해결해나가야 할 두려움으로 포기하였습니다.

그 일을 계기로 나의 한계에 도전하고자 미국 어학연수를 갔습니다. 그런데 미국 통신사

직원이 계약에 관한 구체적인 항목들을 설명해주지 않아 잘못된 계약이 체결되었고 그로

인해 많은 시련이 생겼습니다. 타국에서 언어의 장벽으로 두려움은 더욱 컸지만 또 포기

를 하면 자괴감에 빠질까 봐 극복하고자 수단과 방법을 가리지 않고 잘못된 계약을 잘 처

리했습니다. 인천국제공항에서도 업무 중 어려운 문제에 직면해도 책임감을 갖고 주어진

임무를 완수하고, 부족한 부분이 있다면 스스로 찾아내어 업무에 보탬이 되겠습니다.

실전 작성하기

실패 경험을 물어보는 이유가 무엇일까를 생각해 보자. 실패의 이유를 남 탓으로 돌리지 않고 자신의 문제로 생각해야 한다. 또 실패를 극복하기 위해서 무엇을 했는가를 구체적으로 작성해야 한다. 잘못된 계약 체결로 어떤 손해(실패)를 봤는지, '수단과 방법'이 무엇인지 한 문장이라도 구체적으로 적으면 읽는 사람이 명확하게 알아볼 수 있다.

한국수력원자력

질문 01
본인이 지원한 직무와 관련한 경험(금전적 보수 없음) 혹은 경력(금전적 보수 있음)에 대해 기술해 주시기 바랍니다. 다양한 활동(학교, 회사, 동아리, 동호회 등)을 통해 지원한 직무와 관련하여 쌓은 경험 또는 경력사항에 대해 작성해주십시오. (1000자 이내)

Q 1-1. 언제, 어디서 활동했던 경험인지 기술해주십시오. (200자 이내)
Q 1-2. 해당 활동에서 본인이 맡았던 역할에 대해 기술해주십시오. (400자 이내)
Q 1-3. 해당 활동의 결과와 이를 통해 본인이 배운 점은 무엇인지 기술해주십시오. (400자 이내)

질문 02
정직, 남을 위한 봉사, 규칙 준수 등 윤리적인 행동으로 좋은 결과를 얻었던 경험을 아래 세부 항목에 따라 구체적으로 작성해주십시오.

Q 2-1. 언제, 어디서 있었던 일이며, 본인이 맡았던 역할은 무엇이었는지 기술해주십시오. (300자 이내)
Q 2-2. 구체적으로 한 행동과 그렇게 행동하셨던 이유는 무엇인지 기술해주십시오. (300자 이내)
Q 2-3. 그러한 행동이 당신과 타인에게 미친 영향은 무엇인지 기술해주십시오. (200자 이내)

질문 03
집단(학교, 회사, 동아리, 동호회 등)의 원만한 화합, 또는 공동의 목표 달성을 위해 남들보다 더 많이 노력하고 헌신했던 경험을 아래 세부 항목에 따라 구체적으로 작성해주십시오.

Q 3-1. 언제, 어디서 있었던 일이며, 당시 갈등 상황이나 목표는 무엇이었는지 기술해주십시오. (200자 이내)
Q 3-2. 당신의 역할은 무엇이었으며, 집단의 화합 또는 목표 달성을 위해 구체적으로 어떤 노력을 하셨는지 기술해주십시오. (400자 이내)
Q 3-3. 본인이 노력한 결과는 어떠하였고, 이 일이 집단 혹은 공동체에 미친 영향은 무엇인지 기술해주십시오. (200자 이내)

질문 04	본인이 한국수력원자력의 인재상에 맞는 인재가 되기 위해 어떤 면에서 준비가 되어 있으며, 해당 능력을 개발하기 위해 어떠한 노력을 하였는지 구체적인 사례를 아래 세부 항목에 따라 작성해주십시오.

Q 4-1. 어떤 능력을 개발하였고, 이러한 능력 개발을 위해 어떤 목표를 세웠는지 기술해주십시오. (200자 이내)

Q 4-2. 목표 달성을 위해 어떤 계획을 세웠고, 계획을 실천하는 과정에서 가장 어려웠던 점과 이를 어떻게 극복하였는지 기술해주십시오. (400자 이내)

Q 4-3. 향후 자신의 능력을 향상시키고 이를 잘 활용하기 위해 어떻게 노력할 것인지 기술해주십시오. (200자 이내)

질문 05	단체(학교, 회사, 동아리, 동호회 등)에서 대화나 토론을 통해 상호 입장과 상황을 정확히 이해함으로써 건설적으로 문제를 해결해본 경험에 대해 아래 세부 항목에 따라 작성해주십시오.

Q 5-1. 구성원들이 의견 차이를 보였던 견해에는 어떤 것들이 있었고 그 이유는 무엇인지, 그리고 본인의 입장은 어떠했는지 기술해주십시오. (200자 이내)

Q 5-2. 상대방을 이해하기 위해 어떤 노력을 하셨는지, 상대방을 설득하기 위해 본인이 사용한 방법이 무엇이고 그 결과는 어떠했는지 기술해주십시오. (400자 이내)

Q 5-3. 대화를 진행하는 과정에서 가장 중요하게 생각한 점은 무엇이었는지 기술해주십시오. (200자 이내)

기본적으로 직무 관련 사항, 인재상에 관한 문항을 확인할 수 있다. 집단 화합, 헌신, 집단 내 문제해결력에 초점이 맞춰진 문항이 세 개다. 이런 경우는 자신이 집단활동을 했던 기억을 구체적으로 되살려야 한다. 마지막으로 윤리적 행동을 통한 좋은 성과를 얻었던 사례를 사소한 것이라도 찾아야 한다. 윤리에 관한 행동은 눈에 드러나지 않는 요소가 많아서 규칙이나 규정을 잘 지켜서 좋은 결과를 얻었던 것까지 생각하면 좋다.

실전 클리닉

⟶ NCS 평가 항목에서 가
장 중요한 것은 직무역량이
다. 금전적 보수가 없는 경
험보다 금전적 보수가 있는
경력을 더 중요하게 생각한
다. 상황, 목표, 행동, 결과
등 구체적인 STAR 기법으
로 프로젝트에 대해 측정한
뒤에 결과가 분명하면 좋겠
다. '타문화 이해'라는 제목
은 내용과 불일치한다.

⟶ 자신이 주도적으로 담
당했던 업무를 어떻게 추진
했는지 디테일하게 작성해
야 한다. 분명한 역할을 수
행했다는 점이 내용에서 잘
드러나고 있다. 어떤 프로
젝트인지 구체적인 명칭을
적었으면 읽는 사람이 더
쉽게 이해할 수 있다.

⟶ 해당 활동으로 어떤 결
과가 있었고, 그것을 통해
무엇을 배웠는지 구체적으
로 작성해야 한다. 또 앞의
내용과 일치하는지 확인해
봐야 한다. 학점, 보람은 결
과이며 '외국인 학생과 소
통'이라는 표현 중심으로
문장을 보완하면 좋겠다.

질문 01	본인이 지원한 직무와 관련한 경험(금전적 보수 없음) 혹은 경력(금전적 보수 있음)에 대해 기술해주시기 바랍니다. 다양한 활동(학교, 회사, 동아리, 동호회 등)을 통해 지원한 직무와 관련하여 쌓은 경험 또는 경력사항에 대해 작성해주십시오. (1000자 이내)

Q 1-1. 언제, 어디서 활동했던 경험인지 기술해주십시오. (200자 이내)
Q 1-2. 해당 활동에서 본인이 맡았던 역할에 대해 기술해주십시오. (400자 이내)
Q 1-3. 해당 활동의 결과와 이를 통해 본인이 배운 점은 무엇인지 기술해주십시오. (400자 이내)

'타문화 이해를 통해 열린 마음을 갖다'

2학년 때 교내에서 전동기제어실험을 수강했는데 말레이시아인 다섯 명으로 구성된 팀에 배정되었습니다. 조류해석 툴을 활용하여 시뮬레이션을 통해 검증하고 실험실 장비를 활용하여 직접 파라미터에 따른 측정을 하는 프로젝트였습니다.

제가 맡았던 역할은 프로젝트의 목적을 이해하여 말레이시아 유학생들에게 목적에 맞도록 역할을 주어 프로젝트를 진행하는 것이었습니다. 그 과정에서 소통에 문제가 생겨 유학생들에게 변압기의 원리를 설명하는 데 어려움이 발생했습니다. 유학생들과의 지속적인 소통을 통해 학교생활을 어학당과 함께 병행하기 때문에 바쁘다는 것을 알 수 있었습니다. 다섯 명이 한 팀이기 때문에 '프로젝트에서 열외되는 사람'이 있어서는 안 된다고 생각했습니다. 제가 먼저 학습한 내용을 사진을 찍어 공유하였고 질의가 있다면 바로 받아 반영할 수 있도록 적극적으로 팀원들의 의견을 수용하였습니다.

그 결과, 전동기제어실험 과목에서 모두 B+ 학점을 달성하였으며 한 명도 열외되지 않고 목표를 끝까지 완수한 것에 대해 보람을 느꼈습니다. 열외된 사람 없이 목표를 달성했다는 점에서 팀워크의 중요성을 깨달았고 끝까지 하면 된다는 의지가 목표를 이루는 밑바탕이라는 사실도 알았습니다. 한국수력원자력에 입사해서도 타 부서와 협업할 일이 많고 어려운 점이 많겠지만 적극적인 소통을 통해 스스로의 부족한 점을 깨닫고 개선하여 공공의 이익에 기여하고 싶습니다.

➡ 자신이 맡았던 역할을 쓸 때는 정확한 시기, 활동했던 단체명, 역할을 한정시키고, 그 특성에 맞는 업무 수행을 위해 어떤 행동을 했는지 기술해야 한다. 구축, 지휘, 감독 중에서 무엇에 초점을 두고 쓰는지가 중요하다. 제목 '협업'은 내용과 불일치한다.

➡ 일을 하다 보면 방향을 잃어 결국 망치는 경우가 있다. 자신이 한 행동을 구체적으로 피드백할 때 비로소 성장할 수 있다. 단순히 좋은 결과를 얻는 목표는 같았기에 서로 협업하며 열심히 했다고 하는데, 무엇을 어떻게 열심히 했는지가 빠져 있다. 협업한 사례가 명확해야 한다.

➡ 일상적으로 이해할 수 있는 결과로서 내용에 이상한 점은 없다. 나와 타인에게 미친 영향을 학점이라는 구체적 결과로 제시했다. 그 이후 네트워크 형성과 안부에 관한 것은 내용을 이해하는 데 불필요하다.

> **질문 02** 정직, 남을 위한 봉사, 규칙 준수 등 윤리적인 행동으로 좋은 결과를 얻었던 경험을 아래 세부 항목에 따라 구체적으로 작성해주십시오.
>
> Q 2-1. 언제, 어디서 있었던 일이며, 본인이 맡았던 역할은 무엇이었는지 기술해주십시오. (300자 이내)
> Q 2-2. 구체적으로 한 행동과 그렇게 행동하셨던 이유는 무엇인지 기술해주십시오. (300자 이내)
> Q 2-3. 그러한 행동이 당신과 타인에게 미친 영향은 무엇인지 기술해주십시오. (200자 이내)

'부족함을 협업으로 끌어내다'

3학년 때 교내에서 진행했던 윈도우즈 프로그래밍을 수강했었습니다. MS-SQL 언어를 활용하여 전반적인 프로그래밍 지식 이해 및 활용 능력을 측정하고자 데이터베이스를 구축하는 프로젝트를 맡은 적이 있었습니다. 그때 맡았던 프로젝트의 주제로 '도서 관리'를 진행하였습니다. 저의 임무는 데이터베이스 구축 , 지휘 및 감독이었습니다.

저를 포함한 세 명은 데이터베이스를 처음 접하기에 '잘할 수 있을까?'라는 의구심이 들었습니다. 모두 좋은 결과를 얻는 목표는 같았기에 서로 협업하며 열심히 했었습니다. 하지만 프로젝트 날짜가 다가오자 예상했던 것보다 진행이 더뎌져서 문제점을 분석하기로 했습니다. 나머지 두 명의 통학 거리가 왕복 3시간이었기에 업무량이 부족했습니다. 제가 좀 더 희생해서 SQL 작성을 더 많이 맡아서 했었습니다.

그러자 두 명은 저에게 고마움과 미안함을 표시했습니다. 하지만 이전 프로젝트에서 제가 도움을 받았기 때문에 도와주는 것이 인지상정이라고 생각했습니다. 그 결과, 프로젝트 점수 만점을 획득할 수 있었고 전원 A 이상의 학점을 얻을 수 있었습니다. 그 이후, 두 명과 좋은 인적 네트워크를 형성하였고 지금도 서로 안부를 묻는 것이 즐거움이 되었습니다. 이러한 경험을 바탕으로 도움을 주고받는 것이 성과를 달성하는 데 크게 기여한다는 점을 알았습니다.

● 업무에서 어떤 역할을
했는지 구체적으로 작성해
야 한다. '재밌게 만들어보
기'와 'think different'가 어
떻게 연결되는지 명확하게
작성하는 것이 좋다.

● 노력한 과정은 구체적
인데 자신이 무엇을 맡았는
지 역할이 불분명하다. 집
단이 몇 명인지 등의 특성
이 없어서 이해가 어렵다.
조직에서 어떤 역할을 맡았
으며 시간, 비용, 업무분장
등에 대해 구체적으로 작성
해야 한다.

● 공동체 단체명을 반드
시 쓰고, 그 조직의 목적이
무엇이며, 남들보다 자신
이 어떤 노력을 했는지, 그
리고 공동체에 미친 영향을
제시해야 한다. 단순히 '생
각의 틀이 넓어졌다'는 표
현을 지우고 '다른 관점'을
강조했으면 한다.

> 질문 **03** 집단(학교, 회사, 동아리, 동호회 등)의 원만한 화합, 또는 공동의 목표 달성을 위해 남들
> 보다 더 많이 노력하고 헌신했던 경험을 아래 세부 항목에 따라 구체적으로 작성해주십
> 시오.
>
> Q 3-1. 언제, 어디서 있었던 일이며, 당시 갈등 상황이나 목표는 무엇이었는지 기술해
> 주십시오. (200자 이내)
> Q 3-2. 당신의 역할은 무엇이었으며, 집단의 화합 또는 목표 달성을 위해 구체적으로
> 어떤 노력을 하셨는지 기술해주십시오. (400자 이내)
> Q 3-3. 본인이 노력한 결과는 어떠하였고, 이 일이 집단 혹은 공동체에 미친 영향은 무
> 엇인지 기술해주십시오. (200자 이내)

'Think Different'

논리회로설계 수강 시에 Verilog 언어를 활용하여 Gas Station을 설계하기로 했습니다.
버튼에 따라 가솔린, 휘발유, LNG를 선택하여 동전을 투입하고 가스를 충전함으로써 배
터리 게이지가 올라가는 프로젝트였습니다. 저는 프로젝트를 재밌게 만들어보기 위해서
LCD로 출력되는 값을 움직이게 만들어보자고 제안하였습니다.

기존 것을 개선해서 고객들에게 호기심을 불러일으키자는 목표 아래 프로젝트가 진행되
었습니다. 순환시프트 명령으로 거대한 배열을 불러오는 단순한 작업이었지만 상당한 인
내심을 요구했습니다. 기초적인 알고리즘은 샘플자료를 보면서 익혔습니다. 그러나 기
존의 프로그래밍과 달리 연계되는 알고리즘에 맞물리는 State Diagram 및 Clock Period
의 세팅 경험이 없었기에 LCD 창에 결과값이 항상 깨져 보이는 결과를 가져왔습니다. 수
천 번의 시행착오를 통한 디버깅으로 원하는 결과를 얻을 수 있었고 Initial Condition의
중요성을 깨달았습니다.

프로젝트 점수 만점을 받았고 조교와 교수님께 칭찬을 듣고 영상까지 찍어 가서 다른 조
원들에게 보여준다고 했습니다. 영상을 촬영하면 노력한 결과를 누구나 알 수 있고 시간
을 두고 잘못된 점을 찾을 수 있기 때문입니다. 창의적으로 생각하면 다른 관점에서 바라
볼 수 있는 안목이 생기고 생각의 틀이 넓어져 한국수력원자력에 이바지할 수 있는 부분
이 커질 것이라고 생각합니다.

- 자기개발능력을 평가하는 문항이다. 한국수력원자력의 인재상인 기본에 충실한 인재, 배려하는 상생인재, 글로벌 전문 인재 중에 하나를 선택하여 어떤 능력을 개발하였고, 이러한 능력 개발을 위해 어떤 목표를 세웠는지 작성하는 것이 좋다.

- 목표에 대한 실천 과정에서 어려움이 있기 마련이다. 그것을 인식하고 어떻게 극복했는지 작성해야 한다. 구체적인 과정을 적고 있다는 점에서 이 분야를 잘 아는 평가자는 충분히 이해할 수 있다. 구체성은 자소서에서 상당히 중요한 평가요소다.

- 입사 후 어떻게 자신의 능력을 향상시키고 회사에 기여할 것인지를 명확하게 제시해야 한다. '현장의 용어를 숙지해 동료나 후배에게 용어사전을 선물하고 싶습니다'라고 문장을 바꾸면 좋겠다.

> **질문 04**
>
> 본인이 한국수력원자력의 인재상에 맞는 인재가 되기 위해 어떤 면에서 준비가 되어 있으며, 해당 능력을 개발하기 위해 어떠한 노력을 하였는지 구체적인 사례를 아래 세부 항목에 따라 작성해주십시오.
>
> Q 4-1. 어떤 능력을 개발하였고, 이러한 능력 개발을 위해 어떤 목표를 세웠는지 기술해주십시오. (200자 이내)
>
> Q 4-2. 목표 달성을 위해 어떤 계획을 세웠고, 계획을 실천하는 과정에서 가장 어려웠던 점과 이를 어떻게 극복하였는지 기술해주십시오. (400자 이내)
>
> Q 4-3. 향후 자신의 능력을 향상시키고 이를 잘 활용하기 위해 어떻게 노력할 것인지 기술해주십시오. (200자 이내)

유비쿼터스 시스템을 주제로 졸업작품 설계를 학부 세 명과 함께 구현한 적이 있습니다. 제가 사용한 방식은 휴대폰 버튼을 입력받아 시스템을 제어할 수 있는 것입니다. 기존 시스템은 수동으로 버튼을 눌러 제어하였지만, 이 방법을 택한 이유는 사용자가 무선으로 원거리를 제어할 수도 있다는 점이었습니다. 원거리 제어를 통해서 공간에 구애받지 않고 입력이 가능하다는 아이디어에 착안했습니다.

업무를 수행하기 위해 자신이 잘할 수 있는 영역을 분담하여 선정하였습니다. 저는 각 부품 칩들의 DataSheet를 읽어 Orcad로 Circuit을 디자인했습니다. 휴대폰 버튼을 누를 때 발생하는 신호는 주파수 2개가 합쳐진 신호로서 아날로그 신호를 디지털 신호로 변환하여 ATMEGA128에 대응하는 0-7까지의 입출력 제어 알고리즘을 설계하는 역할이었습니다. 버튼을 누를 때 안내문이 발생하는 것을 음성녹음 칩을 설치하여 육성으로 녹음하려 했으나 Noise가 발생하여 텍스트 입력 시 음성 변환하는 VoiceWare라는 프로그램을 사용했습니다. 하지만 알고리즘 작성과 코드는 현격한 차이가 있었으며 Clock 주기의 타이밍도를 분석하여 마이크로세컨드까지 낮춰 일치시켜 완성할 수 있었습니다.

공부를 꾸준히 하여 자격증은 아직 나오지 않았지만 전기기사 실기에 합격하였습니다. 계속 자신의 능력을 갈고닦아 현장의 용어를 빠르게 숙지하고 동료 후배들에게 제 노하우가 담긴 노트를 선물해주고 싶습니다. 그 노하우를 적은 노트는 동료와 후배들에게 큰 도움이 되리라고 생각합니다.

➡ 의사소통능력에서 어떤 목적을 가지고 한 대화인지 밝혀야 한다. 이 답변에는 '10원'에 대한 언급이 없다. 또 구성원이 누구인지 적혀 있지 않다. 연결이 자연스럽지 않다.

➡ 상대방에 대한 설득 논리가 있어야 한다. 주인의식에 대한 내용, 자금 사정의 어려움에 초점이 맞추어졌는데, 문맥을 자금 사정에 맞춰서 보완하면 좋겠다.

➡ 설득을 위해 자신이 가장 중요하게 생각한 요인은 무엇인가에 대해 작성해야 한다. '역지사지'보다 '설득에 따른 합의'가 더 적절하다. 글자수가 적은 경우는 명확성이 무엇보다 중요하다.

> **질문 05**
>
> 단체(학교, 회사, 동아리, 동호회 등)에서 대화나 토론을 통해 상호 입장과 상황을 정확히 이해함으로써 건설적으로 문제를 해결해본 경험에 대해 아래 세부 항목에 따라 작성해주십시오.
>
> Q 5-1. 구성원들이 의견 차이를 보였던 견해에는 어떤 것들이 있었고 그 이유는 무엇인지, 그리고 본인의 입장은 어떠했는지 기술해주십시오. (200자 이내)
>
> Q 5-2. 상대방을 이해하기 위해 어떤 노력을 하셨는지, 상대방을 설득하기 위해 본인이 사용한 방법이 무엇이고 그 결과는 어떠했는지 기술해주십시오. (400자 이내)
>
> Q 5-3. 대화를 진행하는 과정에서 가장 중요하게 생각한 점은 무엇이었는지 기술해주십시오. (200자 이내)

'10원으로 주인의식을 갖게 하다'

2학년 때 학교 전산원에서 약 1년 동안 근로장학생으로 근무했던 적이 있습니다. 그때 컴퓨터 120대를 관리하면서 책임감을 배웠습니다. 그런데 행정실 측에서는 학생들을 위해 프린트 비용을 무료로 하는 방침을 고수했지만, 학생들은 공짜이기 때문에 점점 권력을 남용하는 일이 많아졌습니다.

학생들에게 주인의식을 심어주는 것이 목표였고 엑셀로 시간대별, 날짜별로 사용량을 파악한 후 학생들의 의견을 반영해 행정실에 건의해 카드 리더기를 설치하여 장당 10원에 합의를 보게 하였습니다. 처음에는 불만 섞인 목소리가 나왔지만, 행정실 측의 자금 사정의 어려움을 지속해서 말하다 보니 점차 불만이 줄어들었고 합의를 보게 되었습니다.

이 경험을 통해 소통함에 있어 상대방의 처지에서 서로의 상황을 역지사지하면 그만큼 상대방의 눈높이에서 말할 수 있다는 것을 깨달았습니다. 이런 깨달음을 바탕으로 늘 고객을 생각하며 공동의 이익을 위해 최선의 노력을 다하겠습니다.

한국철도공사KORAIL

회사 주요 문제는 언론에 보도되는 내용도 좋지만 실제 자신이 겪었던 문제를 언급해도 좋다. 이는 회
사의 역할과 변화 필요성을 기술하는 문제와 연결된다고 볼 수 있다. 자기주도성과 열정, 책임감과 적
극성은 본질이 비슷하므로 특정한 사례를 골라서 자세히 적어야 유리하다.

질문 01	최근 한국철도공사의 주요 이슈에 대해 한 가지(선택)를 언급하고, 그것에 대한 본인의 의견을 기술하십시오. (500자 이내)

한국철도공사의 차량 유지보수 시설에 스마트팩토리 솔루션을 적용할 것이라는 이슈를 보았습니다. 지속적으로 인더스트리 4.0으로 변화하면서 공장뿐 아니라 정비 시설에도 스마트팩토리 솔루션이 구축된다는 것이 인상 깊었습니다. 산업공학도로 이를 연구하고 설계해본 경험이 있습니다. 생산성과 품질 향상의 측면에서 보았을 때 로봇 자동화를 통해 불필요한 타임을 줄이는 방식으로 철도 서비스의 질을 높일 수 있는 도전적인 결정이라고 생각합니다. 스마트팩토리의 도입으로 한국철도공사가 다른 기업들의 스마트화를 촉진하는 대표 성공사례이자 계기가 될 수 있을 것이라고 생각합니다.

실전 작성하기

실전 클리닉

➡ '국민들의 발', '똑똑한 성장'과 같은 표현은 삭제하고 개찰구 시스템 개선을 통해 공사의 역할이 더 나아져야 한다는 형태로 문맥을 수정하면 좋다. 개찰구에 대한 고민을 많이 했다는 점을 읽는 사람에게 전달해야 한다.

질문 **02** 우리 공사의 역할이 무엇인지 설명하고, 본인이 평소 한국철도공사에 대해 변화가 필요하다고 느꼈던 사항을 기술하여주십시오. (500자 이내)

철도는 국민들의 발입니다. 발은 인체에서도 가장 밑에 있지만 동시에 중요한 부위입니다. 끊임없는 발전을 통해 경쟁력을 갖춰야 하며, 코레일톡+의 출시, 정비 시설의 로봇자동화 등의 시도들을 통해 경쟁력을 높이고 있다고 생각합니다. 한국철도공사의 똑똑한 성장에 함께하고 싶습니다. 평소 궁금증을 가지고 있던 것 중 하나는 철도의 개찰구 시스템 자동화입니다. 지하철과는 다르게 기차 안에서 검표하는 시스템으로 좌석을 더 효율적으로 사용하지 못한다고 생각합니다. 예매한 표가 개찰구에서 확인되지 않았다면 공석인 것으로 간주되어, 자동적으로 상태가 바뀌어 다른 승객이 사용할 수 있도록 순환시킬 수 있을 것입니다. 또한 무임승차 등의 불법행위를 애초에 하지 못하게 하는 방안이 될 것이라고 생각합니다.

실전 작성하기

질문 **03**　최근 3년 이내 본인이 주도적이고, 열정적으로 진행한 일에 대해 기술해주십시오.

체코 교환학생 시절, 세계 각국에서 모인 또래 학생들에게 4개월에 걸쳐 한국어를 가르칠 기회를 만들었습니다. 어렵지 않을 것이라고 생각했지만 매주 2시간씩 외국 친구들에게 한국어를 가르치기는 쉽지 않았습니다. 그렇지만 한글의 우수함을 알리겠다는 목표를 갖고 수업구성을 계획하고, 만족할 때까지 리허설을 반복했습니다.

수업 종료까지 평균 90%의 출석률을 기록했고, 우수 수업으로 선정되어 인근 초등학교에서도 수업할 수 있었습니다. 무엇보다 가장 큰 성과는 간단한 한글을 읽으며 어설프게라도 의사소통의 의지를 보였던 학생들이었습니다. 타국의 언어로 한국을 알리고 한국어를 가르치는 것은 쉽지 않았으나 철저하게 준비하고 노력한다면 무엇이든지 해낼 수 있다는 자신감과 한국인으로의 자긍심을 얻은 경험이었습니다.

실전 작성하기

질문 04	예상치 못했던 문제로 인해 계획대로 일이 진행되지 않았을 때 책임감을 가지고 적극적으로 끝까지 업무를 수행해내어 성공적으로 마무리했던 경험이 있으면 기술해주십시오.

저는 봉사자와 봉사를 필요로 하는 사람을 연결하는 단체를 설립한 경험이 있습니다. 처음 단체를 설립하다 보니 프로그램을 진행하며 팀원들의 의욕이 저하되고 곧 갈등으로 번지는 문제가 생겼습니다. 수차례 대화를 통해 프로그램 자체보다 더 근본적인 문제를 깨달았습니다. 이 프로그램을 통해 '진정한 봉사의 의미를 느낄 수 있느냐'라는 것이었습니다. 다시 초심으로 돌아가 아이디어 기획을 시작하였고 할 수 있는 범위의 사회공헌 프로젝트를 진행하기로 결정할 수 있었습니다. 당위성을 확신하며 사회복지사 분들의 도움을 받아 설립했었기에 방향의 오류를 인정하고 재시작하는 것은 힘든 결정이었습니다. 하지만 사회에 도움이 되겠다는 목적 하나로 모인 사람들에 대한 책임감과 초석을 단단히 다지고 싶다는 열정으로 새로운 방향을 정할 수 있었습니다.

실전 작성하기

한국도로공사

자소서 질문 모아 보기

질문 01 본인이 소속된 조직(학과, 인턴, 동아리, 프로젝트 등)의 목표를 달성하기 위해 노력했던 경험을 아래 항목에 따라 기술해주시기 바랍니다.

Q 1-1. 소속된 조직의 목표, 성과, 문화, 비전 등을 이해하고 수용하기 위해 노력한 행동에 대해 기술

Q 1-2. 소속된 조직에서 본인의 역할(업무, 책임 등)을 완수하기 위해 전문성, 역량, 장점 등을 발휘한 사례에 대해 기술

질문 02 어떤 업무를 처리하는 과정에서 다양한 상황들을 고려하여 의사결정을 내렸던 경험에 대해 아래 항목에 따라 기술해주시기 바랍니다.

Q 2-1. 업무 처리 시 의사결정을 내렸던 과정과 이를 위해 활용한 자료들에 대해 기술

Q 2-2. 의사결정 시 고려했던 대안들과 최종 결정한 근거에 대해 기술

질문 03 자신이 추진했던 일(프로젝트, 연구활동, 기타 과업 등)의 프로세스를 지속적으로 향상시키기 위해 노력했던 경험이 있다면 아래 항목에 따라 기술해주시기 바랍니다.

Q 3-1. 프로세스 향상을 위한 기존 프로세스에 대한 검토 내용 기술

Q 3-2. 프로세스를 향상시킨 구체적인 방안 기술

질문 04 정확한 분석을 통해 복잡하게 얽힌 과제나 문제를 해결했던 경험에 대해 아래 항목에 따라 기술해주시기 바랍니다.

Q 4-1. 주어진 과제나 문제의 원인, 본질을 분석했던 내용에 대한 기술

Q 4-2. 분석한 결과를 과제 및 문제 해결에 적용했던 내용에 대한 기술

질문 05 우리 공사의 네 가지 인재요소는 1. 고객의 행복을 추구하는 '섬김인', 2. 상호존중과 신뢰의 '상생인', 3. 글로벌 경쟁력을 갖춘 '전문인', 4. 미래가치를 창출하는 '창조인'입니다.

Q 인재상과 관련하여 한 가지를 선택, 본인의 역량을 결부시켜 기술해주시기 바랍니다.

목표 달성 노력, 인재상과 자신을 연결하는 문항을 기본으로 다양한 상황을 고려한 업무 처리 과정, 지속적 노력으로 일을 잘했던 경험, 문제 해결력에 관한 문항은 그 과정(절차)을 정확하게 적어야 읽는 사람 머릿속에 잘 그려진다. 하위 문항이 여러 개 있는 경우는 내용이 구체적이어야 한다. 직무에 관해 준비한 것이 많은 사람은 자유롭게 적는 형식보다 쉬울 수도 있다.

실전 클리닉

⊙ 자신이 특정 상황에서 문제를 해결하고자 한 과정을 구체적으로 적었다. 자신이 맡은 역할과 행동, 그리고 결과까지 구조화시켜서 읽는 사람도 충분히 이해할 수 있다는 점에서 잘 작성되었다. 그렇지만 '확실하게' 등의 부사어가 중복되어 있으며, 마지막 문단 다섯 줄이 장황하니 압축해서 한두 줄로 작성하면 더 간결한 문장이 됐을 것이다.

> **질문 01**
>
> **본인이 소속된 조직(학과, 인턴, 동아리, 프로젝트 등)의 목표를 달성하기 위해 노력했던 경험을 아래 항목에 따라 기술해주시기 바랍니다.**
>
> **Q 1-1. 소속된 조직의 목표, 성과, 문화, 비전 등을 이해하고 수용하기 위해 노력한 행동에 대해 기술**
>
> **Q 1-2. 소속된 조직에서 본인의 역할(업무, 책임 등)을 완수하기 위해 전문성, 역량, 장점 등을 발휘한 사례에 대해 기술**

학과 성능기반설계팀에서 '강판전단벽'이라는 내진설계 공법 프로젝트에 참여했습니다. 두꺼운 콘크리트 코어 대신 강판을 설치하여 공간의 효율성도 높이고, 구조물의 내진 능력까지 부여하는 강판전단벽의 표준형 모델 제작을 목표로 한 프로젝트였습니다.

제 역할은 강판전단벽의 실제 적용 사례와 관련 자료를 수집하고 정리하는 것이었습니다. 국내에는 적용된 사례가 없어서 국내 사이트에서는 자료를 거의 찾을 수 없었습니다. 포기하지 않고 일본어 번역기를 사용해서 일본 사이트까지 찾아보고, 국외 논문과 학회지를 통해 자료를 수집해 파워포인트 파일로 정리했습니다. 또 서고에 있는 설계도면 중에서 강판전단벽을 적용할 수 있는 모델을 찾았습니다. 수백 개가 넘는 도면을 하나하나 확인해서 시간도 오래 걸리고 힘든 작업이었지만, 프로젝트의 완성도를 높이기 위해서 꼼꼼하게 조사했습니다.

마지막으로 'Steel Plate Shear Walls'를 참고해서 설계 기준을 정리했고, 빔의 규격과 건물의 제원을 입력하면 설계 기준 충족 여부를 알려주는 Design template를 만들었습니다. '강구조 공학'에서 배웠던 이론 지식을 실제로 사용하니 신기하기도 했고, 이론 지식을 배우는 것을 게을리 하면 안 되겠다는 생각이 들었습니다. 처음에는 '단순 업무라고 생각하지 말고 확실하게 하자'는 생각으로 일했습니다. 그 결과 다양한 업무를 경험하며 더 많이 배울 수 있었습니다. 성실하고 확실하게 일 처리를 하며 하나라도 더 가르쳐주고 싶은 사원이 되겠습니다.

질문 02 어떤 업무를 처리하는 과정에서 다양한 상황들을 고려하여 의사결정을 내렸던 경험에 대해 아래 항목에 따라 기술해주시기 바랍니다.

Q 2-1. 업무 처리 시 의사결정을 내렸던 과정과 이를 위해 활용한 자료들에 대해 기술

Q 2-2. 의사결정 시 고려했던 대안들과 최종 결정한 근거에 대해 기술

2학년 때 교내에서 중학생을 대상으로 진행하는 멘토링 프로그램에 멘토로 참여한 적이 있습니다. 프로그램 성과를 발표하는 세미나에서 기획자 사이에 의견 차이가 있었습니다. 토론 주제를 선정하는 데 있어 각 팀에 찬성, 반대 역할을 임의로 정하고 토론을 진행하자는 의견이 있었고, 여러 가지 주제를 사전에 알려주고 나서 각 팀의 의견을 종합해 대진표를 만들어 토론하자는 의견이 있었습니다.

'찬성, 반대 역할을 미리 정해주자'는 의견은 다양한 방향에서 생각할 기회를 주고 준비도 훨씬 간단해진다고 했습니다. 저는 여러 교육봉사 프로그램에 참가하며 느꼈던 점을 바탕으로 진행자보다 참여자에 초점을 맞추는 게 옳다고 생각했고, 경험상 중학생들은 하고 싶은 일을 할 때 의욕을 가지고 참여하기 때문에 주제에 찬성하는 학생에게 반대 입장을 표명하라고 한다면 활발한 토론이 어려울 거라고 했습니다.

최종적으로 기획자들의 투표를 통해 토론 방식을 결정하기로 했습니다. 회의를 진행하는 과정에서 가장 중요하게 생각했던 것은 '누구나 자신의 의견을 자유롭게 이야기할 수 있는 분위기'였습니다. 함께 기획하는 모든 기획자에게 의견을 물어보며 참여를 유도했고, 좋은 의견이 있다면 적극 반영하도록 하여 많은 사람이 동의하는 최상의 결론을 도출했습니다. 결국 다른 기획자들도 제 의견에 동의하여, 준비시간이 더 걸리더라도 여러 주제에 대한 각 팀의 의견을 수렴하여 대진표를 만들었습니다. 상대방 의견의 장점도 고려해서, 토론 마지막 부분에 '반대편에서 의견 제시하기'라는 순서를 추가하여 토론의 질을 높였습니다. 업무상 의사결정을 내려야 할 경우에도 경험뿐만 아니라 팀원들과 적극적인 소통을 통해 최적의 방법으로 진행하겠습니다.

질문 03	자신이 추진했던 일(프로젝트, 연구활동, 기타 과업 등)의 프로세스를 지속적으로 향상 시키기 위해 노력했던 경험이 있다면 아래 항목에 따라 기술해주시기 바랍니다.

Q 3-1. 프로세스 향상을 위한 기존 프로세스에 대한 검토 내용 기술

Q 3-2. 프로세스를 향상시킨 구체적인 방안 기술

전공 관련 협회에서 주관하는 경진대회에 참가한 적이 있습니다. 같은 학과 선후배 세 명이 한 팀이 되어 어떤 구조물을 만들면 좋을지 생각해보았고 '보행자가 육교를 이용하는 것처럼 차량도 교량 구조물을 통해 U턴할 수 없을까?'라는 생각에서 8자 모양으로 U턴 기능을 가진 교량을 만들기로 했습니다. 세 명의 팀원 모두 설계 프로그램을 배운 적이 없었기 때문에 처음에는 설계도 없이 구조물을 만들기로 했습니다. 눈대중으로 구조물을 만드니 작업을 하는 속도도 느렸고, 무엇보다도 오차가 생겨서 나중에는 구조물이 조립이 안 되는 상황까지 발생했습니다. 결국 재료와 시간 낭비라는 생각이 들어 무슨 수를 써서라도 설계를 하겠다고 얘기했고, 설계를 시작했습니다.

3D 설계 프로그램을 찾아보았고, 그중 단기간에 배우기 쉬운 프로그램을 알게 되었습니다. 튜토리얼과 인터넷에 있는 자료들을 보며 독학했는데 가장 어려웠던 부분은 곡선 형태의 기둥 모형을 표현하는 것이었습니다. 세 시간 넘게 걸렸지만, 플러그인 프로그램을 통해 결국 해결했고, 시간이 지날수록 숙달돼서 시간 내에 설계도를 완성할 수 있었습니다. 설계도를 보며 구조물을 제작해서 시간, 재료 모두 절감할 수 있었습니다. 설계도와 똑같이 만들어지는 구조물 모형을 보며 팀원들도 의욕이 생겨, 구조물 제작에 더 많은 시간을 투자해 완성도를 높일 수 있었습니다. 대회 본선에서도 은상을 수상하여 기쁨은 두배가 되었습니다. 배우는 만큼 업무 효율을 높일 수 있다고 생각합니다. 선배님들로부터 고속도로 시공, 유지 보수 업무 노하우를 배우고, 이론 지식도 부지런히 공부해서 업무 효율을 극대화하겠습니다.

> **질문 04** 정확한 분석을 통해 복잡하게 얽힌 과제나 문제를 해결했던 경험에 대해 아래 항목에 따라 기술해주시기 바랍니다.
>
> **Q 4-1. 주어진 과제나 문제의 원인, 본질을 분석했던 내용에 대한 기술**
> **Q 4-2. 분석한 결과를 과제 및 문제 해결에 적용했던 내용에 대한 기술**

'확실하게 분석해서 처리하겠습니다.'

대학교 연구소에서 보고서를 작성하고 제출하는 업무를 수행한 적이 있습니다. 해당 보고서는 교통 관련 학회지 및 연구원 발표 논문 내 국가교통 DB 활용 여부를 조사하는 것으로 누가, 언제, 어디에서를 파악해야 하는 업무였습니다. 보고서를 제출해야 하는 기한이 촉박했기 때문에 빠르게 작업하고자 했습니다. 그런데 일부 학회 사이트에서 자료 열람이 가능하지 않았습니다. 결국 도서관 오프라인 자료실에 있는 논문집을 일일이 확인해야 했습니다. 문제는 논문집의 권수가 100권이 넘어가고, 학회별로 인용 표기방식도 달라 못 보고 지나칠 실수의 가능성이 높았습니다. 게다가 보고서에 인용한 저자 및 페이지까지 정확히 명시해야 하기 때문에 최대한 실수를 줄이도록 노력했습니다.

일단 총 네 명으로 구성된 보고서 팀의 업무를 나눴습니다. 저를 제외한 세 명은 오프라인으로 논문집을 조사하도록 하고, 저는 온라인으로 열람 가능한 논문집을 조사하였습니다. 그리고 제가 학회별 논문 인용방식을 찾아서 오프라인 팀에 전달하였습니다. 인용 여부를 빠르게 확인할 수 있도록 한 조치였습니다. 또한 오타나 누락을 방지하기 위해 DB 인용이 확인된 페이지를 사진으로 찍어 제게 보내도록 했습니다. 온라인으로 열람하는 중간에 메신저로 사진을 받아 내용을 받아 적으면서 엑셀로 정리하였습니다. 오프라인 팀의 조사는 연도(분기) 순으로 조사하도록 하여 엑셀에서 한 번에 정리가 되도록 하였습니다. 위와 같이 업무를 분담하고 체계적으로 논문 인용을 조사한 결과 빠르고 정확하게 일을 처리할 수 있었고, 이를 바탕으로 보고서를 손쉽게 작성할 수 있었습니다. 입사 후 고속도로의 안전성 진단, 유지 보수, 시공 등 어떠한 일도 확실하게 분석하고 정확하게 처리해서 더 빠르고 안전한 도로를 만드는 데 앞장서겠습니다.

> **질문 05**
>
> 우리 공사의 네 가지 인재요소는 1. 고객의 행복을 추구하는 '섬김인', 2. 상호존중과 신뢰의 '상생인', 3. 글로벌 경쟁력을 갖춘 '전문인', 4. 미래가치를 창출하는 '창조인'입니다.
>
> Q 인재상과 관련하여 한 가지를 선택, 본인의 역량을 결부시켜 기술해주시기 바랍니다.

'미래가치를 창출하는 창조인'

다양한 각도에서 생각해서 번뜩이는 아이디어로 문제를 해결하는 게 즐겁고, 관련 경험이 있습니다.

첫 번째로, 공모전에 참가하여 입상하였습니다. '생활안전지도'는 해당 지역의 성범죄 발생 이력, 빈도 등 치안 정보를 지도상에 알려주는 애플리케이션입니다. 사용 목적과 사용자의 특성을 고려해서 개선점을 찾아보았고, 사용 중에 실제 범죄 상황이 발생할 수 있다고 생각했습니다. 경찰에 신고하기 위해서는 1, 1, 2와 통화 버튼 등 최소 네 번 이상의 입력이 필요한데, 충분한 여유가 없기 때문에 신고에 어려움이 있을 거라 여겼습니다. 애플리케이션에 신고 기능을 추가해서 단 한 번의 입력으로 신고할 수 있게 해서 범죄의 초동조치를 빠르게 하자는 아이디어로 장려상을 받았습니다.

두 번째로, '재난관리특론' 수업 발표에서 비상탈출용 손잡이를 제안했습니다. 발표의 주제는 우리 주변에서 일어날 수 있는 사고를 예방할 수 있는 아이디어를 제안하는 것이었습니다. 팀원들과 '어떤 사고를 예방할 수 있을까?'를 생각할 때 '고속도로 버스 화재사고'가 발생했습니다. 버스를 탈 때마다 망치의 수가 적고, 위치가 뒤쪽에 치우쳐 있어서 '실제 사고 상황에 사용할 수 있을까?'라는 생각을 한 적이 있는데, 전복한 버스에서 탈출하지 못해 많은 인명피해가 발생한 것을 보고 고속버스의 비상탈출용 망치를 개선하기로 했습니다. 버스 앞좌석의 손잡이 모양이 망치와 비슷한데, 비상시에 망치로 사용할 수 있게 한다면 접근성을 훨씬 높일 수 있습니다. 또한 버스 사고 사례를 조사하던 중 당황해서 안전벨트를 풀지 못해 인명피해가 발생한 경우를 알게 되었고, 안전벨트 커터 기능을 추가해 문제점을 해결했습니다. 심사위원 만장일치로 가장 좋은 평가를 받아 특허를 준비하고 있습니다. 업무에 발생하는 문제 역시 다양한 방법으로 생각하고 빠르게 해결하는 한국도로공사의 인재가 되도록 하겠습니다.

한국지역난방공사

자소서 질문 모아 보기

질문
01
한국지역난방공사의 핵심가치는 '도전, 열정, 상생'입니다. 본인의 지식과 경험에 기반하여 기술하여 주시기 바랍니다.

Q 1-1. 위의 핵심가치 중 신입사원으로 갖추어야 할 가장 중요한 가치는 무엇이라고 생각하십니까? (300자)

Q 1-2. 그러한 핵심가치를 선정한 이유는 무엇입니까? 본인이 선정한 핵심가치를 발휘한 사례를 경험에 비추어 기술하여주십시오. (300자)

Q 1-3. 그러한 핵심가치를 기반으로 지역난방공사에서 성장하기 위한 포부를 구체적으로 기술하십시오. (300자)

질문
02
최근 5년 이내에 수행할 시간이 절대적으로 부족했거나 해결하기 어려웠던 과제를 성공적으로 수행한 경험에 대하여 기술하여주십시오.

Q 2-1. 어떤 과제 또는 직무가 부여되었으며, 시간이 부족하거나 해결하기 어려웠던 이유는 무엇인지 기술하여주십시오. (200자)

Q 2-2. 과제 수행 시 발생한 장애요인을 나열하고, 이를 극복하기 위한 본인의 노력을 서술하여주십시오. (200자)

Q 2-3. 과제를 수행한 결과가 어떠했는지, 과제 수행 이후 본인에게 어떠한 변화가 있었는지 기술하여주십시오. (200자)

질문
03
본인이 판단하기에 함께 일(학습, 동아리 등)하기 어려웠던 사람(동료, 친구, 상사들)에 관한 경험에 대하여 기술하여주십시오.

Q 3-1. 언제, 어떻게 발생한 경험인지 설명하여주십시오. (200자)

Q 3-2. 어떠한 점이 특히 어렵거나 힘들었으며, 이를 해결하기 위해 어떠한 노력을 했는지 기술하여주십시오. (200자)

Q 3-3. 이러한 경험 이후 본인에게 어떠한 변화가 있었는지, 본인이 속한 조직에 어떠한 기여를 했는지 기술하여주십시오. (200자)

최근 5년간 업무(또는 학습)를 수행하다가 본인의 지식 부족으로 업무가 미흡했던 경우, 업무를 위한 자기개발을 수행한 경험에 대하여 기술하여주십시오.

Q 4-1. 언제 발생한 일이었으며, 본인은 당시 어떠한 상황에서 어떤 업무(또는 학습)를 수행하고 있었는지 설명하여주십시오. (200자)
Q 4-2. 본인의 지식이 부족하다고 느낀 부분은 어떠한 부분이었으며, 이 부족함을 채우기 위하여 어떤 자기개발을 진행하였나요? (200자)
Q 4-3. 자기개발 이후 해당 업무(또는 학습) 수행에 어떠한 변화가 발생했는지 기술하여주십시오. (200자)

본인이 판단하기에 한국사에서 소통을 활성화하거나 사회적 갈등 해결에 기여한 인물 또는 제도에 대하여 기술하여주십시오.

Q 5-1. 본인이 생각하는 인물 또는 제도와 그것을 선택한 이유를 설명하여주십시오. (300자)
Q 5-2. 당시 그 인물 또는 제도가 소통을 활성화하거나 사회적 갈등을 해결한 과정을 설명하고, 그것이 사회나 국가에 어떠한 영향을 주었다고 생각하는지 기술하여주십시오. (300자)
Q 5-3. 그 인물 또는 제도가 현재 우리 사회에 비추어볼 때 기여할 수 있는 점을 기술하여주십시오. (300자)

회사의 핵심가치는 인재상을 말한다. 최근 시간 부족, 지식 부족으로 어려움을 겪은 기억을 떠올려보고 그것을 어떤 식으로 극복했는지 과정을 자세히 적어야 한다. 함께 일하기 어려웠던 사람도 그 개인에 초점을 두는 게 아니라 소통이 안 되거나 부족했던 장면에 집중하면 글을 쓰기가 쉽다. 특히 역사적 사실에서 소통과 갈등 해소를 찾으라고 했다는 점에서 얼마나 이 분야에 관심을 가지고 있는지 지식을 알아보려는 의도도 있다. 하위 문항이 여러 개 있는 경우는 자유롭게 적기보다 더 질문에 알맞게 써야 한다.

➡ 전반적으로 추상적이다. '도전'한 사례를 적어야 한다. 사례의 구체성은 비록 문장 길이가 제한되어 있더라도 표현이 가능하며, 그것이 적합하다면 분량이 적어도 읽는 사람은 이해한다.

➡ '제과 및 제빵이라는 분야에'라는 문장으로 시작해야 더 바람직하다. '좋지 않은 손재주~'와 같은 표현은 자소서에서 굳이 쓰지 않아도 된다. 구체적으로 어떤 도전을 했었고 그 어려움을 어떻게 극복했는지를 적어야 읽는 사람이 납득할 수 있다.

➡ 도전을 크게 생각할 것이 아니라 회사 내에서 할 수 있는 작은 도전을 생각해보는 것도 좋다. 읽는 사람이 실현 가능성을 느낄 만한 사례를 찾아보자. '가장 기발' 식의 표현보다 자신을 잘 드러낼 수 있는 내용을 적는 게 읽는 사람에게 더 설득력이 있다.

> **질문 01** 한국지역난방공사의 핵심가치는 '도전, 열정, 상생'입니다. 본인의 지식과 경험에 기반하여 기술하여주시기 바랍니다.
>
> Q 1-1. 위의 핵심가치 중 신입사원으로 갖추어야 할 가장 중요한 가치는 무엇이라고 생각하십니까? (300자)
>
> Q 1-2. 그러한 핵심가치를 선정한 이유는 무엇입니까? 본인이 선정한 핵심가치를 발휘한 사례를 경험에 비추어 기술하여주십시오. (300자)
>
> Q 1-3. 그러한 핵심가치를 기반으로 지역난방공사에서 성장하기 위한 포부를 구체적으로 기술하십시오. (300자)

제가 생각하는 신입사원으로서 갖추어야 할 가장 중요한 가치는 도전입니다. 도전은 무언가를 하고자 하는 마음이 만들어낸 적극성입니다. 도전하는 사람에게는 꿈과 미래가 있으며, 따라서 도전하고자 하는 이상 자신이 설정한 미래를 향해 멈추지 않고 걸을 수 있을 것이며 무한히 발전할 수 있을 것입니다. 신입사원의 열정과 도전으로 입사 후 주어진 업무를 잘 수행하도록 노력하겠습니다.

여러 번 실패하면 도전을 망설일 수밖에 없습니다. 실패를 겪지 않은 신입사원일수록 무모하면서도 예상치 못한 도전을 할 것이고, 그 도전은 언젠가 성공으로 이어질 것입니다. 저는 좋지 않은 손재주를 가지고 있지만, 제과 및 제빵이라는 생소한 분야에 '도전'함으로써 저라는 존재에 차별성을 꾀했습니다. 그 결과 중학교 졸업 전 제빵기능사 자격증을 취득할 수 있었습니다. 또한 여고에 진학해서는 전교 1등이라는 목표에 도전하여 1학년 1학기 말 전교 1등을 할 수 있었으며, 지금도 우수한 성적을 꾸준히 유지하고 있습니다.

도전이란 곧 노력이라고 생각합니다. 저는 지역난방공사에서도 계속 영어는 물론 일본어와 중국어 등의 제2외국어와 직무 관련 자격증 취득 등 자기개발을 위해 노력하고, 그것을 성취하기 위해 계속 도전할 것입니다. 또한 단순한 지역난방 공급을 목적으로 하지 않고 더 나아가 효율적인 에너지 사용을 위해 국가와 국민 모두에게 도움이 되는 방안을 고민할 것입니다. 매우 덥거나 추운 날씨에 도움이 될 수 있도록 최선을 다하겠습니다. 때로는 막막한 벽에 부딪히거나 끝내 그 벽을 넘지 못하고 주저앉더라도 다시 일어나 도전하여 종래에는 가장 기발하고 바람직한 결과를 도출할 것입니다.

➔ 어떤 기능경진대회인지, 왜 준비하는 데 시간이 부족했는지 등에 초점을 두고 작성해야 한다. '너무 많은', '다양한'과 같은 표현보다 몇 글자라도 구체적으로 밝혀야 이해가 편하다.

➔ 어떤 성공적인 결과로 이어졌는지 과정을 적어야 분명해진다. 시간 매트릭스를 활용한 것은 잘한 일이다.

➔ '최선'을 다하는 마음에 대해서 적어야 내용이 완결된다. 수행한 결과에 대해서 자세히 적는 것이 문제이므로 여기에 더 초점을 두자.

질문 02	최근 5년 이내에 수행할 시간이 절대적으로 부족했거나 해결하기 어려웠던 과제를 성공적으로 수행한 경험에 대하여 기술하여주십시오.

Q 2-1. 어떤 과제 또는 직무가 부여되었으며, 시간이 부족하거나 해결하기 어려웠던 이유는 무엇인지 기술하여주십시오. (200자)

Q 2-2. 과제 수행 시 발생한 장애요인을 나열하고, 이를 극복하기 위한 본인의 노력을 서술하여주십시오. (200자)

Q 2-3. 과제를 수행한 결과가 어떠했는지, 과제 수행 이후 본인에게 어떠한 변화가 있었는지 기술하여주십시오. (200자)

겨울방학 때 선생님께서 기능경기대회 출전을 제의하셔서 기능경기대회를 준비했습니다. 하지만 대회까지 남은 두 달이라는 시간은 준비하기에 턱없이 부족했습니다. 설상가상으로 기능대회 전후로 너무 많은 시험과 다양한 일정이 계획되어 있어 기능대회 준비에만 집중하기가 힘들었습니다.

기능대회 전후로 영어어휘 시험, ERP정보관리사 자격증 시험, 자소서 수행평가, 봉사활동 등이 잡혀 있어 하나를 더 준비하기에는 시간이 부족했기 때문에 이를 극복하기 위해 '시간 매트릭스'를 활용했습니다. 과업을 중요하면서 급한 것, 중요하지만 급하지는 않은 것, 중요하지 않지만 급한 것, 중요하지도 급하지도 않은 것으로 나누어 성공적인 결과를 얻었습니다.

짧은 기간임에도 불구하고 효율적인 시간 관리를 통해 기능경기대회 과제를 성공적으로 수행할 수 있었습니다. 이를 통해 아무리 시간이 부족하더라도 내 의지만 있다면 무엇이든 할 수 있다는 자신감을 얻었습니다. 또한 많은 것을 하려는 마음도 중요하지만, 그것을 최선을 다해 이루려는 마음이 더 중요하다는 사실도 깨달을 수 있었습니다.

◯ 축제 준비 가운데 더 구체적으로 어떤 것인지를 적어야 한다. 단순히 '준비'라고 하면 범위가 크다. 자소서에서 구체성은 매우 중요한 요소다.

◯ 친구가 하려는 것, 어떤 의견을 물었는지 한 문장이라도 설명이 필요하다. 단순하게 도움을 주었다는 표현만으로는 읽는 사람을 설득하기 어렵다.

◯ 좋은 결과가 무엇인지 명시해야 한다. 학급을 이끌었다는 내용, 원활한 과정 모두 명확하게 드러나지 않아서 이해하기가 어렵다.

질문 03	본인이 판단하기에 함께 일(학습, 동아리 등)하기 어려웠던 사람(동료, 친구, 상사들)에 관한 경험에 대하여 기술하여주십시오.

Q 3-1. 언제, 어떻게 발생한 경험인지 설명하여주십시오. (200자)

Q 3-2. 어떠한 점이 특히 어렵거나 힘들었으며, 이를 해결하기 위해 어떠한 노력을 했는지 기술하여주십시오. (200자)

Q 3-3. 이러한 경험 이후 본인에게 어떠한 변화가 있었는지, 본인이 속한 조직에 어떠한 기여를 했는지 기술하여주십시오. (200자)

2학년 축제를 준비하던 중 학급 부반장이던 친구와 불편한 관계가 되었던 적이 있습니다. 저는 친구들과의 소통과 대화를 통해 학급의 문제를 처리했던 반면, 부반장이었던 친구는 주도적으로 생각하고 판단해 학급의 문제를 처리하고는 했습니다. 축제 준비 과정에서도 이 차이 때문에 갈등이 발생했고 함께하기가 어려워졌습니다.

부반장인 친구가 저를 포함한 학급 친구들을 믿어주지 않고 손해를 보면서라도 스스로 해결하려드는 것이 가장 힘들었습니다. 그래서 저는 친구에게 믿음을 심어주기 위해 친구가 하려는 것을 지지하고 직접적으로 도움을 주었으며, 시간이 날 때마다 친구들의 의견을 일일이 물으며 학급 친구들의 참여를 이끌어내었습니다.

사람들이 모두 나와 같은 생각을 가지고 있는 건 아니라는 것과 다른 방법으로도 문제를 해결할 수 있다는 걸 알았습니다. 저는 무조건 제 생각을 고수하기보다 친구의 생각도 수용하고 인정하였으며, 두 방식을 적절히 혼합하여 학급을 이끎으로써 원활한 과정으로 좋은 결과를 도출하였습니다.

실전 클리닉

→ 내가 어떤 업무(학습)를 수행했는지 설명이 필요하다. 지식의 부족을 언급하기보다 내가 무엇을 했는지 말하는 것이 더 낫다.

→ 토론 연습을 어떤 식으로 했는지에 초점을 두고 작성해야 한다. 과정을 잘 적어야 앞뒤 문항에 맞는 내용을 적을 수 있다. 짧게 적는 자소서는 질문에 대해서 정확히 답하지 않으면 추상적인 내용에서 벗어나기 어렵다.

→ 토론 과정을 적은 후 '침착하게 대답'이 변화의 결론으로 이어지면 좋겠다. 변화의 과정을 정확하게 적어야 한다.

질문 04 최근 5년간 업무(또는 학습)를 수행하다가 본인의 지식 부족으로 업무가 미흡했던 경우, 업무를 위한 자기개발을 수행한 경험에 대하여 기술하여주십시오.

Q 4-1. 언제 발생한 일이었으며, 본인은 당시 어떠한 상황에서 어떤 업무(또는 학습)를 수행하고 있었는지 설명하여주십시오. (200자)

Q 4-2. 본인의 지식이 부족하다고 느낀 부분은 어떠한 부분이었으며, 이 부족함을 채우기 위하여 어떤 자기개발을 진행하였나요? (200자)

Q 4-3. 자기개발 이후 해당 업무(또는 학습) 수행에 어떠한 변화가 발생했는지 기술하여주십시오. (200자)

중학교 3학년 시절 '학교폭력 방관자도 처벌해야 하는가?'라는 주제의 교내 토론대회에 참가한 후 예전부터 갖고 있던 토론에 대한 관심이 늘어나 전국청소년토론대회에도 출전하게 되었습니다. 전국청소년토론대회에서는 3인 1조로 팀을 짜 '대통령 중임제'를 주제로 토론하였는데, 이에 관한 지식이 부족해 어려움을 겪었습니다.

대통령 중임제의 찬반 근거 이론조차 구체적으로 알지 못했고, 정치 용어에 대해서 아는 것이 부족했습니다. 그래서 먼저 저는 주제부터 똑바로 파악하기 위해 대통령 중임제에 대해 자세히 알아보고 연임제, 단임제, 레임 덕 등 토론에 필요한 기본적인 정치 용어들을 공부하였습니다. 그리고 같은 조가 된 친구들과 함께 질문을 주고받으며 토론 연습을 했습니다.

기초적인 개념부터 잡고 나니 어떠한 질문이 와도 당황하지 않고 침착하게 대답할 수 있었고, 친구와의 토론 연습을 통해 긴장을 풀고 토론대회를 대비할 수 있었습니다. 처음에는 찬성 측이든 반대 측이든 어떤 측의 입장도 똑바로 제시하지 못한 반면, 자기개발 후에는 내 입장을 똑바로 제시하면서도 다른 사람의 의견에 반박할 수 있게 되었습니다.

실전 클리닉

⟹ '업적은 매우 많지만'이
라는 표현은 삭제해도 된다.

⟹ '백성을 위해 다양한 정
책을 펴는 와중에'라는 표
현은 삭제해도 된다. 세종
대왕처럼 누구나 다 아는
인물을 선정한 경우는 더욱
구체적으로 적어야 읽는 사
람이 식상하지 않는다.

⟹ 타국의 글자로 사용. 한
국을 알렸다는 사례가 없
다. 이를 반드시 포함해야
한다. 추상적인 자소서는
읽는 사람이 '별다른 게 없
는 내용'으로 이해하도록
만든다.

질문
05

본인이 판단하기에 한국사에서 소통을 활성화하거나 사회적 갈등 해결에 기여한 인물
또는 제도에 대하여 기술하여주십시오.

Q 5-1. 본인이 생각하는 인물 또는 제도와 그것을 선택한 이유를 설명하여주십시오.
(300자)

Q 5-2. 당시 그 인물 또는 제도가 소통을 활성화하거나 사회적 갈등을 해결한 과정을
설명하고, 그것이 사회나 국가에 어떠한 영향을 주었다고 생각하는지 기술하여주십시
오. (300자)

Q 5-3. 그 인물 또는 제도가 현재 우리 사회에 비추어볼 때 기여할 수 있는 점을 기술하
여주십시오. (300자)

제가 한국사에서 소통을 활성화하거나 사회적 갈등 해결에 기여했다고 판단하는 인물은
세종대왕입니다. 세종대왕의 업적은 매우 많지만, 그중 단연 손꼽히는 것이 훈민정음 창
제입니다. 세종대왕은 쓰기도 읽기도 배우기도 쉬운 훈민정음을 창제함으로써 백성들과
의 소통을 활성화함은 물론, 한자를 몰라 피해를 받던 백성들도 훈민정음을 배워 좀 더
명확한 의사소통을 할 수 있게 되는 등 사회적 갈등 해결에도 기여하였습니다.

세종대왕은 훈민정음 창제 이전부터 언어와 음운학에 관심이 많아 중국어 어학책도 자주
찾아보았다고 합니다. 세종대왕은 백성을 위한 다양한 정책을 펴는 와중에 집현전에서
홀로 사람의 혀와 입모양을 연구하며 훈민정음을 창제했습니다. 그 결과 백성들이 글을
몰라 당하던 불이익을 감소시키는 효과를 가져왔고, 저희만의 독자적인 언어 체계를 개
발함으로써 자주성도 길렀습니다.

훈민정음 창제의 영향은 지금까지도 한글이라는 형태로 내려와 대한민국이 민족성을 확
립하고 애국심을 기르는 데 도움을 주었습니다. 그리고 소설이나 시, 음악 등 문화가 발전
할 수 있었습니다. 한글은 간소하고 배우기 쉬운 글자로서 독자적인 언어 체계가 없는 타
국의 글자로 사용되기도 하며 한국을 알렸습니다.

한국마사회

자소서 질문 모아 보기

질문 01	지원자가 한국마사회 및 지원분야에 관심을 가지게 된 계기는 무엇이며, 이를 위해 그 동안 어떤 노력을 했는지 기술해주십시오.
질문 02	최근 5년간 자신이 속한 조직 내에서 구성원 간의 갈등이 발생하였을 때 이를 극복했던 구체적인 경험과 자신의 행동 및 결과 등을 기술하여주십시오.
질문 03	최근 5년 이내에 수행할 시간이 절대적으로 부족했거나 해결하기 어려웠던 과제를 성공적으로 수행한 경험에 대하여 기술하여주십시오.
질문 04	원만한 직장생활을 위해 필요한 태도와 매너, 직업관(직업윤리)의 중요성에 대해 본인의 가치관을 중심으로 작성해주십시오.
질문 05	최근 5년간 업무(또는 학습)를 수행하다가 본인의 지식 부족으로 업무가 미흡했던 경우, 업무를 위한 자기개발을 수행한 경험에 대하여 기술하여주십시오.

기본 문항인 지원동기를 중심으로 갈등 발생, 시간 부족, 지식 부족에 관한 질문은 상황, 행동, 결과를 구체적으로 적어야 이해가 쉽다. 특히 원만한 태도나 직업관은 인성에 연결되는 항목이므로 자신이 어떤 일을 할 때 지키는 신념이나 자세를 적는 편이 유리하다.

지원자가 한국마사회 및 지원분야에 관심을 가지게 된 계기는 무엇이며, 이를 위해 그동안 어떤 노력을 했는지 기술해주십시오.

기업의 사회적 책임과 관련된 전공 과제를 수행하던 중 '한국마사회'라는 기업을 알게 되었습니다. 렛츠런파크에 대해서는 알고 있었지만, 그 사업을 주체하고 운영하는 한국마사회에 대해서는 잘 모르는 사람들이 많습니다. 한국마사회는 한국 경마가 양적인 성장에 걸맞은 경주 품질과 고객서비스를 제공할 수 있도록 현장과 고객 중심의 경영을 통해 모든 경마 팬이 편안하게 경마를 즐기고 웃으며 돌아갈 수 있도록 노력하고 있습니다. 사회적 책임도 충실히 하는 한국마사회의 각종 사업과 이벤트를 좀 더 많은 사람에게 알리고 싶어 마케팅기획 직무에 지원하게 되었습니다. 입사 후 일원으로서 기업의 경쟁우위를 확보하고 경영성과를 향상시키기 위한 마케팅 목표를 수립하겠습니다. 또한, 목표 시장에 대한 체계적인 방안 설계 및 실행을 통하여 반응과 결과에 지속해서 대응하는 마케팅기획 분야의 경주마가 되겠습니다.

➊ 직무 관련 경험에서 어떻게 노력해왔는지 작성해야 한다. 관심 계기는 적혀 있는데 어떤 노력을 했는지 (경험) 내용이 없다. 자신의 경험을 지원 직무와 관련시켜서 작성하면 좋다. 자신의 경험은 곧 역량이므로 이를 보여주어야 읽는 사람이 판단할 수 있다.

실전 작성하기

실전 클리닉

한국마사회의 인재상은 도전하는 전문인, 소통하는 협력인, 공정한 책임인이다. 이 중에서 도전하는 전문인에 초점을 맞춰서 작성해야 한다. 도전하는 전문인은 '사업 추진을 위한 도전적이고 혁신적인 업무 수행 자세를 가진, 자기 분야에 대한 최고의 전문 지식을 갖춘 인재'라고 정의한다. '여러 사람이 ~ 것 중의 하나', '정말 많은 사람들이 고군분투'라는 문구는 굳이 적지 않아도 된다.

질문 02 최근 5년간 자신이 속한 조직 내에서 구성원 간의 갈등이 발생하였을 때 이를 극복했던 구체적인 경험과 자신의 행동 및 결과 등을 기술하여주십시오.

여러 사람이 모이면 꼭 일어나는 것 중의 하나가 '갈등'입니다. 2학년 2학기가 시작될 무렵, 연극 동아리에 가입했습니다. 동아리 생활이 하루이틀 늘어가면서 무대에 직접 오르는 배우뿐만 아니라 소품, 조명, 음향 담당, 장소 섭외, 시나리오 제작 등 보이지 않는 곳에서 정말 많은 사람들이 고군분투하고 있다는 것을 몸으로 느낄 수 있었습니다. 저는 모두의 노력이 담긴 만큼 동아리원의 화합을 위해 노력해야겠다고 다짐했습니다.

그러던 어느 날 문제가 터졌습니다. 장소 섭외를 맡은 부원의 실수로 계획했던 장소가 아닌 다른 장소가 섭외됐습니다. 기존에 연습하던 동선과 소품 구성이 다르다 보니 여기저기서 불만의 목소리가 나왔습니다. 당시 소품을 담당하고 있던 저는 공연이 얼마 남지 않았으니 책임을 따지기 전에 지금 당장 해결할 수 있는 것들을 찾자고 독려했습니다. 시급한 문제를 해결한 뒤에 활용 가능한 소품을 총동원하여 이전 무대와 최대한 동일하게 무대를 꾸몄습니다. 시간이 지남에 따라 부원들 모두가 자신의 역할에 집중했고 '갈등'의 기억을 잊기 시작했습니다. 결국 만족할 만한 수준의 공연을 선보일 수 있었습니다.

[실전 작성하기]

최근 5년 이내에 수행할 시간이 절대적으로 부족했거나 해결하기 어려웠던 과제를 성공
적으로 수행한 경험에 대하여 기술하여주십시오.

실 전 클 리 닉

◐ 해결하기 어려웠던 과
제를 성공적으로 수행한 경
험이 있는 사람이 일을 잘
한다. 종이책-모바일 산업
결합 기획안 부분이 잘 이
해되지 않으니 이를 한 문
장이라도 적어야 한다.

대학교 2학년 때 도에서 주최하는 대학생 기획안 발표대회에 참여한 경험이 있습니다. 저희가 정한 주제는 '종이책'이었습니다. 다양한 방안을 모색하던 중 모바일 산업을 결합한 기획안을 제안해보기로 했습니다. 그렇게 모바일 산업으로 방향을 잡고 본격적인 준비를 하였습니다. 기존 시장을 조사하고 정보를 얻기 위해 모바일 애플리케이션 개발 센터를 방문했고 기존 제품의 장점과 시장성 등을 파악할 수 있었습니다. 아울러 직접 대형 서점들을 돌아다니며 우리 방안이 현실적으로 실행 가능한지에 대한 점검도 충실히 이행했습니다. 그 결과 3등으로 발표대회를 마무리 짓게 되었습니다. 이러한 경험을 통해 기른 열정과 창의성을 바탕으로 최고의 성과를 낼 수 있는 한국마사회의 인재가 되겠습니다.

실전 작성하기

실전 클리닉

한국마사회의 인재상 중 '공정한 책임인'이란 고객 및 이해 관계자에 대한 청렴하고 공정한 업무 태도로 주인의식을 갖고 담당 업무에 책임을 다하는 인재이다. '어떤 어려움이 닥치더라도'라는 표현은 삭제하고, 웃는 얼굴에 초점을 둘지 긍정의 힘에 초점을 둘지를 결정해서 내용을 보완해야 한다.

질문 04 원만한 직장생활을 위해 필요한 태도와 매너, 직업관(직업윤리)의 중요성에 대해 본인의 가치관을 중심으로 작성해주십시오.

웃는 얼굴이 보기 좋다는 말을 자주 들었습니다. 긍정의 힘은 자신은 물론 주변 사람들까지 웃게 한다는 것을 믿고 이를 실천해왔습니다. 입사 후 일반행정 분야에서 일하면서 많은 사람을 만나게 될 것입니다. 그때마다 어떤 어려움이 닥치더라도 웃음을 잃지 않고 긍정의 힘으로 극복하겠습니다. 대학 시절, 카페에서 아르바이트한 적이 있습니다. 소란을 피우는 손님, 만취해 제게 삿대질을 하는 손님, 메뉴가 빨리 나오지 않는다며 억지를 부리는 손님 등 여러 손님이 계셨습니다. 하지만 늘 차분하게 웃으며 대응했습니다. 손님들이 뽑은 친절미소 아르바이트생이 2번이나 된 것도 제가 가진 긍정의 힘이 발휘된 결과라고 생각합니다.

마케팅기획을 하다 보면 수많은 기획서와 제안서를 쓰게 됩니다. 그중 일부만이 실제 프로젝트로 진행된다고 합니다. 어쩌면 그보다 더 적을 수 있습니다. '직장 상사는 왜 내 기획서를 마음에 들지 않아 하는 걸까?', '재무팀에서는 왜 내 제안서를 보류하는 걸까?' 하며 문제의 원인을 외부로 돌릴 수 있습니다. 그럴 때마다 긍정의 힘을 발휘해 문제의 원인을 스스로 해결하겠습니다.

실전 작성하기

| 질문 05 | 최근 5년간 업무(또는 학습)를 수행하다가 본인의 지식 부족으로 업무가 미흡했던 경우, 업무를 위한 자기개발을 수행한 경험에 대하여 기술하여주십시오. |

3학년 겨울방학이 끝나고 마케팅 진로에 대해 고민하고 있던 저는 진로 상담을 위해 기업의 마케팅팀에서 근무하시는 과 선배님과 상담의 시간을 가진 적이 있습니다. 선배님의 조언에 저는 희망을 얻었고 마케팅을 좀 더 배우고 싶었습니다. 마트 브랜드 매니저님, 초콜릿사업부 마케팅 팀장님을 만나며 마케팅 진로는 확고해졌습니다. 마케팅 분야에서 제 역량을 키우기 위해 우선 수업에 충실했습니다. 마케팅 관련 강의를 모조리 수강했습니다.

강의를 들으며 부족한 지식은 도서관이나 논문 검색 사이트에서 관련 논문을 보며 보완했습니다. 제가 쌓은 마케팅 역량을 대외적으로 발휘해보고 싶어 여름 마케팅/광고 공모전에 도전했습니다. 경험 마케팅과 공감 마케팅을 접목한 전략을 세워 임했고 우수상을 수상할 수 있었습니다. 신입사원들이 가장 힘들어하는 것 중 하나가 '실무용어 이해 부족'이라고 합니다. 이 점이 보완되지 않으면 당연히 상사와의 커뮤니케이션에서도 문제가 생기게 됩니다. 실무용어 숙지를 시작해 차근차근 자기개발을 수행함으로써 제 전문성을 높이겠습니다.

실전 작성하기

자기개발을 위해 어떤 강의를 들었는지, 몇 과목을 들었는지 제시할 필요가 있다. 실무용어 이해 부족이라는 내용이 갑자기 등장한 느낌이 든다. 하나의 사례를 두고 일관성 있게 작성해야 한다. 사례를 많이 겪은 사람이므로 한 가지 사례를 잘 적어도 읽는 사람 입장에서는 어떤 역량을 지녔는지 충분히 짐작할 수 있다.

한국방송광고진흥공사 Kobaco

지원 직무 역량을 갖추는 과정을 상세히 적는 문항, 팀을 만들어서 얻은 성과, 인성과 윤리에 관한 문항은 이미 알고 있다. 특이한 점은 정보 수집 관리 방법인데 일상, 학교, 경험 등에서 사소하지만 나만의 노하우를 소신 있게 적어야 읽는 사람이 공감할 수 있다. 실제로 정보를 모아서 보관하는 과정을 체계적으로 적어도 괜찮다.

질문 01	최근 3년 동안에 귀하가 지원한 직무에 필요한 능력을 갖추기 위해 본인이 노력했던 점과 그 성과에 대하여 기술하여주십시오. (400자)

경영학을 전공했습니다. 그리고 한 교양수업을 들었는데 '광고와 커뮤니케이션의 이해'였습니다. 담당교수님은 다양한 광고의 세계에 대해 알려주셨습니다. 조간신문 전면 광고의 비용이 얼마인지부터 광고의 역사까지 너무도 흥미로웠습니다. 사적으로 교수님에게 질문과 메일을 통해 광고 분야를 공부했습니다. 복수전공을 하고 싶었지만 학교에는 광고 분야 전공이 없었습니다. 그래서 다양한 관련 스터디와 공모전을 준비했습니다. 광고에 관련한 활동을 하면서 한국방송광고공사의 방송광고 시장 규제라는 순기능에 대해 알게 되었습니다. 이 부분이 신선하기도 하고, 시장에서의 공정성에 대해 경영학을 배울 때도 고민한 바 지원하게 되었습니다.

실전 클리닉

▶ 직무 능력은 크게 KSA, 즉 지식(Knowledge), 기술(Skill), 태도(Attitude) 등으로 나눈다. 무엇보다 실질적인 결과물을 만들어낸 경험이 있어야 한다. 경영학 전공, 교양 수업, 스터디, 공모전 준비 등으로 내용의 나열뿐이다. 이를 조합해 직무 능력을 키우는 노력에 초점을 두고 작성해야 한다.

실전 작성하기

> **질문 02** 학교나 직장에서 팀을 이루어 성과를 이루어내었던 경험을 기술하고 그 결과에 대해 서술하여주십시오. (400자)

광고를 직접 제작하여 공모전에서 입상을 한 일이 있었습니다. 광고 관련 스터디 활동 중 재밌는 공모전에 대한 이야기를 듣고는 스터디원들과 지원하게 되었습니다. 공모전의 내용은 주최 기업에 대한 디스를 얼마나 재밌게 하느냐는 것이었습니다.

해당 기업은 제약회사인데 매출 대부분이 식음료 판매라는 점에 착안해 제작을 했습니다. 기업에 대한 이미지를 설문조사하는 일을 제가 맡았습니다. 설문지의 작성은 국문학과인 팀원이, 영상의 제작 및 편집은 언론영상학과인 팀원이 맡았습니다. 결과물은 만족스러웠습니다. 높은 조회수를 기록하며 "빵 터진다", "어떻게 저런 생각을 했을까?" 등의 호평을 받으며 금상을 받았습니다.

실전 작성하기

| 질문 03 | 업무를 수행함에 있어 정보를 수집하고 관리하는 자신만의 방법을 설명하고 그 사례를 기술하여주십시오. (400자) |

정보의 수집 방법은 주로 공신력 있는 학술지 논문을 이용합니다. 그리고 이런 정보들을 일자별로 폴더를 만들어 저장합니다. 또한, 월 단위로는 카테고리별로 구분하여 따로 백업해둡니다. 아울러 이 정보들은 PC뿐만 아니라 클라우드, 메일로 보내둡니다. 총 3개 저장소에 저장하는 것입니다. 인턴 시절, 주위 인턴들은 저의 이런 업무방식을 비효율적이라며 비난하곤 했습니다. 자료는 대충 인터넷으로 검색하여 찾으면 되고 파일은 PC에만 있으면 되는 것 아니냐는 말을 자주 들었습니다. 하지만 사내 전산 문제로 모든 업무자료가 날아갔고 인턴들 중에서 저만 자료가 남았습니다. 자료를 열람한 담당자분은 자료의 질 또한 우수하다며 칭찬을 해주었습니다.

실전 작성하기

실전 클리닉

한국방송광고진흥공사의 인재상 중 윤리성은 '조직의 사회적 책임을 이해하고 제 규정을 준수하며 공정하고 투명하게 직무를 수행'으로 정의한다. 쌍방향 소통에 초점을 두고 자신이 겪은 사례를 적어야 설득력이 높아진다.

질문 04 원만한 직장생활을 위해 필요한 태도와 매너, 직업관(직업윤리)의 중요성에 대해 본인의 가치관을 중심으로 작성하여주십시오. (400자)

원만한 직장생활을 위해서는 업무에 대한 집중력, 추진력 등 다양한 점이 필요합니다. 그러나 무엇보다 '쌍방향 소통'이 중요하다고 생각합니다. 수직적 업무구조의 기업이든 수평적 업무구조의 기업이든 업무의 지시와 배분 그리고 보고체계는 존재합니다. 여기에 소통이 없거나 단방향 소통만 존재하면 업무가 소위 '개판'이 됩니다. 사업을 기획하고 사업 추진의 방향을 논하는 관리자와 실무자 간에 이런 문제는 빈번히 발생합니다. 소통 없는 업무 지시와 업무 이행은 관리자가 생각하는 사업과 그 결과가 다르게 나올 가능성이 크고, 결국 원점으로 돌아가는 문제가 있습니다. '쌍방향 소통'의 자세로 관리자와 실무자, 최고 결정권자까지 업무에 임해야 원만한 직장생활이 가능하다고 생각합니다.

실전 작성하기

대한무역투자진흥공사kotra

기본적인 문항을 비교적 자유롭게 쓰는 형식인데 이런 경우는 지원자가 질문마다 체계적으로 내용을 작성해야만 읽는 사람이 편하다. 특히 입사 후 연차별 계획이나 자신을 드러내는 문항은 제목 등을 붙여서 일목요연하게 작성해야 가독성을 높일 수 있다.

> **질문 01** 성장과정(최소1000자 이상 1200자 이내)

'주인의식의 가치를 통한 대한무역투자진흥공사와의 동반성장'

장교로 근무했던 때 하계 재난 대비 계획에 활주로 전기 사고에 대한 조치 계획이 빠져있음을 발견했습니다. 해당 지역이 침수에 취약하고 맨홀의 배수가 잘되지 않아 사고 발생이 우려됐습니다. 당시, 회계감사 준비로 업무가 가중되어 있었고 당장 중요한 사안이 아니라고 넘겨버릴 수도 있었습니다. 하지만 부대의 작은 부분부터 개선함으로써 부대의 안정적 유지에 이바지하고자 하는 마음에 16명으로 구성된 긴급복구팀을 조직했습니다.

저는 긴급복구팀의 팀장을 자진하며 팀원들과의 회의와 실제 훈련을 이끌었습니다. 매일 밤 진행된 전술토의를 통해 4개의 전기선로의 임시복구 방안을 마련했고, 야간훈련을 통해 팀원 개개인의 전문성을 높였습니다.

당해, 태풍에 의해 활주로 전기선로가 파손되는 사고가 발생했습니다. 그러나 사전훈련으로 긴급조치가 가능했던 저희 팀은 4시간 만에 복구 작업을 완료할 수 있었습니다. 이를 통해 저는 남부사령부 '항공시설물 안전관리 유공 표창'을, 제가 속했던 대대는 '전국 최우수시설대대 표창'을 받는 영광을 맛볼 수 있었습니다.

저와 부대의 동반성장을 이끌었던 힘은 조직의 안정적 운영을 먼저 생각했던 '주인의식'이었습니다. 저는 군에서의 경험을 통해 배운 '주인의식'의 가치를 상기하며, 대한무역투자진흥공사와 저의 동반성장을 이루겠습니다.

실전 클리닉

➡ 사례는 적절하고 이해하기가 쉽다. '최근 국내 건자재 시장의 포화로 국내 업체가 세계로 눈을 돌리고 있습니다'와 같이 문장을 매끄럽게 다듬을 필요가 있다. 일하면서 자신이 지녔던 문제의식이 잘 드러나 있다.

질문
02   kotra 지원동기(최소 1000자 이상 1200자 이내)

'대한무역투자공사의 컨설턴트'

이랜드건설 소속으로 물류센터 신축 현장에서 근무한 경험은, 대한무역투자진흥공사에 관심을 두는 계기가 되었습니다. 50,000평 규모의 공사 현장이다 보니 자재의 단가에 따라 공사원가가 좌우되었습니다. 당시 현장의 건축 및 인테리어를 담당했던 저는 자재의 상당 부분이 중국으로부터 수입된다는 사실을 알게 되었습니다. 국산 자재 대비 40% 이상 저렴한 중국산 자재와 국산 건자재의 가격 경쟁은 사실상 불가능해 보였습니다.

그러나 현장에서 접한 국산 자재의 우수성은 분명했습니다. 중국산 자재를 활용한 화장실 시공이 진행되던 중 타일 크기의 불균형, 표면의 균열 발생에 의한 재시공 부위가 지속해서 발견되었습니다. 반면, 이를 보완하기 위해 사용한 국산 자재의 경우 유사 문제가 발견되지 않았습니다. 국내 업체의 건자재 생산 기술을 단편적으로나마 체감하는 기회였습니다.

국내 건축 시장의 위축, 건자재 시장의 포화로 국내 건자재 업체가 세계 시장으로 눈을 돌리고 있습니다. 이러한 패러다임 속에서 대한무역투자진흥공사의 해외 시장 컨설팅 사업은 국내 업체의 숨통을 틔우는 창구가 될 것입니다. 저는 대한무역투자공사의 컨설턴트로 성장하여 국내 건자재 업체의 세계 시장 개척에 앞장서겠습니다.

실전 클리닉

○ '참담하다'는 표현보다
차라리 몇 등 또는 예선 탈
락이라고 표현하고, 점수가
기억난다면 그것을 적는 게
더 분명하다. 16개 팀 중에
서 3위라는 수치가 있으므
로 앞에서도 수치를 적으면
비교가 명확해진다. 추상적
단어보다 구체적 단어가 읽
는 사람의 눈에 더 잘 들어
온다.

질문 03	본인의 강점과 약점(자신이 가장 자신 있는 부분과 개선이 필요한 부분, 그 이유에 대해) 및 생활신조(최소 1000자 이상 1200자 이내)

'수용과 희생을 바탕으로 한 팀워크와 조급함 극복'

2학년 때 동기들과 축구 동아리를 창단했습니다. 창단 한 달 만에 참가한 교내 축구대회에서 거둔 저희 팀의 성적은 참담했습니다. 공격 성향이 강한 팀원들이 자신의 포지션을 지키지 않은 것이 원인이었습니다. 팀의 포지션 재정비가 이루어지며, 몇 차례의 경기를 통해 팀원들로부터 측면 수비수를 맡아달라는 요청이 이어졌습니다. 좋아하는 공격수 자리를 고집하고 싶었지만, 팀의 도약을 위해 측면 수비수로의 변화가 필수적이라고 생각했습니다.

저부터 포지션 변경을 시도하자, 팀원들도 임원진들의 포지션 변경 계획을 따랐습니다. 각자가 잘할 수 있는 자리를 찾은 저희 팀은 팀워크를 다졌고, 이는 곧 성적의 상승으로 이어졌습니다. 이듬해 참가한 축구대회에서 각자의 자리에서 자신의 역할에 최선을 다한 저희 팀은 탄탄한 팀워크를 바탕으로 16개 팀 중 3위를 차지할 수 있었습니다.

팀의 도약을 이끌어낸 바탕에는 조직원들의 의견을 수용하는 열린 마음과, 제가 좋아하는 것을 내려놓는 희생정신이 있었습니다. 저는 동아리 활동을 통해 배운 수용과 희생정신을 실천하며, 대한무역투자진흥공사의 팀워크 향상에 앞장서겠습니다. 반면 신속한 업무 처리를 위해 스스로 조급해질 때가 있는데 메모하는 습관을 통해 일의 우선순위를 정하고, 피드백을 통해 단점을 극복하고 있습니다.

실전 클리닉

◆ 마스터플랜, 양성과정은 이미 지원자가 겪은 좋은 사례인데 그 사례에서 미래와 연결할 점을 조금 더 세밀하게 찾아보면 좋다. 너무 큰 것만 생각하지 말고 작은 것도 생각하는 게 읽는 사람 관점에서는 더 편하다. 세밀하게 적는 것이 자소서에서 오히려 눈에 띌 수도 있다.

질문 04 본인의 kotra 입사 5년, 10년, 15년 후 계획, 목표, 포부 등을 자유롭게 기술(최소 1000자 이상 1200자 이내)

군복무 시절, 친환경 건축 설비를 신축 예정 건물에 적용하는 마스터플랜을 수립했습니다. 시설 계획 담당자였던 저는, TF 팀을 구성하여 9건의 공사에 해당 설비를 적용하는 계획을 수립했습니다. 하지만 프로젝트 진행 과정에서 설비 개선 측면의 검토만 이뤄진 데 아쉬움이 남았습니다.

부족한 점을 보완하고자 건설기술교육원에서 주관하는 '친환경 건축 전문가 양성과정'을 이수했습니다. 이를 통해 국제 시장에서 친환경 건축의 필요성, 세계 각국의 정책 동향에 대해 배울 수 있었습니다. 특히 유럽 건설 업체에서 주도하는 친환경 건축의 패러다임이 신축 공사에서 리모델링 공사로 이동하고 있다는 사실에 주목했습니다.

온실가스의 약 30%가 건물을 통해 배출된다는 문제의식 확산, 역사적 관점에서 기존 건축물의 외형 유지의 필요성은 건설 시장에서 새로운 트렌드를 확산시킬 것입니다.

저는 입사 후 5년간 해외 프로젝트 수주지원 사업을 담당하며 국내 건설 업체의 시공 경쟁력을 유럽, 북미 시장에 알리겠습니다. 10년 뒤에는 에너지 사업, 건자재 사업에까지 그 전문성을 확장하겠습니다. 15년 뒤에는 국내 업체의 친환경 건축 분야에 대한 경쟁력을 세계 시장에 알리는 친환경 건축 컨설턴트로 성장하겠습니다.

실전 클리닉

신시장 개척도 좋지만 내용은 '사전 분석이 꼼꼼해야 한다'라고 볼 수 있다. 제목은 내용을 적기 전에 쓰라고 했지만 이 경우 내용을 적은 뒤에 달아도 좋다. 아무래도 제목이 있으면 내용이 더 정리되어 보인다.

질문 05 기타 자신을 알리고 싶은 것(취미, 특기, 여가활동, 교내외 동아리, 사회활동 등 제한 없이 자유 기술) (최소 1000자 이상 1200자 이내)

바르셀로나 고딕 지구에 지역색을 담아냈던 안목으로, 대한무역투자진흥공사의 신시장 개척에 앞장서겠습니다. 2학년 때 스페인 바르셀로나의 고딕 지구 재개발 워크숍에 참여했습니다. 해당 지역은 관광명소가 밀집된 최적의 관광지 입지조건을 갖추고 있었지만, 유동인구는 드물었습니다. 사전 답사 결과, 해당 지역의 내·외부 골목길 형태가 공간에 대한 사용자의 친밀도를 낮추고 있음을 발견했습니다. 지역적 특징을 살리고, 사용자의 편의를 고려한 재계획이 필수적이라고 판단했습니다.

팀원들과 회의를 통해, 바르셀로나 중심지 골목길과 사용자의 행동양식을 분석하기로 했습니다. 매일 15시간 이상 현장을 답사하며 사용자가 이동상 편의를 느끼고 오래 머무르고 싶어 하는 골목길 형태를 파악했습니다. 워크숍 최종일, 저희 팀은 사용자의 만족도가 높은 15개 골목길 형태를 적용한 지구 개발 계획을 작성했습니다. 지도교수님은 지역색을 가장 잘 반영한 계획이라는 호평과 함께 워크숍 전체의 메인테마로 선정하셨습니다.

무역의 활성화를 이끄는 힘은 현장에 대한 정확한 분석, 그리고 사용자의 편의를 고려한 시장 공략입니다. 저는 사용자의 눈높이로 해외 시장을 바라봤던 안목을 바탕으로 국내 업체의 해외 시장 진출에 경쟁력을 더하겠습니다.

한국토지주택공사

질문 01

지원 포부_한국토지주택공사의 주요 사업 중에서 앞으로 입사 후 본인이 어떤 부분에 기여하고 싶은지, 본인의 주요 직무 역량 및 강점을 기반으로 기술해주십시오.

질문 02

NCS 경험 및 경력기술서_지원 분야와 관련된 업무 경력 및 실적 등 경력사항이나 다른 경험 및 활동에 대해 상세히 기술해주시기 바랍니다. 경력사항의 경우, 채용 분야의 직무와 관련된 기업이나 조직에서 실제적으로 수행한 업무 경험에 대해서 작성해주십시오. 경험 및 활동의 경우 산학, 팀 프로젝트, 연구회, 동아리/동호회, 온라인 커뮤니티, 재능기부 등 다양한 조직에서의 활동을 통해 지원 분야와 관련한 경험을 쌓은 내용을 작성해주십시오.

Q 2-1. 본인이 지원한 직무와 관련하여 경험한 업무 또는 활동은 어떤 내용인지 기술해주십시오. (200자)

Q 2-2. 해당 기업이나 조직이나 활동에서 본인이 맡았던 역할에 대해 기술해주십시오. (400자)

Q 2-3. 해당 활동 경험이 LH 한국토지주택공사 입사 후 업무 수행에 어떠한 도움을 줄 수 있는지 기술해주십시오. (400자)

질문 03

NCS 직업기초: 조직이해능력_조직이나 집단의 목표를 고려하여 본인에게 주어진 업무나 과제를 수행한 경험이 있다면 기술해주십시오.
① 조직이나 집단의 목표를 이해하기 위해 어떤 노력을 하였는지 기술해주십시오. ② 조직이나 집단의 목표를 업무나 과제 수행 시 어떻게 반영하였는지 기술해주십시오. (500자)

질문 04

NCS 직업기초: 대인관계능력_팀 또는 집단 구성원 간의 관계가 원만해질 수 있도록 보통 어떤 노력을 하십니까? 본인의 사례를 기반으로 기술해주십시오.
① 당시 팀 또는 집단의 상황은 어떠했으며, 팀 또는 집단의 분위기를 개선하기 위해 어떠한 노력을 했는지 기술해주십시오. ② 해당 노력이 팀 또는 집단 분위기에 긍정적인 영향을 미칠 것이라고 판단한 근거에 대해서 기술해주십시오. (500자)

질문 05

NCS 직업기초: 공동체윤리_LH 직원으로서 지켜야 하는 중요한 윤리의식은 무엇이라고 생각하며, 본인의 생활에서 해당 윤리의식을 어떻게 실천하고 있는지 기술해주십시오.
① 중요하게 생각하는 윤리의식이 무엇이고 왜 중요하다고 생각하는지 기술해주십시오. ② 중요하다고 생각하는 윤리의식을 실천하기 위해 어떻게 노력하고 있는지 구체적인 사례를 바탕으로 기술해주십시오. (500자)

입사 후 계획, 경력이나 경험에 관한 문항을 기본으로 조직 목표를 알고 어떻게 반영했는지를 묻고 있다. 조직 목표를 이해하는 노력은 의사소통, 스스로 공부, 시행착오 등을 겪으면서 가능하다. 이에 관한 과정을 상세하게 적는 방향으로 글을 작성한다. 원만한 구성원 관계, 생활 속 윤리의식은 특정 사례를 두고 평소 지원자의 성향을 보여준다는 느낌을 가지고 작성할 수 있다. 하위문항이 여러 개 있는 경우는 내용이 구체적이어야 하며 직무에 관해 많이 준비한 사람일수록 유리하다.

질문 01	지원 포부_한국토지주택공사의 주요 사업 중에서 앞으로 입사 후 본인이 어떤 부분에 기여하고 싶은지, 본인의 주요 직무 역량 및 강점을 기반으로 기술해주십시오.

첫째, 다양한 프로젝트를 통해 문제해결능력을 길렀습니다. 공정설계, 창의종합설계, 한국화공학회 등의 설계 경험을 통해 실무에서 겪게 될 문제를 파악하고 유연하게 해결하는 방법을 배웠습니다.

둘째, 안전 문제에 대비하기 위해 위험물산업기사를 취득하였습니다. 수직계열화 특성상 산재가 발생하면 피해가 확산할 가능성이 크다고 생각합니다. 산재 예방 및 전문성을 갖춰 항상 안전제일의 생산기술자가 되겠습니다.

셋째, 소통으로 대인관계력을 길렀습니다. 교내 학술동아리 홍보부장으로서 신입생 유치, 동아리 홍보 등을 위해 낯선 사람들과 직접 만나며 사람 사이에서 소통의 중요성을 배웠습니다. 결과적으로 많은 수의 지원자를 받을 수 있도록 동아리를 이끌었습니다. 이러한 장점을 바탕으로 현장에서 영업부와 생산부 사이의 원활한 소통의 다리 역할을 하여 불화는 줄이고 업무의 효율성은 높여 1+1은 2가 아닌 더 큰 시너지 효과를 일으킬 수 있다고 자신합니다.

실전 작성하기

○ 대회 출전에서 자신이 무엇을 맡았는지를 적어야 한다.

○ '○○○을 주제로 전력 효율 향상을 위한 아이디어는~'이라고 첫 문장을 시작하는 것이 낫다. 전력난이라고 하면 추상적이다. 이것만으로는 내용이 너무 짧다.

○ 경험은 훌륭한데 그것이 지원할 기관과 어떤 식으로 연결되는지는 나타나지 않았다. 이 경험이 업무 수행에서 어떻게, 어디에 적용되는지를 적어야 한다. 현재 문장을 조금 다듬고 적용 가능한 영역만 연결하면 된다.

질문 02	NCS 경험 및 경력기술서_지원 분야와 관련된 업무 경력 및 실적 등 경력사항이나 다른 경험 및 활동에 대해 상세히 기술해주시기 바랍니다. 경력사항의 경우, 채용 분야의 직무와 관련된 기업이나 조직에서 실제적으로 수행한 업무 경험에 대해서 작성해주십시오. 경험 및 활동의 경우 산학, 팀 프로젝트, 연구회, 동아리/동호회, 온라인 커뮤니티, 재능기부 등 다양한 조직에서의 활동을 통해 지원 분야와 관련한 경험을 쌓은 내용을 작성해 주십시오.

Q 2-1. 본인이 지원한 직무와 관련하여 경험한 업무 또는 활동은 어떤 내용인지 기술해주십시오. (200자)

Q 2-2. 해당 기업이나 조직이나 활동에서 본인이 맡았던 역할에 대해 기술해주십시오. (400자)

Q 2-3. 해당 활동 경험이 LH 한국토지주택공사 입사 후 업무 수행에 어떠한 도움을 줄 수 있는지 기술해주십시오. (400자)

창조적인 발상과 도전정신으로 대회에 출전하여 전력을 다한 경험이 있습니다. 새로운 도전이라는 목표를 갖고 생각이 맞는 사람들과 준비를 하였습니다. 대회 출전 이후에 계속 도전하고 싶은 마음이 생겨서 교내 경진대회, 학과 내 프로젝트 사업에 참여했습니다. 이로서 토지주택에 대한 직무 경험을 쌓을 수 있었습니다.

요즘 문제가 되는 전력난을 해결해보고자 하였습니다. 전력의 효율을 향상시키기 위한 아이디어는 베르누이 원리가 적용된 원통을 발전기 앞에 설치하여 풍력발전이 가능한 바람의 세기를 강화시키고, 이 바람으로 풍력발전을 하는 것이었습니다.

우선 아이디어의 가능성을 보기 위해 소형화 모델을 제작하고 직접 풍력발전을 한 결과 전력이 측정돼서 소형화 모델을 기반으로 실외기 크기에 맞는 현실적인 모델을 제작하였습니다. 제작 과정에서 풍력발전에 필요한 발전기의 제작에 어려움이 있어 프로젝트가 계획대로 진행되지 않았습니다. 직접 발전기를 만들어보기도 하고 많은 곳을 수소문해봐도 필요로 하는 발전기를 찾지 못하여 팀원들 모두가 점점 포기하고 있었습니다. 이때 저는 버려진 세탁기 모터로 풍력발전을 하는 시스템을 생각하여 직접 고물상을 뒤진 결과 버려진 소형 모터를 구할 수 있었습니다. 이 발전기를 통해 생성되는 전력량이 미흡하여 효율 높은 발전기, 재료의 경량화 등 보완점이 있었지만 저희 아이디어의 가능성을 확인할 수 있었습니다.

질문 **03** NCS 직업기초: 조직이해능력_조직이나 집단의 목표를 고려하여 본인에게 주어진 업무나 과제를 수행한 경험이 있다면 기술해주십시오.

① 조직이나 집단의 목표를 이해하기 위해 어떤 노력을 하였는지 기술해주십시오. ② 조직이나 집단의 목표를 업무나 과제 수행 시 어떻게 반영하였는지 기술해주십시오. (500자)

대학생활은 열정을 증명할 수 있는 기간이었습니다. 화공 엔지니어로서 기본을 다지기 위해 목표를 세웠습니다. 목표는 학과에서 1등과 전액 장학금을 받는 것이었습니다. 모든 전공 수업이 설계로 이루어지기 때문에 체계적인 계획을 세워야 했습니다. 이를 달성하기 위해 월간, 주간, 일간 계획을 빠짐없이 세웠습니다. 또한 밤마다 오늘 했던 일을 정리하고, 내일 해야 할 일을 재점검하였습니다. 처음 2주일 간은 무척이나 괴로웠지만, 점점 익숙해지고 달성률이 올라갈수록 저 자신이 대견하고 자랑스러웠습니다. 이후 성적표를 보고는 저 자신도 놀라웠습니다. 성적표에는 A+로 학과 1등을 했고, 전액 장학금도 받을 수 있었습니다.

실전 작성하기

NCS 직업기초: 대인관계능력_팀 또는 집단 구성원 간의 관계가 원만해질 수 있도록 보통 어떤 노력을 하십니까? 본인의 사례를 기반으로 기술해주십시오.

① 당시 팀 또는 집단의 상황은 어떠했으며, 팀 또는 집단의 분위기를 개선하기 위해 어떠한 노력을 했는지 기술해주십시오. ② 해당 노력이 팀 또는 집단 분위기에 긍정적인 영향을 미칠 것이라고 판단한 근거에 대해서 기술해주십시오. (500자)

저는 입학부터 졸업 때까지 활동했던 학내 영어회화 동아리에서 가장 큰 소속감을 느꼈습니다. 당시에 작문은 모든 회원의 의무였고, 이를 교정하는 것은 선배들의 의무였습니다. 하지만 60%의 낮은 작문 참석률과 교정의 질 문제가 매년 해결되지 못한 점에 착안하여 이 문제만큼은 집중적으로 해결하고자 했습니다.

'출석 왕'과 '교정 왕' 제도를 도입했고, 이 제도가 단기적이 아닌 장기적인 문제 해결의 방안이 되길 바랐습니다. 이 제도의 목적은 선후배 간에 서로 모범을 보이려 하는 '선의의 경쟁심 유도'였습니다. 그 결과, 도입 한 달 만에 작문 참석률은 90%로 상승했고, 교정의 질 또한 높아졌을 뿐만 아니라 아직도 그 제도가 유지되고 있습니다. 금상첨화로, 학내 영자신문사에 기사를 기고할 기회를 얻게 되었고, 이를 통한 수입으로는 칭찬 릴레이 프로그램을 새롭게 기획하여 친목을 더욱 향상시킬 수 있었습니다.

실전 작성하기

질문 05 NCS 직업기초: 공동체윤리_LH 직원으로서 지켜야 하는 중요한 윤리의식은 무엇이라고 생각하며, 본인의 생활에서 해당 윤리의식을 어떻게 실천하고 있는지 기술해주십시오.

① 중요하게 생각하는 윤리의식이 무엇이고 왜 중요하다고 생각하는지 기술해주십시오.
② 중요하다고 생각하는 윤리의식을 실천하기 위해 어떻게 노력하고 있는지 구체적인 사례를 바탕으로 기술해주십시오. (500자)

'1년: 규칙 습득'

입사 후 1년 동안은 현장 및 직무 규칙을 습득하는 데 집중하겠습니다. 기초 전공지식을 바탕으로 제품의 특성, 물성, 공정 흐름에 관한 규칙을 명확히 파악하고 발로 뛰고 몸으로 부딪치면서 적응하겠습니다. 선배님들이 가르쳐주시는 규칙을 빠르게 알아듣고 조직에 융화되어 항상 하나라도 더 배우겠다는 열정으로 임하겠습니다.

'5년: 모범 사원'

회사와 함께 발전하는 모범 사원이 되겠습니다. 끊임없는 자기개발로 공부하면서 산업안전 기사를 취득하고 이를 현장에서 활용하며 후배들에게도 모범이 되는 사원이 되겠습니다.

'10년: 전문가'

신입사원에게 귀감이 되는 공정의 전문가가 되겠습니다. 항상 체계적인 계획을 세워 공정 가동률을 최대화시키고, 현장 경험을 바탕으로 꾸준한 장치 관리 및 안전의식을 갖고 있는 전문가로서 공정안정성을 향상시키겠습니다. 이러한 모습을 바탕으로 상사에게는 든든함, 후배에게는 신뢰감을 심어주는 전문가로 성장하고 저희 조직이 세계 최고 기업으로 나아갈 수 있도록 앞장서겠습니다.

한국관광공사

타인의 요구를 미리 아는 능력과 회사의 고객을 분류해서 대응하려는 노력은 크게 다르지 않다. 전자는 개인의 경험에서 찾을 수 있지만 후자는 지원하는 기관의 특성을 시간을 두고 고민한 사람에게 작성이 유리하다. 공동 작업은 팀 활동에서 자신의 역할을 명확하게 적으면 된다.

질문 01	타인의 요구사항을 사전에 파악하여 실천했던 경험에 대해 작성해주십시오. (타인의 요구사항 파악 내용, 실천 당시의 어려웠던 점과 해결방안, 결과 등을 중심으로 서술) (500자)

백화점 등산용품 매장에서 아르바이트를 하던 때였습니다. 매출이 썩 좋지 않고, 다른 아르바이트들의 근태도 좋지 않았습니다. 고객이 오더라도 가만히 있다가 상품에 대해 물어볼 때나 다가갔기 때문입니다. 이런 모습이 저는 썩 맘에 들지 않았습니다. 고객의 입장에서 생각해본다면 백화점을 이용하는 이유 중 하나가 서비스에 있다고 생각했기 때문입니다. 그러기에 고객에게 먼저 다가가 고객의 모습을 보고 어떤 상품을 찾는지를 파악해 먼저 권해야 한다고 여겼습니다. 이를 위해 매장에 오는 고객들이 어떤 상품을 구매하는지 유형별로 구분했습니다. 구분된 자료를 바탕으로 고객들의 유형을 파악하고, 먼저 상품을 권했습니다. 처음에는 엉뚱한 상품을 권하는 것으로 오해하는 고객들도 종종 있었습니다. 하지만 시행착오 끝에 '족집게'처럼 고객이 원하는 상품을 먼저 권하게 됐습니다. 매장의 매출은 크게 올랐고, 저 또한 아르바이트로는 최고의 대우를 받게 됐습니다.

실전 작성하기

실전 클리닉

한국관광공사의 인재상은 도전적 혁신 정신, 자율적 책임 의식, 국제적 전문가 정신 등이다. 타인의 요구사항을 파악하고 문제의 핵심을 찾아내 해결방안을 이끄는 것이 좋다. 내용은 충분히 이해할 수 있는데 '유형별 구분'이 어떤 것인지 조금 더 자세히 설명하면 구체성을 살릴 수 있다.

질문 02 지금까지의 경험 중 2인 이상이 모여 공동작업을 진행했던 경험에 대해 작성해주십시오. 이 경험 속에서 지원자의 역할과 협력 과정을 작성해주십시오. (500자)

결론 도출 과정에서 크게 대립하던 팀 과제를 원활하게 마무리한 경험이 있습니다. 학구열이 넘치는 학생들로 이뤄졌기에 무임승차를 하는 학생도 없었습니다. 주제의 선정, 조사의 대상 및 방법 선정, 조사 진행까지 일사천리로 수월하게 이뤄졌습니다. 가장 원활한 팀 과제를 할 것이라 생각했습니다. 하지만 조사를 통한 결론의 도출에서 팀은 두 갈래로 나뉘었습니다. 한쪽은 조사가 예상한 결론과 다르니 이를 충분히 반영하자고 했습니다. 다른 한쪽은 결론에 대한 신뢰가 떨어진다며 일부 조사 결과를 배제하고 결론을 도출하자고 했습니다. 양쪽은 첨예하게 대립하며 다르게 과제를 제출하자는 말까지 나왔습니다. 저 또한 개인적인 생각으로는 전자에 가까웠지만, 두 의견을 아우르려 노력했습니다. 개인적으로 만나 대승적인 방향으로 가자고 설득하기도 했습니다. 매일 3시간씩 2주간 이들을 설득한 결과, 접점을 찾아 결론을 잘 끌어냈습니다. 집단의 대립을 아우르는 방법을 배운 좋은 경험이었습니다.

실전 작성하기

한국관광공사의 고객을 분류하고, 각각의 특성에 대해 아시는 대로 작성해주십시오. (500자)

실전 클리닉

➡ 한국관광공사의 주요 사업은 해외 관광객을 유치하고 지자체별 관광을 활성화하는 것이다. 주요 사업을 이해하면 주요 고객도 파악할 수 있다. 세 가지 유형마다 알맞은 또는 자신이 생각하는 사례를 적는 게 좋다. 추상적인 내용은 별로 의미가 없다.

한국관광공사의 고객은 세 부류로 나눌 수 있다고 생각합니다.

첫째, 가장 기본적인 내·외국인 관광객을 비롯한 국민입니다. 한국관광공사가 제공하는 다양한 서비스가 최종적으로는 이들을 목표로 합니다. 한국관광공사의 마케팅 또한 같은 이유입니다. 그러기에 가장 기본적이면서도 가장 중요한 고객입니다.

둘째, 여행사 및 관련 회사입니다. 이들은 한국관광공사가 추구하는 다양한 관광산업의 발전을 돕는 고객입니다. 한국관광공사 또한 관광교육 지원에서부터 외국어 관광안내 표기 및 마케팅 지원으로 이들을 돕고 있습니다. 고객이면서 공생관계라 생각합니다.

셋째, 지방자치단체들입니다. 한국관광공사가 지역 관광산업의 발전을 추구한다는 점에서는 여행사와 성격이 비슷합니다. 하지만 공생의 관계는 희미하다고 생각합니다. 지방자치단체에서 여행상품 개발, 컨설팅 지원, 관광자원 개발계획 수립 등을 한국관광공사에 '부탁'하기 때문입니다.

실전 작성하기

국민건강보험공단

문제해결과 상황판단 문항을 기초로 협업에서 소통의 어려움, 공동 목표 갈등, 조직 내 자기희생은 모두 집단에서 자신의 역할과 어떤 결과를 얻었는지에 관한 질문이다. 특히 한정된 자원과 조건은 시간, 비용, 인력, 장소 등으로 매우 다양하다. 일상에서 한정된 자원과 조건은 이미 존재하므로 자신의 경험에서 쫓기면서 일을 했는데 결과가 좋았던 기억을 떠올려보자.

질문 01	공동목표를 위해 협업하는 과정에서 소통의 부재로 인해 어려움을 겪었던 경험이 있습니까? 당시 상황을 기술하고, 어려움을 어떻게 극복했는지를 자세하게 행동 중심으로 기술해주시기 바랍니다.

○○ 담당자로 근무하며 타 팀 담당자와 협업하여 신규 건축물 기획을 한 경험이 있습니다. 저는 신입사원으로서 기존 업무를 하는 데 몰두하다 보니 새로운 일에 신경 쓸 여력이 없었습니다. 이런 상황을 상대방에게 얘기하지 않으니 책임감 없는 이미지를 주고 말았습니다. 담당자는 지지부진한 진행에 불만을 품고 비협조적으로 대했습니다. 상황을 파악하고 소통의 자리를 만들었습니다. 솔직한 심정과 상황을 말씀드리며 신뢰를 얻을 수 있었습니다. 그래서 업무를 추진할 수 있는 원동력을 만들었습니다. 그 이후, 담당자와 대화할 때 소통하는 자세를 잊지 않으며 업무를 완수할 수 있었습니다.

실전 작성하기

실 전 클 리 닉

▶ 갈등 상황에 대한 경험
이 아닌 다른 경험으로 보
인다. 목표를 달성하지 못
했지만 의미 있었던 사례에
적합한 내용이다.

질문
02

자신이 속했던 조직의 공동목표를 달성하기 위해 노력하던 중 발생한 갈등 상황을 슬기롭게 극복한 경험이 있습니까? 당시 상황을 기술하고 당시 해결방법을 자세하게 행동 중심으로 기술해주시기 바랍니다.

기자단 후배단원 모집 시 모교의 통합기자단과 경쟁한 경험이 있습니다. 방송국과 영자신문으로 구성된 경쟁 기자단은 지원비와 역사 등 거의 모든 부분이 우월했습니다. 그래서 같은 시기에 신입단원을 모집하는 저의 기자단은 신입단원을 뽑는 데 어려움을 겪었습니다. 하지만 소속감과 애정으로 승리를 위한 홍보를 계획했습니다.

먼저 모집 3주 전, 티저광고를 실행했습니다. 포스터를 등굣길의 가로등에 부착했습니다. 그 후 펜과 카메라 마이크 같은 사진을 부착해 호기심을 유발했습니다. 그리고 UCC로 등하굣길에 대형 스크린에 홍보했습니다. 특히 CF를 패러디해서 재미있고 활동적인 특징을 강조했습니다. 마지막으로 지인을 통한 입소문 홍보를 진행했습니다. 결국 30명 차이로 이길 수는 없었지만, 최선을 다했기에 후회 없는 경험이었습니다.

실전 작성하기

학교나 사회에서 어떤 일(학업, 팀 프로젝트, 인턴 활동 등)을 하면서 한정된 시간, 정보, 사람에도 불구하고 이를 이겨내고 주어진 업무나 과제를 성공적으로 마친 경험이 있습니까? 당시 상황을 기술하고, 어떤 방식으로 한정된 자원을 관리해나갔는지 자세하게 행동 중심으로 기술해주시기 바랍니다.

실전 클리닉

▶ 간판을 확인하고 변경하는 어려운 일을 잘 수행한 경험이다. 예산과 기한을 지킬 수 있는 업체 선정에 대해서 한 문장이라도 더 썼으면 이해도를 높일 수 있었다.

단기간 내 실행력을 발휘하여 제한적인 상황을 극복하고 업무를 완료한 경험이 있습니다. 인수합병 된 회사의 담당자로서 새롭게 상호 약 1,000개를 변경했습니다. 한 달 간의 시간 동안 공장 본사, 연구소, 사무소의 다양한 간판의 조사를 혼자 하기가 불가했습니다. 또한 처음 해보는 일이기 때문에 단계적으로 업무를 진행할 필요가 있었습니다. 먼저, 팀별로 변경이 필요한 물품을 요청받기 위해 서식을 만들고, 지원서를 접수받았습니다. 서식을 정교하게 만들어 타 팀원들의 문의와 혼동이 없도록 했습니다. 영문 규정을 확인하고 상사의 확인을 받으며 예산과 기한을 지킬 수 있는 업체를 신중히 결정했습니다. 마지막으로 현장 부착 시 꼼꼼한 점검을 위해 직접 확인해 실수를 최소화할 수 있었습니다.

실전 작성하기

질문 04

조직이 처한 상황이나 당면하고 있는 문제를 정확히 이해하고 이를 해결하기 위해 노력했던 경험이 있습니까? 당시 상황을 기술하고 어떤 노력을 기울였는지 자세하게 행동 중심으로 기술해주시기 바랍니다.

대학 재학 중 마케터로 활동하며 환경캠페인을 개최한 적이 있습니다. 제가 담당한 일은 장소 선정과 홍보 기획이었습니다. 최적의 장소를 찾기 위한 조사 끝에 유동인구, 접근성, 콘셉트를 고려해 공원을 최종 장소로 결정했습니다. 그러나 문제는 기업의 상업성을 우려한 공원 측의 반대였습니다. 다른 장소를 섭외하기에 시간도 부족하고 캠페인의 방향성에 저해가 되었습니다. 다른 팀원들은 대안을 찾아보자고 의견을 냈지만, 저는 관계자를 설득하는 것이 낫다고 판단했습니다. 그래서 공원 관계자의 관점에서 득이 될 수 있는 것을 생각했습니다. 먼저, 캠페인이 공원 이용객에게 환경학습 기회를 주고, 친환경 이미지를 줄 수 있다고 생각해 제안서를 작성했습니다. 열정적으로 자료를 준비하고 리드하는 모습에 팀원들도 마음을 모아줬습니다. 그 결과, 관계자분의 마음을 돌이킬 수 있었습니다. 심지어 구청에 허락을 받아줄 테니 캠페인을 잘하라는 격려도 받을 수 있었습니다.

실전 작성하기

질문 05 학교나 사회에서 속했던 조직(동아리, 프로젝트 팀 등)에서 개인적 손해를 감수하면서까지 맡은 일 또는 역할을 다하기 위해 노력했던 경험이 있습니까? 당시 상황을 기술하고 어떤 노력을 기울였는지 자세하게 행동 중심으로 기술해주시기 바랍니다.

대학 4학년 시절에 동아리의 회장으로서 1년 간 조직 활성화를 위한 시간과 노력을 기울여 세 가지 안을 실행했던 경험이 있습니다.

첫째, 졸업하는 회원을 위한 플랜카드를 기획했습니다. 바쁜 학업 중에도 조직원에게 소속감을 심어주기 위한 이벤트를 안 할 수 없었습니다. 그래서 개인의 별명과 캐릭터를 피켓 제작소에 의뢰해 기쁨을 주었습니다.

둘째, 결석과 지각을 하는 회원에게 즉각적인 질타를 하기보다 개인적인 대화를 통해 갈등을 해결했습니다. 자칫 감정적일 수 있는 소재를 부드럽게 말하며 책임감을 부여했더니 참석률 상승의 결과를 얻었습니다.

셋째, 동아리 CI, 비전, 미션을 만들어 방향성을 설정했습니다. 조직원에게 하나가 된다는 일치감을 줄 수 있었습니다. 그 결과, 동아리원의 탈퇴 없이 리드하는 성과를 낼 수 있었습니다. 졸업을 앞둔 시점이었지만 한 조직을 이끌며 리더십을 배울 수 있는 좋은 경험이었습니다.

실전 작성하기

공기관일수록 직업윤리를 매우 중요하게 생각한다. 직업윤리 항목을 작성할 때는 편법을 쓰지 않고 조금 손해를 보더라도 어려운 길을 선택하자. 결석과 지각 회원에게 어떤 대화를 해서 갈등이 해결되었는지 적어야 한다. 갈등 해결 과정을 구체적으로 적어야 자신이 더 잘 드러난다.

한국수출입은행

직무 활동, 필요 역량, 성격 문항을 기본으로 회사와 연결해 윤리적 덕목을 찾아봐야 한다. 순발력은 상황판단과 문제해결, 책임감은 극복 노력을 의미하므로 특정한 사례를 자세히 적어야 읽는 사람이 이해할 수 있다.

질문 01	입사지원서에 기재한 직무 관련 교육사항 및 경력사항을 포함하여, 지원자가 지원한 분야의 직무 관련 활동에 대해 상세히 기술하여주시기 바랍니다. (400자)

전공인 경제학과 수업을 바탕으로 기초적인 경제이론을 갖추고 있습니다. 세무회계 자격증과 사회조사분석사 등의 자격증을 취득했고, 무역영어 자격증도 가지고 있습니다. 또한 꾸준히 영어회화 학원에 다니며 좀 더 나은 영어구사 능력을 얻기 위해 노력하고 있습니다. 더불어 무역학과를 복수전공하며 중국어를 배우고 중국 단둥으로 교환학생을 갔다온 경험이 있습니다. 귀국 후에는 중국인 친구들과 꾸준히 이메일을 주고받으며 언어감각을 유지하고 있습니다. 그리고 무역 관련 동아리에 들어가 토론과 협상에 관한 공부를 하고 대학생 경제무역협상 대회에 참가해 은상을 받은 경력이 있습니다. 이 밖에 MOS-MASTER와 워드프로세서 자격증을 가지고 있습니다.

실전 작성하기

실전 클리닉

➔ '하나하나 이해시키기'
에 관한 사례를 적어야 한
다. 단점 부분을 보완해서
장점과 비교할 수 있도록
한다. 현재 상태로는 단점
을 명확하게 알 수 없다. 단
점을 분명하게 적는 것도
자신의 역량을 솔직히 인정
하는 것이다.

질문 02	지원자가 지원한 분야의 직무에 필요하다고 생각하는 역량 한 가지를 제시하고, 이를 지원자가 가진 능력 및 성격의 장단점과 비교하여 설명하여주십시오. (400자)

협상능력이 중요하다고 생각합니다. 원조 또는 협력에 대한 논의를 할 때면 얼마나 원조를 해줄 것인지, 혹은 어떤 조건을 내세워야 할 것인지에 대한 첨예한 갈등이 있을 것이라고 생각합니다. 저는 무역동아리에서 협상에 대한 토론을 공부했습니다. 협상으로 다른 사람을 이해시키는 데는 자신이 있습니다. 이런 자신의 근거는 바로 '하나하나 이해시키기'입니다. 1이 있고 2가 있는데 이걸 합하면 3이 된다는 이야기처럼, 하나하나의 구성을 설명하고 이해시킨 뒤 우리가 요구하는 큰 그림을 스스로 그릴 수 있도록 만드는 것이 제 장점입니다. 단점은 되묻는 성격입니다. 한 번에 많은 것을 이해하지 못할 때가 있어 자주 되묻곤 합니다. 한 번에 말하고 끝나는 것을 원하는 사람들에겐 환영받지 못하는 성격입니다.

실전 작성하기

영국에서 배낭여행 중 숙소를 구하지 못한 채 새벽에 길을 걷는데 한 노숙인이 제게 돈을 요구하며 시비를 걸었습니다. 흉기는 가지고 있지 않았지만 상황은 심각했습니다. 하필 주변에 경찰서도 보이지 않았고, 큰 짐가방을 메고 있어 이동속도가 빠르지 않았습니다. 대책이 필요했습니다. 급한 대로 빠른 걸음으로 길을 걷고 있는데 호텔을 발견하고 해결책이 떠올랐습니다. 급히 호텔로 들어갔습니다. 안내데스크에는 아무도 없었기 때문에 노숙인이 저를 따라 뛰어 들어왔습니다. 급하게 소리를 치자 안에 있던 숙박객들이 로비로 나와 저를 쳐다보았습니다. 짐가방을 멘 저와 그 뒤의 노숙인을 보자 다들 상황 파악이 됐는지 노숙인을 비난했습니다. 그리고 한 분이 경찰에 전화를 하며 상황을 마무리 지을 수 있었습니다.

실전 작성하기

실전 클리닉

→ 순발력을 확인할 수 있는 내용임은 분명한데 책임감에 관한 내용을 찾기가 어렵다. 질문에 대한 답변에 맞출 수 있도록 내용을 다시 확인해야 한다. 질문에 대해 정확하게 답변을 못 하면 읽는 사람은 지원자가 부정확한 사람이라고 인식한다.

⊙ 직무를 수행하는 데 애
국심은 당연히 중요하다.
자신이 스스로 할 수 있는
윤리적 덕목이 무엇인지 살
펴보자. 사소한 행동도 애
국심에 해당된다. 반드시
커다란 행동만 해당되는 것
이 아니다.

질문 04	지원자가 지원한 분야의 직무를 수행하는 데 반드시 갖추어야 할 윤리적 덕목 한 가지와 그 이유를 설명하여주십시오. (400자)

애국심입니다. 한국수출입은행은 타국의 원조나 국제협력을 도모합니다. 이런 일들은 지구촌 화합과 평화를 위해 꼭 필요한 일입니다. 하지만 그전에 기반이 돼야 하는 가치로 애국심이 있어야 한다고 생각합니다. 우리는 장기적으로 국가에 도움이 되기 위한 일을 하는 것이기 때문입니다. 유상원조를 하더라도 우리나라의 수지타산을 분명히 따지고 들어가야 합니다. 정부 사이의 이익을 기반으로 하는 협력은 더할 것이라고 생각합니다. 국제협력에 앞서 협상을 이끌고 리드하는 것이 곧 그 협상에서 우리나라의 이득을 최대한 챙기는 행위라고 여기고 있습니다.

실전 작성하기

한국농수산식품유통공사aT

수행 업무를 작성하는 항목은 지원 기관을 꼼꼼하게 조사해야 한다. 그것을 자신의 역량과 맞춰서 작성해야 적합한 자소서다. 함께 일하고 싶지 않은 사람에 관한 문항으로 지원자의 인성, 태도, 대인관계 스트레스 등을 모두 확인할 수 있다. 이러한 문항은 과거 유사한 사례를 기초로 작성해야 글을 쓰기 쉽다. 절제는 자기 통제력, 인내심과 연결되며 과거 실수했던 사례를 극복하거나 대비했던 노력을 적어야 자신의 성향을 명확하게 보여줄 수 있다.

실전 클리닉

➡ '저는 식품산업 육성~' 으로 첫 문장을 시작하고 다양한 대외활동 가운데 특정 사례를 골라서 자세히 적어야 한다. 사례를 구체적으로 적은 다음. 업무를 아는 대로 연결하는 편이 좋다. 현재 글은 포괄적인 내용을 담고 있을 뿐이다.

질문 01 한국농수산식품유통공사가 수행하는 업무를 아는 대로 설명하고, 이 중 본인이 하고 싶은 업무와 그 이유를 기술해주십시오. (500자)

한국농수산식품유통공사가 수행하는 주요 업무는 농식품 유통의 틀을 개선해나가는 유통 개선 업무와 식량 수급을 관리하고 해외 식량자원을 조달하기 위한 수입정보망을 확보하는 수급 안정 업무, 농수산식품의 수출경쟁력을 확보하는 수출진흥 업무, 식품산업 육성을 위해 농수산식품 기업을 육성하고 식품산업 진흥 기반을 확충하는 식품산업 육성 업무로 나눌 수 있습니다. 저는 이 중에서 식품산업 육성 업무를 수행하고 싶습니다. 식품산업 육성 업무는 미래의 식품산업의 발전뿐만 아니라 국가경쟁력과도 연관성이 있는 중요한 사업 중 하나라고 생각합니다. 직접 이 일을 담당하며 식품산업의 발전을 위해 힘쓰고 국가경쟁력 향상에 기여하고 싶습니다. 또한 식품산업 육성 업무를 원활하게 수행하기 위해서는 유관기관과 협력체계를 구축하여야 합니다. 다양한 대외활동을 통해 팀워크를 발휘했던 경험과 동아리 기획부서에서 다른 부서와 협력관계를 구축해 프로젝트를 성공적으로 이끌었던 경험을 통해 업무를 원활하게 수행하겠습니다.

실전 작성하기

실전 클리닉

○ 일반적으로는 이해할 수 있는 내용이지만 자신과 타인이 겪었던 사례가 없어서 설득력이 떨어진다. 전반적으로 내용은 이해할 수 있는데 자신만의 구체성이 떨어진다.

저는 매사에 부정적인 사람과 함께 일하고 싶지 않습니다. 그런 사람과 같이 일하게 되었을 때는 우선 제가 솔선수범하며 긍정적인 에너지가 전달될 수 있도록 행동으로 보이겠습니다. 매사에 투덜대고 부정적인 시선으로 가득한 사람일지라도 주변 사람이 긍정적이고 파이팅 넘친다면 태도가 변할 수 있다고 생각합니다. 그럼에도 그 사람의 태도가 변하지 않는다면 조직생활에서 주는 영향도 무시할 수 없기 때문에 시간을 할애하여 그 직원과 진지하게 대화를 하겠습니다. 어떤 부분에서 매사에 불만이고 부정적인지 허심탄회하게 이야기를 해볼 것이고, 오히려 피하는 태도가 아니라 적극적으로 그 사람과 사적으로 만남도 가지고 취미생활도 공유하면서 스트레스를 함께 풀겠습니다. 조직생활에서는 저 하나만 잘해서는 조직이 원활하게 돌아갈 수 없다고 생각합니다. 팀워크와 협력정신이 무엇보다 중요하기 때문에 그 직원을 피하는 것이 아닌 대화와 취미생활 공유를 통해 긍정적인 에너지로 일할 수 있게 하겠습니다.

실전 작성하기

질문 03 본인에게 있어서 절제가 잘되지 않는 점이 무엇인지 기술하여보시고, 과거에 이를 위해서 어떤 대비책을 발휘하였는지 작성해주십시오. (500자)

저의 절제가 되지 않는 점은 생각이 많고 걱정이 많다는 점입니다. 신중하고 계획적이라는 장점도 있지만 생각이 너무 많아 결단력과 추진력이 부족하다는 단점도 있습니다. 어떤 일을 할 때 하기도 전에 생각이 너무 많고 완벽을 추구하다 보니 오히려 돌아오는 것은 스트레스와 부정적인 결과였습니다. 저는 이런 부분을 극복하기 위해 도전정신을 가지기로 하였습니다. 생각하고 걱정할 시간에 일단 행동으로 옮기면서 이런 부분들을 줄이기 위해 노력했습니다. 그 덕분에 국토대장정, 동아리, 캠프 등 다양한 대외활동을 망설임 없이 할 수 있었고 현재에도 망설이지 말고 도전하자는 도전정신은 제 생활신조 중 하나가 되었습니다. 또한 업무 수행에 있어서도 생각이 많은 제 단점을 극복하기 위해 중요도와 긴급도에 맞게 일을 분류하고 순위에 맞게 순서대로 일을 처리하는 대비책을 마련했습니다. 이렇게 일처리를 하니 생각이 많고 신중한 저의 단점을 극복할 수 있었습니다.

실전 작성하기

울산항만공사

직무분야의 중요성은 꼼꼼한 기관 조사가 필요하다. 문제해결력, 팀의 성과 향상 등은 기본적인 내용
인데 제한된 시간에 관한 사례는 시간(기간, 마감)을 기준으로 과정을 자세히 기술해야 읽는 사람이
그 관리 능력을 짐작할 수 있다. 성과에 너무 초점을 두면 자칫 시간을 가볍게 적을 수도 있다.

질문 01　조직이해_지원한 직무분야와 관련하여 지원자께서 우리 공사에서 수행해야 할 역할과 그 중요성에 대하여 기술하여주십시오. (250자)

기업의 현재 상황을 점검하고 진단함으로써 미래를 예측하는 회계라는 학문에 매력을 느꼈습니다. 그렇게 회계학과에 진학하게 되었고 실무적인 기술을 익히기 위해 세무회계, 전산회계운용사 자격증을 취득하였습니다. 회계 업무는 회사가 운영되기 위해 필수적인 부문입니다. 기업의 비즈니스 규모와 관계가 크고 복잡해지면서 기업회계의 투명성이 강조되고 있습니다. 전문적인 회계 업무 담당자가 되어 울산항만공사의 재정건전성을 강화하는 데 기여하겠습니다.

실전 작성하기

자동차 부품 제조업체에서 인턴사원으로 근무한 경험이 있습니다. 당시 회계 프로그램

교체 건으로 직원분들의 고충이 이만저만이 아니었습니다. 업무 혼선이 빚어질 것이 뻔

했기 때문입니다. 이를 위해 기존 프로그램과 신규 도입하게 될 프로그램의 공통점과 차

이점을 분류했고 어려운 부분은 프로그램 제조업체에 문의하여 최대한 쉽게 풀어 설명했

습니다. 이러한 과정을 거쳐 영상과 사진이 첨부된 매뉴얼을 만들었고 다른 직원분들께

프로그램 교육을 하기도 했습니다.

실전 작성하기

질문 03	대인관계능력_학교나 직장에서 팀을 이루어 성과를 내었던 경험을 기술하고, 그 과정에서 본인의 역할과 노력에 대해 서술하여주십시오. (250자)

캐나다 어학연수 중 반복된 일상에 지친 무기력한 제 모습을 발견한 적이 있습니다. 활력을 불어넣을 전환점이 필요했습니다. 당시 크리스마스가 얼마 남지 않았기에 지역 행사에 참여하자는 의견을 제시했습니다. 저는 행사 기획을 맡아 캐리커처, 헤나 문신, 플리마켓 등 다양한 이벤트를 제안했고 축제 관계자로부터 50석 규모의 부스를 얻었습니다. 지역 주민들의 반응은 뜨거웠고 3일의 축제 기간 동안 약 200달러의 수익까지 낼 수 있었습니다.

실전 작성하기

자원관리능력_제한된 시간에 높은 성과를 도출하기 위하여 효과적으로 시간을 관리하여 성공한 사례를 기술하여주십시오. (250자)

실전 클리닉

➲ 좋은 경험이다. 집중력이 높은 업무, 단순 업무가 무엇인지 한 단어라도 적으면 읽는 사람의 이해가 더 빨라질 것이다. 자소서에서 구체성은 꼼꼼하게 많이 적은 문장일 수도 있지만 한 단어로 이해할 수 있도록 만드는 것도 포함한다.

근무 중 집중력이 떨어지는 오후가 되면 업무 능률이 낮아짐을 느꼈습니다. 효율적인 시간 관리를 위해 다음의 조치를 취했습니다. 첫째, 집중력이 높은 오전 시간대에는 성과 업무에 집중하였고 오후엔 주로 단순 반복되는 업무를 배치했습니다. 둘째, 업무에 소요 시간을 기록해 평균값을 구한 뒤 해당 시간을 마감기한으로 설정했습니다. 셋째, 단순 반복되는 업무 중 성과가 나지 않고 시간만 소요되는 업무는 선임에게 건의해 업무 할당을 부탁했습니다.

실전 작성하기

한국농어촌공사^{kr}

지원 동기, 입사 후 포부, 인재상, 전문성에 따른 성과 달성은 기본적인 문항이다. 높은 수준의 목표는 자신이 과거에 했던 경험 가운데 시간, 노력, 비용 등을 많이 투자했던 것에서 찾아본다. 사람마다 목표는 주관적이고 차이가 있는데 이를 읽는 사람이 알려면 배경(상황)이 구체적이어야 한다.

질문 01	한국농어촌공사에 지원하게 된 동기와 입사 후 공사에서 어떤 업무를 왜 해보고 싶은지에 대해 기술하시오. (500자 이내)

저는 여름방학마다 할아버지와 할머니께서 운영하시는 포도 농장에 방문하여 6, 7월에는 포도 순과 덩굴손을 따는 일을 하고, 8월에는 포도를 포장하는 일을 하였는데 굉장히 힘들었습니다. 그래서 이렇게 힘든 일을 하시는 조부모님들을 보면서 단순히 일을 돕는 것이 아니라 편하게 일하실 수 있는 환경을 만들겠다는 목표가 생겼습니다. 또한, 최근 저탄소 정책과 전력 수요 증가로 인해 신재생 에너지와 에너지 저장 시스템 사업의 중요성이 커지면서 이에 대한 관심이 많았는데 한국농어촌공사가 이를 농업시설에 적용하는 사업을 진행하고 있었습니다. 한국농어촌공사에 입사하게 된다면 전력 계통에 대한 지식을 바탕으로 부하율과 설비용량을 고려한 보호 시스템을 설계하여 에너지 저장 시스템의 적절한 용량과 안전성을 확보하겠습니다. 이를 신재생 에너지와 연계한 농업시설을 구축하여 농업인들의 고충을 덜어드리고 싶습니다.

실전 작성하기

전문성과 장애인에 대한 존중은 자소서에서 찾을 수 있지만 '협력'하는 자세를 한눈에 파악하기는 쉽지 않다. 전체 내용을 아우르도록 제목으로 드러내거나 전문, 존중, 협력이 잘 드러나도록 사례를 점검하는 것도 고민해야 한다.

질문 02 자신이 왜 한국농어촌공사의 인재상(전문, 존중, 협력)에 부합되는 인물이라고 생각하는지를 기술하시오. (500자 이내)

작년 친구 두 명과 UCC를 만들었습니다. 먼저 소중함을 강조하기 위해 어떤 학생이 인터넷 강의를 듣던 중 정전으로 인해 선풍기와 형광등이 꺼진 상태로 공부하는 상황을 연출하였습니다. 그런데 어색한 연기, 갑자기 터진 웃음, 어긋난 정전 타이밍과 같은 실수로 인해 작업이 길어지면서 결국 완성도가 떨어진 작품을 제출하였습니다. 하지만 이때의 실패를 재도전의 기회로 삼으면서 올해에도 UCC를 만들었습니다. 먼저 한 학생이 불편한 사람들을 도와주는 장면은 다른 작품들과 비슷하지만, 마지막에 이 학생이 수화로 '나는 ○○○○○입니다'를 표현하면서 장애인은 도움을 받기만 하는 존재가 아니라는 메시지를 전달하였습니다. 그리고 장애인들이 보고 들을 수 있도록 자막과 음성 더빙도 추가하여 작년보다 완성도가 높은 작품을 만들 수 있었습니다. 이러한 저의 협력하는 자세는 한국농어촌공사의 인재상에 부합한다고 생각합니다.

실전 작성하기

질문 03 자신의 전문성을 통해 어떤 성과를 이루었는지 기술하시오 (500자 이내)

'스스로 해결하는 자세'

4학년 1학기에 팀원 두 명과 오픈소스 하드웨어인 '아틱'과 스마트폰으로 무선조종 자동차를 조종하는 것을 주제로 프로젝트를 수행하였고, 저는 부품을 구매하고 제어 코드를 작성하는 역할을 맡았습니다. 아직 개발 단계여서 기능을 구현하는 방법을 직접 찾아야 하는 아틱을 이용하지 않고 다른 제품으로 프로젝트를 진행하는 팀들이 많았습니다. 하지만 다른 제품들은 이미 완료된 프로젝트가 많으므로 이를 참고하지 않고 스스로 해결해야 의미가 있다고 생각하여 직접 송수신 코드를 작성하였습니다. 그리고 어느 날 항상 '1'이었던 출력값이 아주 짧은 순간 '0'으로 바뀌는 것을 발견하였습니다. 이를 텍스트 파일로 변환하여 살펴본 결과 수많은 '1'들 중에서 '01011'과 같은 신호가 섞여 있는 것을 확인하였습니다. 그리고 추가적인 실험을 통해 'ㄱㄱ'과 같이 문자의 길이로 신호의 길이가 달라지는 것을 확인하여 모두가 불가능하다고 생각한 아틱의 통신 기능을 가능하게 만들었습니다.

[실전 작성하기]

실전 클리닉

➡ 적절한 사례를 잘 작성한 자소서다. '그리고 ~ 생각하였습니다'는 없어도 되는 문장이다. 책을 보고 감명을 받아서 자신이 바뀌었다는 내용은 그 인과관계가 명확해야 읽는 사람이 솔직하다고 느낀다.

> 질문 04 높은 수준의 목표를 설정하고 이를 달성하기 위해서 노력했던 경험에 대해 기술하시오. (500자 이내)

'하버드생으로부터 배운 진짜 노력'

지난 5월에 전기기사 취득을 목표로 설정하고 공부를 시작하였습니다. 처음에는 '수전설비 결선도'라는 것을 보고 공황에 빠지면서 내용이 눈에 들어오지 않았습니다. 하지만 이처럼 무기력한 상태를 벗어나게 해준 것이 바로 《하버드 새벽 4시 반》이라는 책입니다. 이 책을 통해 하버드생의 '진짜 노력'과 저의 '가짜 노력'을 비교해보았더니 시험에 대한 모든 고민거리가 사라지면서 시험에 대한 관점까지 달라졌습니다. 이때가 시험일까지 약 1개월 정도 남은 상황이었는데 1개월이 43,200분으로 보이기 시작한 것입니다. 그리고 이렇게 많은 시간을 낭비하지 않고 공부에만 집중한다면 뭐든지 해낼 수 있다고 생각하였습니다. 이렇게 43,200분 동안 공부한 결과 저는 수전설비 결선도조차 모르는 학생이 아니게 되었습니다. 오히려 시험을 보기 일주일 전에는 '시험 오늘 봐도 붙겠다'라고 생각할 정도로 자신감이 넘치는 학생으로 바뀌면서 실기시험에 합격할 수 있었습니다.

실전 작성하기

한국장학재단

지원한 계기는 입사동기를 말한다. 차별화된 기술은 자신의 경험이나 경력에서 가장 먼저 내세울 수
있는 점에 초점을 두고 글을 쓴다. 새로운 아이디어를 발휘한 경험은 아이디어를 얻은 방법(계기) 등
을 언급해야 읽는 사람이 그 과정을 떠올릴 수 있다. 주어진 이상의 과업을 수행한 경험은 그 과업이
어떤 것이었는지 상황을 구체적으로 적는다. 마지막으로 타인에게 신뢰를 얻은 사례는 주관적인 것보
다 객관적으로 인정받을 사례를 찾아본다.

질문 01	한국장학재단에 입사지원을 해야겠다고 결심하게 된 계기는 무엇인지 구체적으로 기술 해주십시오. (500자 이내)

'누구나 자신의 꿈을 펼칠 수 있도록'

장학 및 학자금 관련 업무를 맡아 취약계층을 돕는 한국장학재단의 행복 지킴이가 되고 싶습니다. 대학 시절, 아버지께서 사업을 접으신 후 한동안 수입이 없어 등록금 마련조차 힘들었던 적이 있습니다. 이러한 경험을 통해 어려운 환경에서 공부하는 수많은 학생들의 고달픔을 절실히 이해하게 되었고, 또 달래주고 싶었습니다. 현재 교육비 부담이 꾸준히 상승하면서 학비 마련이 더욱더 힘들어지고 있습니다. 이런 환경에서 학생들에게 꼭 필요한 장학 및 학자금 제도를 구축하는 것에 앞장서고자 한국장학재단에 지원을 결심하였습니다. 이를 위해 입사 후, 상황별·소득별로 고객의 니즈를 파악하여 고객 맞춤형 학자금 서비스를 실현하겠습니다. 더불어 국가장학금 이외에도 현재 진행 중인 다양한 장학 및 학자금 사업을 홍보하여 학생들의 서비스 이용률을 높이겠습니다. 더 많은 사람이 따뜻한 미래를 꿈꾸는 그 날까지, 가장 낮은 자세로 함께하는 행복 지킴이가 되겠습니다.

실전 작성하기

질문 02	재단의 직무를 수행함에 있어 본인이 가지고 있는 차별화된 경쟁력이 무엇인지 기술해 주십시오. (500자 이내)

저만의 차별화된 경쟁력은 철저한 분석력입니다. 고객에게 맞춤형 장학 및 학자금을 지원하기 위해 정확한 사전분석은 필수입니다. 자동차부품 업체 해외영업 인턴 시절, 시장과 바이어의 니즈를 분석하여 좋은 성과를 낸 경험이 있습니다. 우선 목표 시장인 남미 지역을 조사했습니다. 한국무역통계, 코트라 등의 통계자료를 찾으며 한국차 수출 현황 및 부품 수요 등을 파악했고, 이에 맞는 전략을 수립했습니다. 그리고 바이어의 니즈를 정확히 파악하고자 했습니다. 비즈니스 SNS를 통해 바이어의 관심 브랜드와 품목을 끊임없이 분석했고, 해당 품목을 강조하여 맞춤형 홍보 메일을 보냈습니다. 이후 제품 문의가 현저히 많아졌고 결국 1,000만 원 상당의 계약을 체결하는 쾌거를 이룰 수 있었습니다. 인턴 경험을 통해 쌓은 밑거름을 바탕으로 한국장학재단에서도 고객의 소득 수준 및 요구사항을 철저히 분석하여 고객 중심의 중장기 계획을 수립하겠습니다.

실전 작성하기

좋은 경험을 잘 서술한 자소서인데 '현저히', '쾌거' 라는 단어보다 더 객관적이고 중립적인 표현이 낫다. 비즈니스 SNS를 구체적으로 적어야 읽는 사람이 더 잘 알 수 있다.

질문 03	타인으로부터 큰 신뢰를 받은 경험이나 새로운 아이디어를 가지고 자신만의 창의적인 아이디어를 발휘하였던 경험을 기술해주십시오. (500자 이내)

'따뜻한 마음, 최선의 노력으로 얻어낸 신뢰'

영어통역 담당으로 참가했던 국제보트전시회에서 곤란을 겪고 있는 바이어를 도와 주변 사람들로부터 큰 신뢰를 얻은 경험이 있습니다. 당시 영어를 전혀 못 하는 스페인 바이어가 부스 장식 문제로 한국 업체와 소통에 어려움을 겪고 있었습니다. 제 담당은 아니었지만, 멕시코 교환학생 시절 배운 스페인어로 작게나마 도움을 드리고자 먼저 다가갔습니다. 통역이 가능한 범위 내에서는 최선을 다했고, 부족한 부분은 사전과 번역기까지 동원하여 적극적으로 도와드렸습니다. 그 결과 덕분에 무사히 일을 마칠 수 있었다며 고마움을 표하셨고, 더불어 주최 측으로부터 큰 신뢰를 얻어 통역 업무 제의까지 받을 수 있었습니다. 최상의 서비스는 사소한 것 하나까지 고객을 배려하고자 하는 마음에서 시작된다고 생각합니다. 고객의 불편함을 가장 먼저 파악하고 이를 개선하기 위해 끊임없이 노력하여 국민에게 신뢰받는 일등 공기업이 되는 것에 기여하겠습니다.

실전 작성하기

질문 04	공동과제 수행 시 자신에게 주어진 과업 이상을 했던 경험이나 일을 추진하는 데 있어 타인과의 협력을 통해 큰 성과를 거두었던 경험을 기술해주십시오. (500자 이내)

'모든 일을 내 일처럼'

어떤 일이든 항상 내 일처럼 여기고, 그렇게 행동하고자 하였습니다. 중소기업 인턴 시절, 불량 제품에 대한 고객 클레임을 해결하기 위해 모두가 고군분투했던 적이 있습니다. 임시방편으로 당장의 클레임만 해결하고 끝낼 수도 있었지만, 근본원인을 찾고 이를 개선하기 위해 끊임없이 고민했습니다. 그리고 근본원인인 전산 재고와 현장 재고의 불일치를 줄이기 위해 2개월 동안 동료들과 함께 뛰어다녔습니다. 6개의 창고에서 각 재고의 수량과 위치 등을 하나씩 체크했고, 본래 위치와 다른 곳에 있는 제품들을 모두 제자리로 옮겼습니다. 이를 통해 고객과의 약속을 번복할 일이 현저히 줄었고, 자연스레 고객 만족도를 높일 수 있었습니다. 분명한 문제의식을 느꼈다면 이를 개선하기 위해 할 수 있는 최선의 노력을 다해야 한다고 생각합니다. 이를 바탕으로 한국장학재단에서도 주인의식을 갖고 조직을 위해 애정을 쏟는 사원이 되겠습니다.

실전 작성하기

'모든 일을 내 일처럼' 보다 '분명한 문제의식'에 어울리는 내용이다. 내용을 모두 적고 제목을 마지막까지 고민하는 것이 업무 적합성을 높이는 방법이다. '현저히'와 같은 형태의 강조어보다 수치를 사용하면 더 분명하다.

질문 05	경험기술서_입사지원서에 기술한 직무 관련 기타 활동에 대해 상세히 기술해주시기 바랍니다. 구체적으로 본인이 수행한 활동 내용, 소속 조직이나 활동에서의 역할, 활동 결과에 대해 작성해주시기 바랍니다. (600자 이내)

'아이들에게 더 많은 온정을'

대학 시절, 따뜻한 사람들의 모임이라는 봉사동아리에서 '인재 육성'과 관련된 경험을 한 적이 있습니다. 대구 아동복지센터에서 육아 보조 및 교육 봉사를 담당하며, 프로그램 운영 및 소통 능력을 키웠습니다.

첫째, 아이들에게 체험 기회를 만들어주기 위해 다양한 교육 프로그램을 기획했습니다. 아이들의 특수한 환경상 여러 가지 경험을 할 기회가 턱없이 부족했습니다. 이를 위해 아이들과 함께할 수 있는 샌드위치 만들기, 연 만들기 등 다양한 놀이 프로그램을 팀원들과 함께 기획하였습니다.

둘째, 교육 봉사를 하며 아이들과 마음으로 소통하기 위해 노력했습니다. 초등학생 아이들이 공부에 흥미를 느낄 수 있도록 다양한 의성어와 함께 칭찬을 해주었고, 아이들의 눈높이에 맞춰 수업을 진행하였습니다.

이러한 프로그램을 통해 아이들과 더욱 가까워질 수 있었고, 함께 있는 시간 동안 아이들에게 많은 추억을 선물해줄 수 있었습니다. 현재 한국장학재단에서 진행 중인 멘토링 사업을 바탕으로 더 많은 사람이 재능 기부를 통해 사회에 봉사할 수 있도록 돕는 든든한 지원군이 되겠습니다.

한국석유공사 KNDC

인생 목표부터 실패에서 성공한 경험까지 적는 문항은 지원자 개인을 잘 드러내야 한다. 이와 다르게 타인과 의견 대립(의사소통), 자기희생은 일정한 사례를 꼼꼼하게 적어야 읽는 사람이 납득한다. 입사 후 목표와 계획은 기본적인 문항이지만 회사가 왜 지원자를 채용해야 하는지를 묻는 문항은 결국 차별화된 점을 묻는 것이다. 단순한 문항이 많지만 그만큼 대답하기가 까다롭기에 지원 전부터 많은 준비가 필요하다.

세계적으로 경쟁력 있는 석유공사에서 토목을 시작한 계기를 잃지 않고 사람들에게 따스한 빛과 희망을 줄 수 있는 수리, 지질 전문가가 되고 싶습니다.

실전 작성하기

12년간 개근상을 받은 성실함, 어린 시절 배운 바이올린이라는 세심한 악기를 통해 몸에 밴 세심함, 좌절하지 않고 포기하지 않는 도전정신

실전 작성하기

석유의 안정적 공급을 통해 국민에게 편안함을 제공해야 하는 '사명감', 국민에게 사랑받는 기업 '사랑', 새로운 가치 '창조'

실전 작성하기

질문
04 자신이 소중하게 생각하는 세 가지

주어진 일에 대한 책임감, 공동체의식, 지속적으로 할 수 있는 성실함

실전 작성하기

질문 05 타인이 가지고 있지 않은 자신만의 장점 두 가지

첫째, 개인을 존중하고 각자의 전문성을 인정하는 자세로 소통을 이끌어냅니다.

둘째, 끊임없이 새로운 업무에 도전하고 목표를 달성하려는 열정이 있습니다.

뚜렷한 목표 설정, 도전하는 도전정신

실전 작성하기

질문 06 자신이 고쳤으면 하는 점 두 가지

첫째, 약속 시간을 반드시 지키고자 하는 마음이 조급함으로 변하는 경우가 있습니다.

둘째, 업무에 대한 욕심으로 무리한 계획을 수립하는 경우가 있습니다.

하나에 집중하면 다른 것에 소홀해지는 점, 세부적인 치밀함이 전체 일정을 망가뜨리는

점들을 일, 주, 월 단위의 플래너 스케줄 관리를 통해 고쳐나가고 있습니다.

실전 작성하기

실전 클리닉

↪ 제목과 내용의 관련성
이 떨어진다. 차라리 '업무
분담. 책임감. 열정'으로 제
목을 구성하는 편이 낫다.
제목을 잘 적어야 읽는 사
람이 짧은 시간에 명확하게
이해할 수 있다.

> **질문 07** 여러 번의 실패에도 불구하고 포기하지 않고 도전하여 성공한 경험을 기술하여주시기 바랍니다.

'좌절은 어떠한 사치보다 사치이고 포기는 패자의 특권'

"한 번 잘~해봐."

'빗물의 재이용'이라는 논문 주제를 선택하고 처음으로 만난 담당교수님께 들었던 소리
였습니다. 교수님으로부터 부담 갖지 말고 유도리 있게 논문을 수행하라는 지시를 받았
지만, 겨우 한 학기 동안 하는 논문일지라도 저희들의 이름을 건 논문이기에 최선을 다하
고 싶다는 생각이 들었습니다. 그래서 팀원들끼리 오랜 시간 진행방법에 대한 논의 끝에
실험팀과 저를 중심으로 하는 조사팀, 이렇게 둘로 나누고 서로 피드백을 해주며 진행하
기로 하였습니다.

"땀으로 얻은 결론"

역할을 분담하였기에 제가 맡은 분야는 확실히 해야겠다는 책임감으로 한 달간 꾸준히
방과 후에 길거리, 대학교 등 사람이 많은 곳이면 어디든지 돌며 현장에서 설문자료와 인
터뷰자료 등을 수집하였고, 또한 수자원공사와 한국전력공사 등에도 지속적으로 연락하
여 자세한 요금과 현재 사용량 등을 조사하였습니다. 결과는 대성공이었습니다. 열심히
뛰는 저희들을 보며 바쁜 업무에 신경 쓰지 못하시던 교수님께서 매일 30분씩 조사한 내
용에 대한 진심어린 피드백과 나아가야 할 방향 등을 알려주셨습니다. 결국 생각했던 것
보다 높은 퀄리티로 논문을 마무리하여 타 교수님들 앞에서 완벽히 프레젠테이션을 할
수 있었습니다.

실전 클리닉

➡ 연주자의 불평. 상반된 의견 등의 사례를 구체적으로 적는 것도 좋다. '무대 위의 ~ 의견 충돌이 있습니다'는 굳이 쓰지 않아도 된다. 자신을 더 드러내는 문장으로 적어야 한다.

> **질문 08** 타인과 의견이 대립되어 문제가 발생한 경우를 기술하고 그 문제를 해결하기 위해 본인이 어떤 노력을 하였는지 서술해주시기 바랍니다.

'대화와 소통의 중요성'

"All for one, One for all!!"

저는 대학 시절 관현악 동아리의 지휘자를 맡으면서 30명에 이르는 연주단원들과 호흡하며 하나의 음악을 이루어가는 과정을 생활화하였습니다. 무대 위의 관현악 공연은 겉보기에는 웅장하고 아름다워 보이지만 그것을 이루기 위한 과정은 수천 번의 연습과 수백 번의 의견 충돌이 있습니다.

지휘자 겸 리더로서 연주자들이 믿고 따를 수 있도록 단체 연습이 끝나고 혼자 남아 2~3시간씩 더 지휘 연습을 하였고, 연주자들의 불평이 있을 시에는 즉시 대화와 소통을 통해 해결했습니다. 의견이 상반될 경우 합의점을 찾아 한 사람의 일방적인 희생이 아닌 각자의 희생을 통해 최적의 결론에 도달하였습니다. 이러한 객관적이고 빠른 해결안으로 큰 문제 없이 1년 동안 오케스트라 팀을 이끌어왔습니다.

이렇게 완성된 하나의 마음을 통해 공연 무대에서 사람의 심금을 울리는 하모니를 뿜어낼 수 있었고, 500여 명의 관객에게 큰 박수와 호응을 얻어낼 수 있었습니다. 이를 통해 한 사람의 열 걸음보다 열 사람의 한 걸음이 정말 값지다는 것을 온몸으로 깨달을 수 있었습니다.

▶ '보석의 아름다움~'이
라는 제목보다 봉사활동을
하면서 느낀 감정이나 생
각을 제목으로 만드는 것이
좋다. 내용과 제목이 불일
치하면 읽는 사람은 일관성
이 떨어진다고 느낀다.

질문 09   **자신의 희생을 감수하면서도 타인을 위해 희생했던 경험에 대해 서술해주시기 바랍니다.**

'보석의 아름다움보다는 인격의 아름다움으로 장식되고 싶습니다'

3학년 1학기, 전공 수업을 듣기에도 벅차지만 시립산수도서관 봉사단에 등록을 하였고 도서관에서 후원하는 고아원 및 양로원 방문을 통해 저의 따뜻한 손길을 그분들에게 내밀었습니다. 2010년 7월에는 성빈고아원에서 봉사활동을 하던 중 멘토링에 참여하였습니다.

제가 담당한 친구는 영어를 배우고 싶어 했던, 조부모와 함께 사는 중학생이었습니다. 매주 주말 약속된 시간에 그 친구와 만나 영어 공부를 했고, 가끔은 그 친구가 보고 싶어 하던 공포영화를 같이 보거나, 삼겹살을 먹으며 형동생같이 지냈습니다.

한 학기 동안의 학습 지도를 통해 father, mother도 못 쓰던 그 친구가 문제집에 영어 답을 쑥쑥 써내려 갈 때면 선생님이자 형으로서 큰 보람을 느꼈습니다. 비록 4학년 1학기의 중요한 시간에 활동해 학업에 전념하지 못했지만 혼자만이 아닌 남을 생각하고 '더불어 사는 삶'을 글이 아닌 온몸과 마음으로 이해한 것은 제가 봉사활동을 하며 얻은 제 미래의 역량입니다.

실전 클리닉

'최대한', '항상', '누구보다도'와 같은 수식어는 빼자. 큰 것보다 자신이 할 수 있는 작은 것을 생각해서 자신을 소개하려는 노력이 필요하다. 내가 할 수 있는 작은 것이 결국 회사의 발전으로 이어진다. 커다란 것을 소개하려는 생각보다 작지만 미처 놓치고 있었던 사실을 찾아보자.

> **질문 10**
> 귀하를 채용할 경우 공사가 갖게 되는 경쟁력에 대하여 기술하고, 입사 후 목표와 그 목표를 위한 계획을 기술하여주시기 바랍니다.

10년 후, '세계에 우뚝 선 석유공사!'라는 기사가 실릴 수 있도록 이바지하는 인재로 성장할 것을 약속드립니다.

첫째, 조기전력화

입사 후 2년 내에 실질 업무에 필요한 노하우를 최대한 체득하겠습니다. 함께 일하는 선배들에게 조언을 구하고, 노트를 만들어 저만의 노하우를 축적할 것입니다. 탄탄한 저만의 데이터베이스를 구축하여 실수를 최소화하고 업무의 효율성을 높임은 물론, 끊임없는 자기개발과 어학 공부를 지속적으로 하는 한편 동료들에게도 도움이 되는 정보를 제공하겠습니다.

둘째, 소통과 협업의 선봉

어느 정도 업무 전반에 대한 경험을 쌓고 나면 이를 더욱 효과적으로 사용하기 위해 항상 사회 전반의 흐름과 소비자 니즈의 변화를 놓치지 않도록 눈과 귀를 열고 학습하겠습니다. 또한 팀원들과의 소통을 활발히 하여 저의 위치에서 다양한 업무를 자연스럽게 조율해갈 수 있도록 인간적인 접근에 소홀하지 않을 것입니다. 이러한 노력들을 통해 타사와 차별되는 기획을 창출하는 데 이바지하도록 하겠습니다.

셋째, 석유공사의 수리, 지질 전문가로서의 자리매김

종국에 저는 석유공사의 수리, 지질 전문가로서 시장과 업무에 대해 누구보다도 전사적으로 잘 파악하고 정량적이고 객관적인 평가와 신속하고 완벽한 관리를 이끌어갈 수 있는 인재가 되어 있을 것입니다.

CHECK 1 _자소서 최종 점검 리스트

공기업 자소서 샘플을 보면서 그 문항마다 작성해봤다면, 이제 자신이 작성한 문항을 아래 질문에 따라 하나씩 점검해야 한다. 점검(퇴고)하지 않고 제출하면 큰 실수를 불러올 수 있기에 제목, 단락, 역량, 경험과 경력, 논리적 문제, 설득력, 적절성, 허위 과장, 명확성, 면접을 대비해서 작성했는지 여부를 되짚어 본다.

자소서 최종 체크리스트

📢 이 체크리스트는 자소서, 면접을 스스로 준비할 때나 그룹 스터디를 할 때 서로 확인하면서 사용할 수도 있다.

1. 제목을 잘 잡았는가?

2. 단락을 잘 구분했는가?

3. 자기 역량이 잘 드러나는가?

4. 직무를 수행할 수 있는 경험이나 경력이 담겨 있는가?

5. 논리적으로 비약이나 허점은 없는가?

6. 지원 직무와 관련 있는 내용이 설득력이 있는가?

7. 적절한 사례나 성과가 있는가?

8. 허위, 과장된 부분은 없는가?

9. 단문으로 명확하게 의미를 전달하고 있는가?

10. 면접할 때 이 내용을 잘 설명할 수 있는가?

직무 전달력, 관련성, 구체성, 사실 중심 말하기, 체계성, 오류 과장, 정량적 근거, 직무 적합성, 명확성, 형식성은 앞의 체크리스트와 비슷하다. 마찬가지로 면접을 준비할 때도 이 점검 항목을 그대로 응용할 수 있다.

자소서 10가지 점검표

1. 직무에 적합한 사실을 전달하고 있는가?

2. 직무와 관련성이 높은가?

3. 직무에 적합한 구체적 내용이 있는가?

4. 사실 중심으로 서술되었는가?

5. 체계적으로 말하고 있는가?

6. 논리적 오류나 과장은 없는가?

7. 정량적 근거를 제시했는가?

8. 주장한 근거가 직무에 맞는가?

9. 명확하게 생각을 밝혔는가?

10. 형식(규정)에서 틀린 것은 없는가?

면접 5장

블라인드 면접,
한번에 잡기

남들의 눈으로 자신을 관찰하라.
- 로버트 번즈

1 블라인드 면접의 핵심, 면접관 파악

블라인드 채용, 즉 열린 채용은 학력이나 연령 등 각종 제한에 묶인 지원자에게 기회를 제공하는 것이 특징이다. 기업도 직무에 적합한 인재, 실무형 인재를 원하기 때문이다. 영업 실적이 중요해지면서 과거 관리 업무를 잘하는 사람보다 직무를 바탕으로 경쟁을 잘할 수 있는 사람을 기업도 원하고 있다.[T]

이에 과거부터 대기업은 독자적으로 개발한 시험이나 채용 절차를 진행하고 있다. 그 가운데 가장 큰 변화를 겪은 것이 바로 면접이다. 지원자의 태도와 내용을 면접관이 직접 살펴보면서 판단력, 지식, 경험, 성격 등을 종합적으로 판단할 수 있기 때문이다.

면접은 지원자에게 자신이 지원한 직무에 적합하다는 것을 보여줄 기회를 제공하고 면접관에게는 인재상 평가에 필요한 정보를 제공한다. 지원자와 면접관은

블라인드 채용에서 서류와 면접 단계

단계	유형	내용
서류	무서류 전형	최소 정보만을 포함해 지원서를 받는다. 선발 기준으로는 활용할 수 없다.
	블라인드 지원서	최소 정보를 수집하고 선발 기준으로 활용할 수 있다.
면접	블라인드 면접	면접관이 사전자료 없이 면접을 진행한다(편견 제거).
	블라인드 오디션	작업 표본, 시뮬레이션 등으로 지원자의 역량을 평가한다.

서로 상호작용한다는 점에서 지원자가 당당하게 자신을 드러내면 면접관에게서 좋은 평가를 유도할 수 있다.

면접관은 어떤 사람을 뽑고 싶어 할까? 면접관의 질문에는 어떤 의도가 있을까? 블라인드 채용은 이처럼 면접관을 파악하는 것에서부터 시작된다.

면접관은 부적격자 채용의 실수를 줄이고 싶어 한다

기관이든 기업이든 인재 채용은 매우 중요하며, 잘 다듬어진 지원자보다 잠재력과 가능성을 지닌 사람을 찾는 것이 더 중요하다는 인식이 확산되었다. 스펙보다 조직의 핵심가치, 조직문화에 적합한 인력을 선발하는 것이 지원자와 기업(조직) 모두에게 유리하기 때문이다. 중요한 것은 부적격자가 선발되는 것을 예방하고 좋은 인재가 탈락하는 것을 방지하는 것이다.

지원자의 태도가 부정적이고 에너지가 적다면 당연히 면접에서 떨어진다. 부정적 태도에 긍정적인 에너지를 갖고 있다면 냉소자로 다른 구성원들에게 좋지 않은 영향이 미칠 수 있다. 반면 태도는 긍정적이지만 에너지가 적으면 방관자로 직접 뛰어들지 않고 불구경만 할 수 있다. 태도가 긍정적이고 에너지가 높으면 핵심인재로서 MVP다.

블라인드 채용은 적합한 인재를 뽑기 위한 체계적 선발 시스템으로 정확한 역량 선정, 그 역량을 바탕으로 인재를 구별할 수 있는 선별도구 개발, 선별도구를 제대로 운영할 수 있는 인재 양성이 중요하다. 이미 일부 대기업에서는 지원서에 기본 인적사항만 기재하고 면접에서 어학점수 등을 묻지 못하도록 하거나, 집단토론면접 등으로 직무능력을 검증하고 있다. 블라인드 채용에서 면접관은 제대로 직무능력을 검증해 부적격자를 골라내겠다는 마음이 강하다.

최고의 인재보다 최적의 인재를 뽑으려고 한다

최고의 인재를 선발하는 것이 중요했던 시기가 있었지만 직무적합성을 중시하는 블라인드 채용에서는 최적의 인재가 더 핵심이다. 최고의 인재를 선발해도 조기 퇴사하는 일이 자주 발생하면서 조직 업무에 잘 맞는 사람이 더 오래 간다는 인식이 생겼기 때문이다. 이에 지원자가 회사에 입사하고 조직의 중점 사업을 주도할 수 있는 역량이 있는지에 관심을 보인다. 특히 공공기관은 직업윤리에 대해 잘 알고 있거나 지키려고 하는 사람을 선호한다. 이렇게 역량이 갖추어진 사람이 조직에서 전문성을 발휘할 가능성이 높다.[T]

면접관의 반응을 읽어야 한다

면접관이 질문할 때 억양, 표정, 성량 등을 살피면 질문의 의도를 파악하는 데 당연히 도움이 된다. 잘 이해하지 못해서 묻는 것인지, 명확히 더 알고 싶어서 묻는지, 나에게 호의적인지 그렇지 않은지를 느낄 수 있다. 면접관의 정보를 파악하는 과정에서 중요한 것은 시각과 청각, 촉각 등이다. 단순히 면접관의 인상만 보는 것이 아니라 주의 깊게 행동을 관찰해 어떤 유형인지 알아야 한다. 유형을 파악해 어떤 인식을 하고 있는가를 그려보는 것이 중요하다. 면접관의 질문을 귀담아듣고 의도를 파악하여 면접관의 머릿속에 문제해결방법이 그려지도록 답변을 해야 한다.[T]

어떤 질문을 받더라도 침착함을 끝까지 유지해야 하며, 침착함을 계속 유지할 수 있는 비결은 직무적합성에 관한 모의 질문과 답변을 꾸준하게 연습하는 것뿐이다.

면접관을 사로잡는 자존감, 열정, 안정감으로 당당해져라

면접관은 수많은 사람을 인터뷰한다. 그래서 눈 깜짝할 사이에 면접 대상자를 어느 정도 파악한다. 서류전형을 통해 뽑은 사람이지만, 단순히 그 사람이 쓴 서류를 전적으로 신뢰하지 않는다. 무엇보다 면접관 앞에 선 면접 대상자의 자세를 중요시한다.

면접관들에게 주목받기 위해서는 인식의 전환이 필요하다. 방어적인 자세는 전체적인 면접 분위기를 깨뜨릴 수 있다. 내가 면접을 당하는 것이 아니라 면접을 주도해야 한다. 그럼에도 실제로는 채용담당자의 무게에 압도당하는 것이 사실이다.

채용담당자를 사로잡는 면접의 세 가지 법칙을 알아보자.

첫째, 자존감을 키워라.

자신이 겪은 일을 섞어서 이야기하자. 그것만큼 자존감을 높이는 것은 없다. 면접에서 실패하는 사람들에게 물어보면 대부분 긴장했다거나 자신감이 부족해서 떨어졌다는 말을 많이 한다. 그리고 자신이 하고픈 말도 다 하지 못했다고 분통을 터트린다. 이는 면접을 너무 어렵게 생각했기 때문이다.

진실할 때 진정성을 확보할 수 있다. 진솔한 느낌을 전달하도록 자기 경험을 섞는 게 중요하다. 점점 엄격해지는 현대 기업의 인력 시스템에서 자존감과 진정성은 매우 중요한 덕목이 될 것이다. 자존감이 낮거나 그렇게 보이는 사람을 굳이 채용할 이유가 없다.

둘째, 열정을 터트려라.

면접장에서 가만히 있는 것은 절대로 중간을 가지 않는다. 면접은 자신의 경쟁력을 직접 보여주는 하나의 무대다. 자기 인생을 다 이야기할 수는 없지만 면접관으로 하여금 자신의 답변에 몰입하도록 분위기를 조성해야 한다. 질문의 요지를 파악하고 우선 '예' 또는 '아니오'라고 결론을 이야기한다. 지나치게 자신의 장점만을 부각시키는 것은 오히려 채용담당자를 혼란스럽게 한다. 의외로 자기 경쟁력이 무엇인지 명확하게 인식하지 못하는 지원자가 많다. 전체적으로 핵심을 이야기를 하는 사람이 좋은 인상을 남길 수 있다는 사실을 기억하자. 무엇보다 면접을 하는 동안 열정을 깨워서 터뜨려보자.

셋째, 안정감을 가져라.

편안하게 그 자체로 자리잡는 신뢰성을 주어야 한다. 평소 자신의 모습을 그대로 보여준다는 마음이 제일 중요하다.ᵀ 면접을 받다 보면 간혹 아예 모르는 용어가 나와 당황하는 지원자를 심심치 않게 본다. 신뢰감을 떨어뜨리는 것보다 솔직하게 모르겠다고 하고, 다음 질문을 대비하는 것이 훨씬 좋다.

보이지 않는 곳에서 더욱더 주의해야 한다. 면접 대기시간에도 지켜보는 눈이 있기 마련이다. 그러니 소란스럽게 면접 대기 장소에서 잡담을 하는 것은 금물이

시종일관 차분한 태도로 면접에 임하는 자세가 무엇보다 중요하다.

다. 준비해온 노트를 읽거나 눈을 감고 마음을 정리한다. 이제 대한민국에서도 자신을 드러내고 표현하지 않으면 무엇이든 힘들어질 것이다. 지속적인 표현력을 기르는 것이 나의 미래를 결정하는 데 열쇠가 된다는 사실을 유념하자.

면접 준비에 시간을 들여라

보통 지원자들은 면접 기법을 제대로 배운 적도 없고 반복해서 연습한 적도 별로 없다. 단지 인터넷을 뒤져서 좋은 답변을 달달 외워서 면접을 보니 결국 탈락하고 만다. 면접관으로서 평가를 해보면 자신의 이야기를 하는지 답변을 외워서 하는지 구분할 수 있다. 외워서 하면 틀렸을 때 다시 처음으로 돌아가야 하는 경우가 생기기 때문에 티가 난다. 절대로 남의 답변을 외우지 마라. 차라리 시간을 여유 있게 두고 자소서를 작성하면서 면접 준비를 같이하자.

아직까지 블라인드 면접 기법에 대해 잘 아는 사람이 적어 과거 경험을 일반화하는 경우가 많다. 그런데 블라인드 면접 기법은 익히는 데 시간이 걸리며 직무적합성을 중시하므로 어느 정도 경험이나 경력이 쌓이지 않으면 준비 자체가 쉽지 않다. 단순히 말을 잘하고 화려하게 발표하는 것으로는 블라인드 채용에서 합격하기 어렵다.

블라인드 채용에서는 서류전형 시 채용에 불필요한 사진, 학력, 직무와 무관한 자격증 등을 기입하지 않아 직무 관련 요소에 집중할 수 있다. 지원자의 직무 관련 능력 평가를 위해 전보다 구체적이고 구조화된 강화 면접을 하기도 한다. 따라서 일상적이고 단편적인 대화가 아닌 직무 관련 요소에 초점을 두어야 한다. 단답식 질문이 아니라 답변에 대한 구체적인 후속질문(꼬리 질문)이 이루어지며, 주관적인 채점이 아닌 역량 평가기준에 따라 공정한 채점을 한다.

연습과 훈련으로 합격할 기회를 저버리지 마라

블라인드 채용에서는 과거 채용에서보다 연습과 훈련이 필수적이다. 시간을 들여서 세부적으로 노력해야 한다. 그 이유는 여섯 가지다.

1. 구조화: 훌륭하게 준비된 지원자는 책임 있게 균형 잡힌 모습을 보인다. 목소리나 태도 등으로 시간을 낭비하지 않으려고 한다.

2. 열정적: 지원자가 입사 동기를 열정적으로 이야기하지 않으면 면접관이 느낄 수가 없다.

3. 흡인력: 면접관을 끌어들이기 위해 면접 시간 동안 관계를 형성하고 상호작용을 할 필요가 있다.

4. 자연스러움: 지원자는 편안한 태도로 마치 대화를 나누는 것과 같은 느낌을 주어야 한다.

5. 면접관 이해: 훌륭한 지원자는 면접관에 대해서도 연구를 한다.

6. 발전: 연습하지 않으면 발전할 수 없다. 연습을 통해 지원자의 각종 기술이 제2의 천성이 되어 긴장 상황에서도 실패하지 않는다.

단순한 질문에 가장 많은 준비를 해라

"당신의 강점은 무엇입니까?"

"당신을 왜 채용해야 합니까?"

이런 질문은 단순하지만 답하기가 어렵다. 그렇지만 이 질문이야말로 가장 중요하기에 준비를 많이 해야 한다. 구체적이거나 직무에 관한 질문은 면접관과 지원자 모두 정해진 답을 알고 있기에 오히려 쉽지만, 이렇게 단순한 질문은 정답이 없어서 오래 전부터 준비하지 않으면 추상적으로 답변할 가능성이 높다. 다음과 같은 주제들이 가장 많이 나오므로 미리 연습해둔다.

1. 창의성: 거창한 것만 창의적인 것이 아니다. 기존의 것을 약간 다르게 했더니 좋은 변화를 가져온 사례도 포함된다.

   면접 질문 예: "지금까지 살아오면서 가장 창의적이라고 생각했던 것은 언제 무엇을 했을 때입니까?"

2. 도전 정신: 과중한 업무 처리, 달성하기 어려운 목표, 실패했지만 교훈을 얻었던 경험도 해당된다.

면접 질문 예: "지금까지 살아오면서 자신의 한계점에 도전한 경험이 있다면 언제 무엇을 했을 때입니까?"

3. **환경 감각:** 지원하려는 기관과 관련된 환경을 꼼꼼하게 조사한다. 그 환경은 오프라인과 온라인을 구별하지 않는다.

   면접 질문 예: "자신이 지원한 조직의 외부 환경을 얼마나 잘 알고 있으십니까?"

4. **혁신:** 자신이 사소한 것이라도 바꾸려고 노력했거나 변화를 유도한 경험을 말한다.

   면접 질문 예: "자신이 어느 정도 개혁 성향을 가졌다고 생각하십니까?"

5. **전문성:** 지원 직무에 관한 역량을 뜻한다.

   면접 질문 예: "자신의 전문성이 어느 정도라고 생각하십니까?"

6. **고객 지향:** 상대하기 어려웠던 사람을 떠올리고 그 이유를 명확하게 제시하면 된다.

   면접 질문 예: "어떤 사람이 가장 상대하기 불편했습니까?"

7. **직무 수행:** 과거 경험을 바탕으로 앞으로 할 일을 설명하면 된다.

   면접 질문 예: "이 일을 성공적으로 하려면 어떤 경험이 필요하다고 생각하십니까?"

면접 준비에서 기관과 나의 직무 관련 교집합을 찾아놓아라

면접은 조직과 개인이 연결되는 지점으로 직무적합성을 판단하는 중요한 자리다. 구조화 면접은 지원자에 대한 역량을 측정하는 방법이 정해져 있다. 단지 면접관이 질문을 던졌을 때 떨지 않고 자연스럽게 자신이 하고 싶은 말을 전달하느냐가 관건이다. 면접 경험이 많을수록 실전에서 잘할 수 있기 때문에 모의면접을 통해 정해진 대로 면접을 진행하면서 부족한 점을 수정하는 데 초점을 둔다.

내 역량이 뛰어나도 기관이 원하는 역량과 교집합이 없으면 별로 의미가 없다. 차라리 역량이 뛰어나지 않아도 기관이 원하는 역량과 일치하면 승산이 높다. 과거처럼 지원자가 여러 가지 능력을 보여주어서 면접관에게 매력적으로 보이기보다 적합한 한 가지 모습을 보여주어서 면접관을 사로잡아야 한다.

수식어나 미사여구를 빼고 성과나 실행으로 말하자

형용사나 부사와 같은 수식어는 말이나 글을 풍부하고 아름답게 만드는 장점이 있다. 그렇지만 블라인드 면접, 역량 중심 면접에서는 수식어를 빼고 자신이 했던 행동만 구체적으로 말하는 것이 좋다. 특히 직무와 관련이 있는 경험이나 경력을 상세하게 말하면 면접관은 그것에 대해 판단하기 쉬워진다. 경험이 아닌 성과를 강조해도 좋다.

예를 들면 "학생회장을 하면서 리더십이 생겼습니다"라고 하지 말고, "대학생 공모전에서 ○○ 프로젝트 팀을 ○명으로 구성해서 ○○일간 준비해 우수상을 받았습니다"라고 구체적으로 말할 필요가 있다. 수치로 말하는 방법도 좋다. "10만 원을 벌었습니다", "10% 상승했습니다", "몇 개를 팔았습니다" 등으로 알려주면 면접관이 금방 이해한다. 면접관이 쉽게 이해할수록 자신에게 좋은 결과로 돌아올 가능성이 높다.

자격증, 지원동기로 의지를 드러내자

직종에 필요하거나 직무 수행에 도움이 되는 자격증은 직무적합성과 의지를 보여주기가 가장 쉽다. 장기간 학습으로 필요한 자격을 취득했다면 면접관은 그에 대해 관심을 보인다.

"왜 그 자격을 취득하려고 생각했는가?"라는 질문에 대한 답변도 준비해야 한다. 다른 사람이 취득하기 때문에 그저 따라 했다는 말은 좋은 인상을 주지 못한다. 보통 자격증은 한 번 취득하면 평생 사용할 수 있기에 정확하게 이유를 제시해야 한다. 특히 다른 사람이 가지고 있지 않은 자격증이 있다면 그것에 대한 이유는 미리 준비한다.

지원동기에서도 그 사람의 의지와 생각이 강하게 드러나야 한다. 왜 여기에 지원했는지 의지를 얼마나 일목요연하게 잘 말하는지가 중요하다. 지원동기가 강하더라도 불분명하게 표현하면 구조화 면접에서 좋은 점수를 받기가 어렵기에 사실 중심으로 의지를 드러내려는 연습을 해야 한다. 특히 자소서 작성도 마찬가지지만 지원동기는 그것을 뒷받침하는 구체적인 근거를 동반해야 한다. 지원동기가 이상하면 당연히 지원 의지가 약하거나 잘못된 지원을 한 것이 아닌가 하는 의구심을 일으킨다.

조직적합성은 면접에서 판가름 난다

'개인-직무적합성(Person-Job Fit)' 못지않게 중요한 것이 바로 '개인-조직적합성(Person-Organization Fit)'이다. 직무역량도 중요하지만 조직이 추구하는 인재상과 맞지 않으면 불합격된다. 채용 면접은 단지 기술로 되는 것이 아니라 태도가 중요하다.

1. **기술적합도**(TTF: Task-Technology Fit): 조직이나 직무에서 요구하는 기술이나 기능을 어느 수준까지 가지고 있는지에 관한 것이다.
2. **동기적합도**(MF: Motive Fit): 왜 우리 회사를 지원했는지에 관한 사항으로 분명한 지원 이유를 가지고 있는지 묻는다.
3. **문화적합도**(CF: Cultural Fit): 조직문화와 개인이 얼마나 잘 맞는지에 관한 것이다. 보수적 문화를 가진 조직에서는 튀는 인재를 원하지 않는다. 반대로 도전하려는 성향이 강한 조직에서는 안정성을 추구하는 사람을 좋게 생각하지 않는다. 이는 조직의 규모와 관련되며, 조직이 클수록 한 사람이 여러 가지 역량을 지니기를 원한다.

특히 적합도는 블라인드 면접이나 오디션에서 판가름 나는 경우가 많다. 면접관이 지원자의 역량을 평가하고 기관과 어느 정도 맞는지를 보기 때문이다.

개인 능력은 뛰어나지만 기업문화에 어울리지 못하는 사람은 팀 분위기를 와해시키기에 면접을 통해 기본 인성을 평가하는 경우가 많다. 실력은 서류전형의 객관적 지표로 어느 정도 검증할 수 있지만 조직 분위기와 잘 동화할 수 있는 인재는 면접을 통해 걸러낸다. 우수한 성적을 받았지만 옳지 않은 가치관을 갖고 있거나 대인관계가 원만하지 않거나 성격에 결함이 있거나 심리적으로 불안하거나 제출한 서류와 면접 태도가 상반되는 경우를 가려낸다. 즉 서류전형에서 우수한 성적으로 합격하더라도 면접 대비가 제대로 되어 있지 않으면 탈락한다.

반면에 서류전형에서는 다른 지원자에 비해 뛰어나지 않더라도 블라인드 면접에서 강렬한 인상과 높은 호감을 얻게 되면 채용 가능성이 높아진다. 특히 요즘은 주요 기업에서도 면접관에게 스펙에 대한 정보가 제공되지 않는 경우가 늘어나면서 면접은 취업의 당락을 결정짓는 중요한 절차로 부각되었다. 짧은 시간에 면접관과 지원자는 끊임없이 서로 관찰하는데, 이때 면접에서 중요하게 평가하는 점이 바로 지원자의 태도다.[T]

지원자에 대한 종합적 인물 평가는 최종 면접에서 결정된다. 지원자의 타고난 성품, 됨됨이를 알아보며 조직에서 원하는 윤리의식을 갖추고 조직에 기여할 수 있는 지원자를 판별한다.

면접관을 역으로 면접하면 속속들이 보인다

문제는 어느 기업이나 원하는 핵심 인재의 수가 전체 취준생 수에 비해 극히 적다는 점이다. 어떤 면접을 실시해도 핵심 인재는 전체 취준생의 5% 미만이다. 그렇기 때문에 지원자의 입장에서는 면접에서 면접관의 시선을 사로잡아야 한다. 그래서 면접관이 인재를 평가하는 게 아니라 핵심 인재가 면접관 및 기업을 판단하고 선택하는 이른바 '역(易)면접' 현상이 나타나고 있다. '역면접' 때문에 많은 기업들은 더욱더 핵심 인재를 제대로 파악해 영입하기 위한 면접 기법 및 채용 전략을 세우고 있다. 면접관 교육, 모의면접 실행, 최종 선발 시 외부 면접관 초빙 등이 대표적 사례다.

면접관의 주요 평가 기준은 타당성, 공정성, 신뢰성 등이라고 할 수 있다. 그런데 이러한 기준은 지원자가 면접관을 역으로 면접한다고 생각했을 때 더 실감할 수 있다.

면접관은 지원자의 행동패턴을 찾는다

행동과 생각을 혼동하는 경우가 많은데 행동은 과거부터 현재까지 해왔던 사실이며 생각은 언제든지 달라질 수 있다. 이에 생각을 말하기보다 행동에 대해서 설명하는 것이 더 면접관에게 자신의 솔직함을 어필하며 강점을 보여줄 수 있다.

면접관은 반복되는 행동에 스며든 습관이나 패턴을 찾으려 하므로 지원자는 이 점을 염두에 두고 면접을 준비해야 한다.

최근 많은 취준생이 자기 연출에 익숙해졌는데 그것은 잘 준비했다는 인상을 주기도 하지만 과장되고 억지스러워 보일 수 있다. 이 경우에 면접관은 지원자의 긴장감을 낮추고 자연스럽게 행동하도록 유도해 역으로 과장되거나 부자연스러운 모습을 찾으려고 한다.

2 역면접의 결정체, BEI

앞에서도 이야기했지만 지원자가 면접관을 역면접하는 능력이 생긴다면 한층 수월하게 면접 준비를 할 수 있다. 행동사건면접, 즉 BEI(Behavioral Event Interview)는 회사가 공통적으로 요구하는 역량 및 직무 수행에 필요한 역량을 지원자가 보유하고 있어야 한다는 원칙과, 과거 행동이 입사 후 실제 보여줄 성과를 가장 정확히 예측해준다는 가정에 기초하고 있다.

과거 경험에 중점을 두고 구체적 역량 측정에 중점을 두는 면접법으로 질문 의도를 파악했더라도 원하는 답변을 쉽게 즉흥적으로 제시할 수 없다. 구조화된 질문 항목으로 질문하고 답변하는 형태로 진행되며, 역량모델과 연계해 사전 정의된 질문과 평가 기준으로 인터뷰를 실시하여 지원자의 역량에 대해 객관적인 평가를 한다.

역면접은 면접관끼리도 준비를 하고 주의할 점을 숙지하며 면접 과정을 진행하므로 면접관이 어떤 일을 하는지 미리 알면 차분하고 안정적으로 준비할 수 있다.

BEI 면접 방식

면접관은 과거 경험 사례 중에서 실제 행한 구체적 행동, 의도, 결과 등을 떠올

면접관의 BEI 면접 과정

면접관 역할 배분	시작 및 종료 멘트 담당 지정 / 역량별 담당 지정 질문할 역량 순서 지정 / 역량별 소요 시간 지정
자료 준비	관련 자료(지원서, 평가표, 질문서 등)와 필기도구 준비
지원자 확인	해당 지원자 지원서 읽기(지원서 내 면접 역량 관련 사항 파악)
질문 준비	역량 파악을 위한 질문 문항 작성 / 평가척도 숙지
인사 및 긴장 완화	우리 조직 지원에 대한 감사 표시(긴장 완화, 친밀감 형성)
면접 안내	면접관 소개 / 면접 진행 방식 안내 / 기록에 대한 양해 / 조직 및 지원 직무 간략 소개

려 답할 수 있도록 질문한다. 사람의 행동양식은 장기간에 걸쳐서는 변화할 수 있지만 최근에 가장 빈번하게 보여준 행동양식은 향후 그 사람이 어떠한 행동양식을 보여줄지를 예측할 수 있는 가장 강력한 도구다. 따라서 지원자가 입사 후 처하게 될 상황과 최대한 유사한 상황에서 어떻게 구체적으로 행동했는지 정확하게 파악하려든다.

또한 면접관은 지원자가 이야기하는 각각의 내용에 대해 "그것과 관련하여 어떠한 행동을 했습니까?"라는 질문을 모두 넣는다. 지원자의 대답을 일일이 판단하지 않고 우선적으로 행동사례 확인을 통한 정보 수집에 집중한다. 이후 평가자는 점수 차이가 있거나 이견이 있을 때 그 사항을 논의해 점수를 조정한다.

면접관의 탐색 질문: 도입, 초점, 결과

면접관은 지원자에게 탐색 질문을 한다. 도입 부분에서는 다소 포괄적으로 질문해서 지원자가 여유 있게 답을 할 수 있도록 한다. 이를 듣고 면접관은 초점을 좁혀서 실제 지원자의 행동을 묻는다. 당신의 구체적 역할, 일하는 과정, 해결할 때 어느 부분에 기여했는지 등이다. 이에 대한 답변을 듣고 또다시 지원자가 거둔 성과가 직면한 결과를 듣는다. 이렇게 질문과 답변을 하면서 면접관은 사실 여부, 과장 혹은 허위 여부를 가려낸다. 상황과 행동에 관한 구체적인 질문과 평가기준은 다음과 같다.

면접관이 하는 질문과 평가

질문	전문적인 자격요건에 대해서 질문 관련된 경험에 대해서 질문(유사한 직책, 직무, 리더십, 해외 경험 등) 개인의 역량에 대한 행동 관련 질문 동기에 대한 질문 개인의 가치에 대해 질문 미래에 대한 질문(장기적인 관점에서 개발하고 싶은 것은 무엇인가?)
관찰	언어적 행동뿐만 아니라 비언어적 행동까지도 주의 깊게 관찰
기록	관찰된 행동들을 평가지에 기록(긍정 및 부정 표시)
평가자 토의	점수 차이가 의미 있게 있는 경우 각자가 부여한 점수의 이유와 근거 논의해 점수 조정

상황과 행동에 관한 구체적인 질문과 평가기준

1. 어떤 목표를 세우고 그 목표를 달성하기 위해 노력했던 경험과 그 결과를 구체적으로 설명하십시오.

2. 자신이 경험하지 못한 다른 새로운 분야에 대한 지식이나 능력을 갖추기 위해 노력했던 경험을 말씀해보십시오.

3. 지금까지 살아오면서 무엇인가를 위해 끈기 있게 노력해서 성취했던 경험에 대해 설명하십시오. 구체적으로 어떤 일들을 하였습니까?

4. 목표 설정

   1) 일을 수행하기 위해 어떤 목표나 계획을 세웠습니까?

   2) 왜 그러한 목표를 세웠습니까?(목표 수준/난이도)ᵀ

5. 목표 달성 노력

   1) 그러한 목표를 달성하기 위해 구체적으로 어떤 노력들을 했습니까?

   2) 남들보다 더 잘하기 위해서 특별히 어떤 노력을 기울였습니까?

   3) 그러한 일을 하는 데 있어서 본인은 어떠한 역할을 했습니까?

> 📢 **목표 설정 평가기준**
> • 목표 지향적이다(스스로 목표를 설정할 줄 안다).
> • 목표를 구체적으로 설정한다.
> • 달성 가능한 한도 내에서 어려운 목표를 설정한다.
> • 목표 설정에서 자신의 내적 기준을 적용한다.

**목표 달성 노력
평가기준**

• 자신이 맡은 일에 대해 보다 더 잘하려 노력한다.
• 목표 달성 과정에서 자신의 상태에 대해 지속적인 자기 점검을 추구한다.
• 목표 달성을 위한 보다 효과적 방법들을 모색한다.
• 목표 달성 과정에서 스스로에게 계속해서 동기부여를 한다.

4) 구체적으로 본인이 한 일들은 무엇이었습니까?

5) 그 상황을 어떻게 극복했습니까? ᵀ

6. 목표 달성 결과

1) 그 일에 대해 다른 사람들로부터 어떤 피드백을 받았습니까?

2) 그 일로부터 어떤 점을 느꼈습니까?

3) 그러한 경험이 본인에게 어떠한 영향을 미쳤습니까? ᵀ

**목표 달성 결과
평가기준**

• 어떤 일이든 할 수 있다는 자신감을 가지고 있다.
• 금전적, 물질적 보상보다 목표 달성 과정과 목표 달성 자체에 대해 성취감을 느낀다.
• 자신의 장래에 대한 구체적인 계획이 있으며, 그러한 계획을 착실히 실천해 간다.
• 해야 할 일에 대해 주도적이고 적극적이다.
• 한 번의 목표 달성 경험에 만족하지 않고, 추가 목표를 수립하고 계획한다.

이렇게 질문에 대한 답변을 들으면서 면접관은 면접이 진행되는 동안 자신이 관찰해야 하는 지원자에게 주의를 집중하고 의미 있는 행동 단서를 최대한 찾으려고 한다. 블라인드 면접에서는 면접관이 느낌, 예감이 아니라 관찰한 행동과 답변 내용에 초점을 맞추며 평가의 근거가 되는 것들은 즉시 적는다. 그러나 과제가 진행되는 동안 말이나 몸짓으로 지원자에게 단서를 주지는 않고 모든 지원자에게 동등한 기회를 준다.

이렇게 지원자의 상황과 행동에 관해 묻고 평가하는 모습을 떠올려보면 면접관의 입장을 이해할 수 있다. 특히 질문과 평가기준을 알고 면접을 준비하면 더 효율적이다.

3 예상 질문에 STAR로 답하자

STAR 방식으로 질문하고 답하기는 이미 면접 말하기 요령으로 많이 알려져 있다. 그렇지만 연습하지 않으면 실제로 말하기가 쉽지 않다. 특히 구조화 면접은 두서없이 말할 경우 좋은 점수를 받을 수가 없다. 기본적인 STAR 구조를 인식하고 그에 맞게 연습해야 한다.

말하기를 구조화하라

최근 많은 기업에서 구조화 면접을 실시하는 것이 지원서, 자소서와 함께 기본 전형으로 자리잡았다. 지원자의 성공적인 직무 수행을 예측하기 위해 지식, 인지 능력, 역량, 직무적합성을 평가한다. 즉 새롭게 채용된 사람이 조직의 성장과 변화(도전정신), 인력의 안정적 유지와 조직 공헌(성실성, 인내심)의 역량을 갖추었는지를 중요하게 평가한다.

구조화 면접 기법은 면접관이 조직 채용담당자, 채용 전문가, 고객 등으로 구성되며 채용 여부를 모두 수치화해서 합산하거나 만장일치 또는 절대 다수 찬성의 방법으로 결정한다는 점에서 엄격하다.

또 "이런 상황에서 어떻게 했습니까?" 하는 행동 질문을 많이 한다. 실제 있었던 과거 경험, 상황을 지원자에게 제시하고 상황 해결능력을 살펴보는 것이다. 예

과거 면접과 블라인드 면접의 차이

과거 비구조화 면접	역량 기반 블라인드 면접
지원자의 개인정보 중심(스펙 초점)	직무와 연관성이 높은 인재 발굴 초점
직무적합성보다 개인 요소 중시	현업 적응도가 높은 사람을 면접에서 선발
면접관의 주관적 개입이 가능	면접관끼리 질문과 선발 방법 사전 합의
면접관의 평가 오류 가능성	면접관의 주관적 개입이 낮음

구조화 면접과 비구조화 면접의 차이

구분	구조화 면접	비구조화 면접
평가 질문	모든 지원자에게 사전에 준비된 동일한 기준 사용 경험·상황 등 답변이 명확한 질문 활용	지원자에 따라 임의 질문 개방형 대답이 가능한 방식 사용
평가 방법	표준화 척도 사용 각 질문에 대한 답을 평가 질문마다 가중치 적용 가능	면접위원 판단 적용 전체 질문과 답변에 대한 평가 추가 질문과 답변 가능
평가자 역할	지원자의 답변과 사전에 제시된 평가기준 비교 면접관 융통성이 거의 없음	면접 과정 전체를 주관 면접관 융통성이 매우 많음
장점	면접 신뢰도와 타당도가 높음 면접관 오류 최소화	직무적합성 이상을 파악 가능 면접관 경험에 따라 사전 준비 절감
단점	개발 비용이 복잡하고 시간 소요 복합적 직무에는 사용하기 곤란	면접 신뢰도와 타당도 저하 면접관 오류 극복 방안 미비

를 들어 "당신과 학과 동료가 함께 프로젝트를 하게 되었는데, 동료가 자신의 일을 제대로 하지 않았던 경우에 당신은 어떻게 했습니까?"와 같다.

또한 역량이 드러날 수 있는 가상 상황을 제시하고 그 상황에서 지원자의 행동을 묻는 질문도 흔히 들을 수 있다. 예를 들어 "당신과 학과 동료가 돈을 받고 함께 어떤 일을 맡았습니다. 그런데 동료는 자신의 일을 제대로 하지 않습니다. 이런 경우에 당신은 어떻게 하시겠습니까?"와 같은 형태다. 이런 구조화 면접에서 가장 논리적으로 대답하도록 돕는 장치가 바로 STAR이다.

STAR로 면접 답변 구성하기

구조화 면접에서 모든 답변은 STAR을 염두에 두고 연습해야 한다. STAR의 뜻부터 알아보자.

S는 상황, Situation이다. 내가 겪었던 상황이 어떤 것이었고, 무엇을 달성해야 했는지, 환경은 어떠했는지 답한다. T는 과업, Task다. 이 상황을 처리하기 위해 '내가' 어떠한 과업을 달성해야 했는지를 말한다. 여기서는 '우리'가 아닌 '내가' 맡은 일에 대해서 구체적으로 이야기해야 한다. A는 행동, Action이다. 그 과업을 달성하기 위해 나는 구체적으로 무엇을 하였는지를 말한다. '다양한 것을 했다'와 같이 막연하게 말할 것이 아니라, 구체적으로 내가 직접 수행한 사항에 대해 자세히 답하는 것이 좋다. R은 결과, Result다. 그 행동의 결과는 어떠했으며 과업을 달성했는지, 상황을 해결하였는지, 마지막으로 내가 그 경험을 통해 어떤 교훈을 얻었는지를 말한다.

구체적인 STAR 질문

당면한 구체적 상황(S)

- ○○○프로젝트의 경험이 많은데, 가장 기억에 남는 프로젝트가 있다면 말씀해주십시오.
- 그 과제를 수행했을 때 업무환경, 물적 · 인적자원은 어떠했습니까?

STAR 기본질문

Situation 지원자가 겪은 상황	○○한 경험이 있나요? ○○와 관련하여 겪은 상황이 있나요?
Task 그 상황에서 지원자가 담당하거나 맡은 일(역할)	그 상황을 해결하기 위해 지원자 본인은 어떤 일을 맡았나요?
Action 그 일(역할)을 달성하기 위해 지원자가 구체적으로 한 행동	그 역할을 수행하기 위해 구체적으로 본인은 어떤 역할을 했나요?
Result 그 행동의 결과	그 결과는 어떠했고 상황이 해결되었나요? 그 경험을 통해 무엇을 느꼈나요?

수행했던 과제/과업 목표(T)

– ○○○ 프로젝트에서 ○○○ 씨가 맡은 부분은 무엇입니까?

– 그 일을 계획할 때 어떻게 시작했습니까?

– 그 과제의 고객은 누구였습니까(동료, 팀원)?

구체적 노력/활동/반응행동(A)

– ○○○ 씨는 어떤 역할을 했습니까?

– 그 과제에 대해서 주위 팀원들은 어떤 반응을 보였습니까?

– 프로젝트를 조정하는 데 핵심 단계는 무엇입니까?

– 당신이 그것을 어떻게 했는지 구체적으로 설명해주시겠습니까?

– 어떤 상황에서 ○○○ 씨가 맡은 부분은 무엇이고, 이를 어떻게 완수하였습니까?

행동의 결과(R)

– 그 프로젝트는 어떤 효력이 있었습니까?

– 조직 내에서 다른 프로젝트와 비교하여 ○○○ 프로젝트는 어떤 영향을 미쳤습니까?

– 당신이 한 일이 효과적이었다고 어떻게 알 수 있었습니까?

– 그 일이 끝났을 때 어떤 평가를 받았습니까?

– 프로젝트의 경험에 근거해서 비슷한 프로젝트를 맡게 되는 동료에게 어떤 충고를 하겠습니까?

STAR 답변 예시

기본적인 STAR 질문과 답변 예시는 상황 중심 질문과 문제해결 관련 답변으로 살펴볼 수 있다.

상황 중심 질문은 앞서 설명한 STAR 방식을 따르고 있으며 다음과 같이 해결했다는 답변을 할 수 있다. 답변할 때 중요한 점은 수치를 활용해서 말하기다. 수치를 잘 사용할 수 있으면 상황, 과제, 행동, 결과를 구체적으로 설명할 수 있고 듣는 사람도 이해가 빠르다.

상황 중심 질문

상황(Situation)	당시의 상황을 좀 더 자세히 설명해주시겠습니까?
과제(Task)	당시에 어떤 대안들을 검토했습니까?
행동(Action)	어떻게 실행했습니까?
결과(Result)	결과는 어떻게 되었습니까?

문제해결 관련 답변

상황 (Situation)	제가 근무하던 회사에서 박람회를 하게 되었습니다. 당시 관련 부스를 얼마나 많이 유치하느냐가 저희에게는 성패의 갈림길이었습니다. 그러나 박람회가 임박하던 시기에 마침 다른 곳에서 비슷한 박람회가 열리고 있었고, 200만 원의 부스 비용으로는 유치가 쉽지 않았습니다.
과제 (Task)	저는 부스 비용을 25% 낮추고 유치 수를 늘리는 것으로 방향을 잡았습니다.
행동 (Action)	관련 협회에 길거리 홍보를 협조 요청을 했고, 관련 학과를 직접 방문하여 학생의 참여와 관람을 부탁드렸습니다. 교수님이 도와주셔서 당일 휴강을 하고 학생 전체가 관람하게 되었습니다.
결과 (Result)	부스 수익률은 비록 100% 달성하지 못했지만 유치 수는 150% 달성시켰고, 이런 문제해결능력을 귀사에서 발휘하고 싶습니다.

4 자소서로 바로 써먹는 1분 자기소개와 면접 노하우

자기소개는 어떤 면접에서라도 해야 하는 필수 관문이다. 그러면서도 막상 자기소개를 상황과 목적에 맞도록 말하기는 쉽지 않다. 블라인드 채용에서 자기소개는 지원동기를 분명히 밝히면서 자소서와 일치하는 수준으로 해야 한다. 자소서와 면접에서 자기소개가 다르면 신뢰성을 크게 의심받는다. 이에 1분 자기소개는 면접 준비의 처음이자 마지막이라고 할 수 있다.

또 대표적인 면접 노하우는 자신을 자랑하거나 내세우기보다 나를 채용하면 조직에 어떤 기여를 하고 도움이 될 수 있는지를 말하는 것이다. 이때 안정감을 주려면 덜 긴장하는 목소리로 말해야 한다. 긴장감을 줄이려면 그만큼 자신이 조직에 적합한 인재라는 사실을 염두에 두고 계속 준비해야 한다. 준비를 많이 하는 사람은 압박면접에서 덜 당황한다. 상투적인 표현이지만, 면접 노하우는 직무적합성을 바탕으로 끊임없이 연습하는 것이다.

블라인드 면접에서도 자기소개는 매우 중요하다

면접관은 처음 1분 자기소개에서 받은 인상에 따라 어느 정도 점수를 정하고 추가 질문으로 자신의 판단을 확인하기도 한다. 그만큼 1분 자기소개의 위력은 강하기 때문에 면접 전에 1분 자기소개는 물론 그와 관련된 예상 질문과 답변은 꼭 준비해야 한다.

1분 자기소개는 단순한 소개가 아니라 주어진 짧은 시간 안에 자신을 효과적으로 알리는 기회로, 틀에 박힌 이야기를 장황하게 늘어놓거나 신상에 대해 기본 내용만 언급하고 소개를 끝내는 경우가 의외로 많은데 이것은 의미가 없다. 지원 회사 직무와 관련해 지원동기, 강점, 경험, 포부 중심으로 일목요연하게 발표할 수 있도록 준비해야 한다.

이 책의 독자들은 지금까지 살면서 자기소개를 안 해본 사람은 없을 것이다. 그러나 자소서를 처음 쓰는 사람은 있을 것이며, 준비 없이 무조건 쓰는 사람도 있을 것이다. 아니면 지원서를 모두 제출하고서 후회한 일, 정작 써야 할 내용을 빠뜨리는 경우, 자소서 내용을 면접에서 질문 받았을 때 제대로 대답하지 못하는 일도 있었을 것이다. 자소서 작성에 불안하거나 부담을 느끼는 사람은 모범 자소서를 모방하고 결국 채용담당자가 원하는 내용을 쓰지 못한다. 그러면서 면접에서 자기소개를 제대로 못하는 경우로 이어진다.

자기소개를 자신을 표현하는 도구로 이용하자.ᵀ 자기소개에서 흔히 저지르는 실수가 자신의 입장만을 고수한다는 점이다. 다시 말해서, 채용하려는 곳에서 원하는 입장에 맞추는 것이 아니라 자신이 잘하는 것을 너무 강조하는 데서 비롯되는 문제다. 자신의 장점을 부각하다 보면 정작 지원한 직무와는 상관없는 이야기를 쓸 수 있다는 점에서 초점이 흐려진다.

친구의 지원서나 타인의 자기소개서를 베끼는 것은 어떠한 형태로든 탄로가 난다. 정작 자신이 하고 싶은 이야기를 하지 못해서는 안 된다.

자소서의 지원동기, 직무상 장점을 활용해 소개하자

1분 자기소개는 짧지만 자신을 최대한 어필해야 하는 기회다. 지원자들은 특이한 자기소개로 면접관의 시선을 사로잡으려는 유혹에 쉽게 빠지지만 이는 대단히 위험한 전략일 수도 있다. 자연스럽지 않다면 오히려 역효과가 날 수 있으니 자신이 없다면 무난한 방식에서 자신만의 독특한 경험이나 장점을 드러내는게 더 좋다.

그 방법 중 하나가 자소서에 쓴 지원동기, 직무상 장점을 활용하는 것이다. 그 부분을 최대한 압축해서 말하고 간단하게 직무상 장점을 성과 중심으로 사례를 들어주면 면접관이 이해하기 쉽다. 이렇게 하면 자소서 내용과도 연결되어 신뢰를 더 쌓을 수 있다.

억지로 잘 보이려 하면 탈락한다

면접에서는 자신이 가지고 있는 역량을 어떻게 보여주는지의 여부가 관건이다. 원하는 회사에 들어가고 싶다면 가장 중요한 관문이 면접인데 억지로 잘 보이려고 노력하면 면접관은 그것을 알아본다.

"화나거나 흥분한 고객을 어떻게 상대하겠습니까?"

"자신이 겪었던 최악의 상황에 대해서 설명하세요."

"실패할 뻔했던 일을 자신의 장점 덕분에 성공했던 경험이 있으면 말해보시겠습니까?"

위와 같은 질문은 특정한 사례나 경험을 반드시 언급해야 한다. 이럴 때 억지로 또는 과장해서 말하면 그에 관한 세부적인 질문을 듣게 되고 어쩌다 보니 압박면접처럼 진행되기도 한다. 절대로 과장하거나 없었던 이야기를 지어내지 말고, 있었던 일 중심으로, 준비한 대로 말해야 한다. 압박면접이 되었더라도 당황하지말고 차근차근 사실을 바탕으로 풀어나가겠다고 마음먹고 답변한다.

내 자랑이 아닌 조직에 기여할 것을 말하라

자신이 조직에 무엇을 기여할 수 있는지를 설득하는 것이 중요하다. 회사에 대한 관심, 성장 가능성, 지리적 접근성, 명성 등으로 지원했다는 말은 설득력이 떨어진다. 물론 이러한 관심이 지원동기에 포함되지만 직무적합성을 파악하려 하는 블라인드 면접의 목적과 다르다.

상당히 적극적으로 지원자의 목표의식이 드러나야 하는데 그것은 직무와 관련된 내용을 잘 표현하는 데 있다. 특히 입사 후에 자신이 조직에 어떤 것을 기여할수 있는지 단계별로 말하는 것은 중요하며, 관련 부서와의 협력 등을 언급하면 좋다. 굳이 말할 필요가 없는 사항은 회사 자체 정보만 치중하는 사례, 회사에 대한동경, 실현 불가능한 목표라고 할 수 있다.

안정적인 목소리로 사로잡아라

지원자가 면접관 앞에서 이야기할 때는 배경음악이 없다. 지원자의 목소리가 배경음악처럼 효과를 발휘해야 한다. 강조할 부분, 쉬어갈 부분, 목소리 톤 등으로 면접관의 감정을 건드릴 수 있어야 한다. 목소리를 강조하려면 동작 하나하나까지 연습하는 것이 중요하다. 면접관이 지원자의 말 한마디에서 명확한 의미를 찾을 수 있어야 한다.

목소리를 잘 다듬는 방법으로는 '방(교실)의 반대편에서 다른 사람에게 글 읽어주기'도 좋다. 가까운 거리에서는 작게 말해도 목소리가 잘 들리겠지만 조금 떨어져 있는 사람에게 목소리를 전달하려면 크고 또박또박 말을 해야 한다. 그리고 적절한 부분에서 쉬어가며 말해야 한다. 쉬지 않고 말을 술술 하는 것이 진짜 말을 잘하는 것은 아니다.

난생처음 면접을 봐서 불안하다면

면접을 처음 보면 왜 당황하는 것일까? 엄격하게 보이는 심사위원 때문인가? 아니면 다른 지원자와 비교하면서 자신감을 잃어버렸기 때문인가? 그럴 수도 있다. 분명한 이유는 스스로 면접에서 잘할 수 있을 것이라는 믿음이 없기 때문이다. 내가 스스로 잘할 수 없을 것이라고 생각했고 그 결과 스스로 만들어낸 두려움 때문에 탈락한 것이다. 자존감이 없는 사람은 누구도 뽑지 않는다. 일을 잘하려면 스스로 자존감이 있어야 한다.

이런 경험은 어느 한 사람에게만 있는 것이 아니다. 면접을 잘하는 것이 얼마나 어려운지 누구나 알고 있다. 그것은 겁나는 일이며 때로는 포기하는 것보다 더두렵다.

그렇지만 면접관 앞에서 면접하는 기술만 체득하면, 즉 방법만 알아내면 얼마든지 만족스럽게 면접할 수 있다. 그게 생각보다 쉬운 일이라는 것을 알면 오히려 면접관 앞에서 당당하게 면접을 즐길 수도 있다.

훌륭한 면접은 타고나는가, 아니면 만들어지는가?

어떤 사람들은 처음부터 말하는 능력을 타고났고, 어떤 사람들은 살아가면서 타인과 대화하는 방법을 알기도 한다. 그러면 면접에서 말하기란 어떤가? 그것은 타고난 것인가?

면접은 단순한 말하기와 다르다. 면접은 자신의 느낌, 면접관의 느낌에 영향을 받는다. 훌륭한 면접은 만들어지는 것이며 면접 기법을 익히는 것도 다른 기술을 익히는 과정과 같다. 우선 방법을 알아야 하고 연습으로 기술을 연마해야 한다. 면접은 자동차 운전과 같다. 누구나 처음 운전할 때는 서툴고 사고 나지 않을까 조마조마했던 기억이 있다. 그러다가 부드럽게 가속하고 감속하는 내 모습을 발견하고 나서는 운전은 더 이상 기술이 아니게 되었다. 이런 사실을 알면 면접에 접근하는 마음이 좀 편해질 것이다.

면접관은 적이 아니다

면접관은 듣기만 해도 두렵고 초조해지는 단어다. 실제로 우리는 면접관에 대해 필요 이상의 두려움을 가지고 있다. 면접관이 나의 움직임을 주시하며 내 말 한마디에 귀 기울이고 있다고 생각하면 누구나 두렵고 긴장된다. 그렇지만 면접관은 나의 말에서 실수를 찾아내 협박하기 위해 그 자리에 앉아 있는 사람이 아니다. 면접관은 적이 아니다.

사실 면접관이라는 청중은 나의 편이다. 당신이 이야기하다가 실수하면 잠시 눈감아주고 계속 하라고 외친다. 지원자가 매우 긴장한 것처럼 보여도 결코 그 사실을 알아챘다는 모습을 보이지 않는다. 면접관은 지원자의 이야기를 들어주기 위해서 그 자리에 있는 것이며, 언제든 당신이 원하는 방향으로 들어줄 준비가 되어 있는 사람이다.

무관심한 면접관을 같은 편으로 만들어라

면접관은 누구인가를 생각해보고 어떤 사람으로 구성되어 있는지 알 수 있으면 면접관을 내 편으로 만들기 쉽다. 이를 다른 표현으로 벽을 무너뜨리는 과정이라고 한다. 지원자가 면접관의 벽을 허무는 단계를 지나면 지원자가 의도한 목표대로 말할 수 있다. 면접관을 깊이 끌어들일수록 벽은 더 빨리 허물어질 수 있다. 다만, 면접관 앞에서 하면 안 되는 것이 있다. 예를 들어, 논쟁 벌이지 말기, 답할 수 있는 것만 말하기 등이다. 또 억지 농담, 연민 자극하기, 깜짝 놀라게 하거나 무섭게 만들기, 혼자 말하기(혼잣말), 지루하게 이야기하기, 전문 용어나 약어 남발하기, 비교 대상이 없는 통계 자료 거론하기도 해서는 안 된다. 면접관 앞에서 하지 말라는 것만 하지 않아도 벽을 허무는 데 도움이 된다.

신속하게 적응해서 일할 사람이라는 것을 보여주자

직무에 적합한 사람을 찾는 블라인드 채용은 빠른 시간 안에 일에 적응하고 추진할 수 있는 인재를 찾는 데 초점을 둔다. 그래서 채용담당자는 해당 업무에 맞는 사람을 선발하려고 한다. 많은 경험과 자격증을 가지고 있더라도 지원하는 회사의 업무와 관련이 없다면 쓸모가 없다고 판단하는 것이 바로 블라인드 채용이다.

자신이 지원하는 업무와 관련 있는 자격증과 경력만 적어야 한다는 점에서 지원자는 처음부터 초점을 좁혀서 준비를 해야 한다. 이에 지원하려는 회사와 연관되는 일이 무엇인지 구체적으로 파악해야 한다. 관심 있는 분야를 정하고 오래 전부터 열심히 준비하고 경험을 쌓아야 기회를 잡을 수 있다.T

달리 말하면, '한 우물 파기'로 하고 싶은 분야와 직간접적으로 관련 있는 경험을 쌓아서 지원해야 한다. 그렇기에 블라인드 채용에 다가서려면 일정한 시간이 필요하다.

공감을 얻을 수 있는 말하기를 하자

사실적이거나 공감을 얻을 수 있는 경험은 읽는 사람에게 기억의 잔상을 남길 수 있다. 특히 성장배경, 유년(학창) 시절, 자신의 성격, 인생에 영향을 주었던 사건이나 인물, 자신의 가치관(좌우명) 등을 미리 말할 수 있도록 준비한다면 채용담당자는 성격, 행동양식, 성향, 논리력 등을 알 수 있다.

이미 식상한 표현은 하나의 장식에 불과하다. 제일 빠지기 쉬운 잘못된 표현법 중의 하나는 장식적 수사에만 그치는 경우다. 이런 면접 내용으로는 채용담당자에게 환영받기 힘들다. 너무 전문적인 용어나 개념을 사용하면 면접관이 불편해하고, 말하는 사람도 실수할 수 있다. 해당 직무에서 전문적인 용어와 개념을 사용해야 한다면 상관이 없지만 일반적인 표현으로도 할 수 있는 것을 굳이 전문성을 드러낼 것은 없다는 뜻이다.

면접 지원자의 실수로는 한 가지 부분만 얽매여 자신의 본래 장점을 못 드러내는 사람, 지나친 과장이나 미사여구로 진실성이 떨어지는 사람, 많은 경험을 나열만 하는 사람, 한 가지 질문에 여러 가지 답변을 동시에 하려는 사람 등으로 다양하다. 면접은 돌이켜보면 많은 실수가 있지만, 사소한 실수로 탈락할 수도 있음을 명심해야 한다.

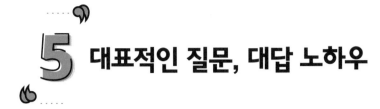

5 대표적인 질문, 대답 노하우

이번에는 면접에서 자주 나오는 질문을 알아보고 그에 대한 답변 요령을 설명한다.

"신입사원이 갖출 자세는 무엇이라고 생각합니까?"

공공기관이나 기업도 생존하려고 노력하는 곳이다. 사고의 유연성, 타인에 대한 배려, 조직력 등의 인성이 절대적으로 필요하다. 회사는 신입사원에게 엄청난 직무적합성을 요구하지 않는다. 기업에 입사하기 위해 꾸준히 노력하고 열정적이며 패기 있는 사람을 찾기를 원한다. 특히 신입사원이라면 끈기와 열정이 매우 중요하며 해당 기업의 인재상에 대한 생각을 정리할 필요가 있다. 앞에서도 말했지만 그러한 끈기와 열정은 지원동기에서 드러나며 입사 후 포부에서 어느 정도 판가름 난다.

"직무와 관련해 지원동기를 말씀해보세요"

가장 중요한 질문이며 모든 면접에서 거의 모든 지원자에게 하는 질문이다. 입사하고 싶다는 열정을 가지게 한 그 무엇에 대해 후회 없이 말해야 한다. 막연하게 "좋아서", "최고의 기업이라서"라는 답변보다는 명확하고 구체적인 지원동기를 바탕으로 면접관을 설득해야 한다. 추상적인 단어는 최대한 절제한다.

지원동기는 반드시 조직에 맞게 준비해야 하고 그러기 위해서는 많은 양의 사전 정보가 있어야 한다. 업종의 특징, 직무 특성, 인재상, 비전 등과 연결하는 것이 좋다. 불확실한 동기는 업무에 대한 열의가 부족한 사람으로 비추어질 수 있고 '묻지 마 지원'이란 오해를 받다. 희망 업무 등과 연결해 지원동기를 말하는 것도 필요하다.

누누이 강조하지만, 진솔한 이야기만 면접관에게 설득력이 있다. 그 지원동기에는 조직에 얼마나 관심을 가져왔으며 입사를 위해 무엇을 준비해왔는지도 포함되어야 한다. "뽑아만 주시면 뭐든지 열심히 하겠다"는 말은 절대 금물이다.

지원동기는 입사 이후의 동기 부여와 직결되고 실적으로 바로 연결되는 부분이라 중요하다. 잘할 수 있는 것과 하고 싶은 것이 적절하게 포함되어야 하는데, 입사 이후의 비전을 미리 그려보고 제시하는 것도 해당된다.ᵀ

어떻게 지원동기를 표현하는지는 매우 중요하면서 어렵다. 많은 정보를 기본으로 추상적 단어를 배제하고 명확하게 초점을 맞추어 표현해야 하기 때문이다.

"지원 직무 가운데서도 더 구체적으로 하고 싶은 직무가 있습니까?"

지원동기와 더불어 결정적인 질문으로, 블라인드 면접에서 가장 빈번히 나온다. 독불장군은 금물이지만 똑똑하고 자기주관이 뚜렷한 직원, 자기개발을 게을리 하지 않으며, 긍정적인 사고와 적극적인 행동을 할 수 있는 직원, 대인관계에서 사회성을 갖춘 직원이 결국 회사의 비전을 실현시켜주는 인재다. 잘하는 직무와 하고 싶은 직무가 있는지, 지원 분야에 대해서 얼마나 관심이 있는지, 그 분야에서 본인의 역량을 어떻게 활용할지는 이 질문에 대한 대답에서 드러난다.

자기 자신에 대한 이해가 낮으면 자기가 원하는 일을 알지 못한다. 자기 분석이 끝났다면 지원 분야에 대한 정확한 정보를 가지고 그 분야에 대한 역량이 풍부하다는 것을 알릴 필요가 있다. 지원 분야에 대한 직무가 무엇인지 잊지 말고 지원동기와 더불어 합격을 좌우하는 중요한 질문이라는 점을 명심해 준비해야 한다.

또 현재나 미래 조직의 기본적인 전략에 관한 지식이 있으면 유리하다. 부서와 직무를 고르는 것은 입사를 위한 첫걸음이다. 반드시 해당 업계의 직무를 참고해서 자신에게 적합한 부서 및 직무를 선택하여야 면접에서도 승산이 있다. 유사한 질문으로 "지원 분야에 대해서 아는 것을 말하라"가 있다.

"본인이 왜 이 회사에 필요하다고 생각하십니까?"

매우 빈번히 출제되는 질문이며 핵심은 'Job Based' 다. '채용이란 기업이 개인을 구매하는 행위'로 기업이 개인의 능력과 비전을 사는 것이다. 회사에 무엇을 해줄 수 있는지 물어보는 것은 당연하며, 그 대답은 당락을 결정짓는 중요한 잣대다. 자기 분석이 안 되어 있고, 내가 무엇을 할 수 있는지, 어떤 강점과 장점을 가지고 있는지를 모르면 이런 질문에 답하기는 어렵다.

주의할 것은 이러한 강점이 지원한 조직에 어떻게 적절히 활용될지를 밝히는 것이다. 자신의 역량을 알리는 것이 제일 중요하며, 자격증 등에 대한 언급보다 자질과 역량에 더 초점을 맞추는 것이 좋다.

신입사원인 만큼 약간은 역량이 모자라지만 해당 조직이 추구하는 목표에 대한 열정은 누구보다 더 강하다는 것을 강조해야 한다. 이 대답을 얼마나 잘 표현하는가에 따라서 당락이 달려 있다. 지원한 조직이 요구하는 적합한 직무능력과 인성을 가진 사람, 코드가 맞는 인재라는 것을 입증해야 한다.

"당신이 면접관이면 당신을 채용하겠는가?" 또는 "당신을 뽑아야 하는 이유를 말하라"라는 질문도 이와 같다.

"지원한 부서가 본인의 적성(역량)과 일치하나요?"

지원한 분야에서 성공을 확신하는 근거를 제시해야 하는데 성격, 성취(성과), 비전을 언급할 수 있다.

적성과의 부합은 바로 성격과 관련이 있다. 지원자는 신중한 자세와 관련 정보를 바탕으로 지원 직무를 결정한다. 즉 회사가 제안하는 부서가 과연 자신에게 맞는지를 계속 떠올리면서 확고한 신념을 가져야 한다. 어떠한 부서도 상관없다고 말하는 것은 좋지 않다. 선택한 부서에서 필요한 직무와 성격을 분석하고 본인이 그에 맞는다는 점을 직간접적으로 알려야 한다. 이에 관련되는 경험을 하고 성과가 있다는 점, 자신의 비전이 조직의 목표와 연결된다는 점을 설명할 수 있으면 매우 좋은 답변이다.

"지원 부서가 아닌 다른 부서로 가면 어떻게 할 건가요?"

지원 직무를 선택한 것은 부서나 직군이 지원자의 능력을 적절하고 효과적으로 발휘할 수 있다고 판단했기 때문이다. 그러니 철저한 자기 분석을 통해 직무를 선택한 과정을 밝혀야 한다.

또 대화를 통한 타협점을 도출하면 좋지만 조직의 선택을 존중하고 신입사원은 모든 일이 생소하고 배울 것이 많아서 자신만의 의견을 고집하진 않을 것이라는 사고의 유연성을 보여줄 필요가 있다. 무조건 해당 부서로 가야겠다는 것은 면접관의 성향에 따라 사고가 경직되어 있다는 인상을 줄 수도 있다.[T] 그런데 유연성보다 지원 부서에 대한 이해와 열의가 더 중요하다. 앞에서도 언급했지만 이런 업무든 저런 업무든 상관없다는 답변은 절대 해서는 안 된다. "기업에서 원하는 것은 모든 분야를 잘할 수 있는 사람이 아니다"라고 강조하며 동시에 "아무거나 시켜만 주십시오"라고 말하는 사람을 보면 '이 친구는 다른 회사에 가서도 저렇게 말하겠구나!'라는 생각이 들어서 신뢰가 가지 않는다.

회사의 선택이 지원자의 지원 직종과 다를 수 있다고 생각하고 유연한 응답을 준비해야 한다.

"동종 업종의 다른 기업에 지원했나요?"

빈번히 나오는 질문이다. 대부분의 기업에서 물어보는 내용으로 면접관이 지원자의 선호를 가늠해볼 수 있다. 참고할 만한 사례는, 지원한 기업에 서류 접수 번호가 1번이라는 점을 강조해서 합격한 경우다. 지원자가 지원한 다른 회사가 한 곳도 없으면 능력 부족이라 판단할 수도 있다는 채용담당자도 있다.

혹시 지원한 회사가 있는데도 없다고 말하는 실수를 하지는 말아야 한다. 더 바람직한 대답은 지원한 기업에 대한 관심, 열정을 표현하여 충분한 지원동기가 있음을 먼저 말하고 동종 업종의 기업도 좋은 회사라 생각해서 지원했다는 소신을 밝히는 것이다.

"입사를 위해 특별히 노력했던 점을 말씀해보세요"

자신의 자질 향상과 관련된 내용이 중요하다. 많은 지원자가 자격증, 영어 성적과 같은 스펙을 주로 언급하지만 블라인드 채용에서는 자신의 자질 향상, 전공 능력, 경험, 열정을 나타낼 수 있는 요소로 접근하는 것이 바람직하다. 단답형으로 자신이 노력했던 점을 언급하는 것이 아닌, 그러한 노력이 어떤 직무에서 도움이 되는지에 초점을 맞춰 말해야 한다.

"지원하신 직무에 대해 얼마나 이해하고 있는지 말씀해보세요"

적극적인 면접을 위해서는 잘하는 것과 하고 싶은 것을 설명해야 한다. 지원 분야에 대해서 어떠한 관심이 있는지, 그 분야에서 본인의 역량을 어떻게 활용할 것인지는 아주 중요하다. 지원 분야에 대한 정확한 정보를 바탕으로 업계 동향을 알고 있으면 유리하다.

답변을 가장 쉽고도 잘할 수 있는 방법은 자신의 강점과 지원 분야의 연관성을 설명하는 것이다. 자기 분석이 잘되어 있다면 충분히 직무에 대한 이해와 연결할 수 있다. 직무에 필요한 인성과 자질이 창의력보다 중요한 직무도 있다. 자신의 강점과 직무와의 연관성은 매우 중요한 변별력이다.

"상사의 부당한 지시에 대해서 어떻게 대처할 건가요?"

직장생활을 해보지 않은 지원자는 이러한 질문에 당황할 수도 있다. 우선 부당한지 여부를 판단하는 것이 어렵고 대처하는 방법도 어렵다. 일단 그 지시를 제대로 이해했는지 확인해보는 것이 필요하다. 제대로 이해했는지 자기를 먼저 돌아보고 신중한 입장을 보여야 한다. 단순 의견 마찰일 수도 있고 규칙에는 어긋나지만 융통성 범위 내에서 해결 가능한 것일 수도 있기 때문이다.

부당하다는 생각이 들면 해당 상사와 상의해서 직접 해결하는 것이 가장 중요한데 직책 간 거리감이 있다고 판단하면 가장 가까운 선배와 상의해야 한다. 이것이 팀워크다.

"싫어하는 상급자나 동료와 어떻게 친해질 건가요?"

직장생활뿐만 아니라 사람이 살아가는 데 반드시 자신과 코드가 일치하는 사람만 만나는 것은 아니다. 업무상 거리가 생길 수도 있으며, 개인적으로 안 맞아서 또는 특정한 사연 때문에 거리가 멀어질 수도 있다. 이런 일은 빈번히 생긴다. 그러나 조직에 매우 부정적인 영향을 주며, 개인 입장에서도 직장생활에 매우 부담되는 일이다.

싫어하는 사람과 같이 일하는 방법은 사람마다 큰 차이가 있다. 가장 무난한 방법은 공식적인 업무 소통 외에는 대화를 하지 않다가 서서히 대화를 늘려가는 것이다. 무턱대고 처음부터 억지로 친해지려고 하거나 멀리하려고 한다면 관계는 더 악화된다.

가장 쉽고도 어려운 방법은 싫어하는 사람의 말을 더 경청하는 것이다. 비공식적인 대화를 경청하라는 의미가 아니라 공식적 대화를 경청해서 최소한의 신뢰감을 갖도록 만드는 것이 중요하다.

"상급자의 부당한 업무 평가에 어떻게 대응할 건가요?"

조직은 해마다 업무 평가를 한다. 개인 실적을 반영하는 것인데, 연봉 협상과 직결된다. 개인 실적을 상사가 평가하는 것은 기준이 모호한 경우도 있지만 영업은 실적이 명확하기 때문에 논란의 여지가 없다. 평가가 객관적이지 못하다면 업무 평가에 대해서 이의를 제기할 수도 있다. 회사에서 발생하는 모든 문제는 대화와 협의, 타협을 기본 원칙으로 한다. 본인이 어떻게 정당한 평가를 받을 수 있을 것인가에 대한 고민이 필요하다.

"타인과의 의견은 어떻게 조율할 건가요?"

다양한 정보를 바탕으로 타인의 의견을 분석해보고 과연 자신이 타인(동료)의 의견(의도)을 제대로 이해하고 있는지를 되새겨야 한다. 자신의 의견에 대한 확신이 있다면 대화를 통해 조율해야 하며, 팀원들의 의견을 수렴해 최종 의견을 도출하는 것이 가장 이상적이다. 답변은 추상적인 내용보다 구체적인 예를 들어가며 말하고, 가능하면 창의적인 방법으로 접근하는 것이 좋다.

"도덕적 해이에 대해 어떻게 대처하겠습니까?"

"구매 부서에 근무하는데 매우 가까운 친인척 및 지인으로부터 제품 구매를 요청받았습니다. 그런데 품질이 규정치 이하이기 때문에 구매가 불가능할 경우 어떻게 대처하겠습니까?"

'회사 규정에 정말 어긋나는 것인지 확인해야 하며, 과연 내가 내용을 제대로 이해하고 있는지 또는 지시를 올바르게 이해했는지 살펴야 한다'는 식으로 말한다. 주위의 선배에게 이런 경우는 어떤 식으로 대응해야 하는지를 물어 팀워크를 이용해 해결할 수도 있다. "아무리 어려운 문제라도 선배들이 해결하지 못한 것을 보지 못했다"라고 말한다면 팀워크를 강조할 수 있다.

"팀워크를 키우는 방법을 말씀해보세요"

팀워크는 아무리 강조해도 지나치지 않다. 조직 구성원 누구나 가장 중요하게 생각하는 것이 팀워크다. 신입사원으로서 제시할 수 있는 팀워크 향상법을 말할 수 있으면 좋다. 상상력을 동원하여 생각할 수도 있다. 실제로 많은 이야기를 하고 개인 친밀도가 높아지는 활동을 하면 서로 이해하는 데 도움이 된다. 조직도 이러한 면을 이해하기 때문에 회식비, 동호회비 등을 지원하며 단합을 돕고 있다.

"자신의 주장을 굽히지 않고 일을 진행하다 실패할 경우 대처 방안은 무엇인가요?"

회사란 개인의 역량과 팀워크가 적절히 조화되었을 경우 효율을 발휘한다. 조직은 결제를 통해 모든 의견이 반영되기 때문에 근본적으로 실패의 책임을 개인에게만 돌릴 수 없다.

하지만 결과에 대해서 때로는 책임질 때가 있을 것이며, 실패한 프로젝트에 대한 마무리 작업이 필요한 경우도 있다. 더 나아가 새로운 프로젝트와 업무를 위한 준비도 해야 한다. 자신의 의견을 고집하다 프로젝트가 실패했다면 그 원인을 철저히 분석하고 같은 실수를 하지 않는 것이 중요하다. 명확한 근거를 바탕으로 판단하여 진행한 일에 대해서는 의기소침할 필요가 없다.

"자신에게 적합하지 않은 일이 주어졌을 경우에는 어떻게 할 건가요?"

직무적합성을 고려하여 부서에 배치되지만 해당 직무에 대해 100% 이해를 하고 지원하는 것이 아니다. 생각과는 다른 업무 부서에 배치되는 상황이 생길 수 있다. 적절한 부서에 배치를 받았다 하더라도 자신의 업무가 자신의 의도와 다르게 연결될 수도 있다.

특히 공공기관은 기본적으로 순환근무 체제로 2~3년마다 자리를 옮긴다. 또한 공공기관은 한 사람이 여러 가지 업무를 동시에 맡아야 하므로 내가 잘할 수 있는 것과 잘하기 어려운 업무가 동시에 부과될 수도 있다. 그러니 면접이나 자소서에서 직무적합성을 강조하면서도 희망 부서에 배치되지 않더라도 근무할 수 있는 기본 소양이 있다는 점을 언급하면 좋다.

"회사란 어떤 곳이며 본인에게 어떤 의미가 있나요?"

대부분의 지원자들은 회사가 어떤 곳인지 잘 알지 못한다. 대학생이 회사에 대한 정보를 접할 수 있는 경우는 인턴이나 아르바이트 경험 정도인데, 인턴은 그나마 많은 정보를 접할 기회이지만 아르바이트는 그만큼 도움이 안 될 수도 있다.

회사는 직업이라는 관점에서 살펴볼 수 있다. 사람은 누구나 생산적인 활동을 하며 경제적으로 보상되는 일에 종사할 때 '직업'이라는 표현을 사용한다. 일반적으로 경제적 소득과 관련한 생산적 활동이 직업이며, 중요한 삶의 한 과정이자 삶의 현장이다. 회사는 사람들이 모여 있는 곳이지만 조직에서 각자가 생각하는 것 그리고 추구하는 것이 다르다. 조직의 목적과 개인의 목적이 반드시 일치한다고도 할 수 없다. 그럼에도 하나의 동일한 목적을 위해 모인 곳이 회사다. 회사와 나를 연결시켜 답변을 정리해둔다. 이와 유사한 질문으로 "왜 취직을 하려고 하는가?"가 있다.

"10년 후 회사에서 자신의 모습은 어떠할까요?"

지원자가 지원 기업에 대해서 장기적인 계획을 세웠다면 10년 후의 자기 모습을 그려보았을 것이다. 그 모습이 궁금해서 물어보는 것보다는 미래에 대한 확고한 신념이 있는가를 점검하기 위한 질문이다. 블라인드 면접 질문은 평가를 위한 것이며 미래에 대한 신념의 유무는 입사 의지 정도를 파악하는 데 유용하다. 추상적인 표현보다 상세한 단어와 내용으로 답변하는 것이 좋다.

"회사에서 본인의 최종 목표는 무엇이며, 입사 후 포부는 무엇인가요?"

회사생활을 통해 무엇을 얻을 것인가에 대한 질문이다. 얼마나 인내심 있게 본인이 세운 목표와 신념을 향해서 사는지는 중요하다. 면접관 입장에서 신념과 목표의식을 가진 지원자를 선별하는 중요한 질문이라고 할 수 있다. 본인의 신념과 목표를 회사생활과 연결해 구체적으로 답변하는 것이 좋다.

예를 들어, 조직에 헌신 또는 기여하겠다는 말보다 회사의 기술이나 정책과 연결해서 표현하면 더 명확하다.[T]

입사 후 포부는 구체적으로 말하는 것이 좋으며 당당하게 자신의 생각을 밝히는 자세가 필요하다.

"마지막으로 하고 싶은 말은?"

지원자가 많이 활용하지 못하고 있는 질문이 '끝으로 하고 싶은 말을 해보라'는 것이다. 우선 자신이 면접을 보면서 준비했던 내용 중에 제대로 전달하지 못했던 것을 강조할 수 있다. 또는 회사의 성장 가능성, 비전, 사업 부문에 관련된 내용에 대한 의문점을 말하는 것도 가능하다. 오랜 시간 면접의 기회를 준 점에 대한 인사와 감사의 뜻을 전하는 것도 잊지 말아야 한다.

6 다양한 면접 유형과 평가표 알기

블라인드 채용은 경험, 경력, 자격증에서 비롯된 역량을 중시한다. 역량을 잘 표현하려면 질문의 의도에 먼저 답한 다음 중요한 것을 말해야 한다. 그다음엔 근거나 이유를 제시하는 순서로 말하면 면접관이 판단하기가 편리하다.

무엇보다 면접 유형과 평가기준을 알아두면 어떤 게 중요한지 파악되고 준비하기가 수월해진다.

1차 면접과 2차 면접의 평가 초점

구분	면접 유형	평가 초점
1차 면접	블라인드 면접	직무 중심 역량(채용담당자와 외부 전문가)
2차 면접	조직적합성과 인성 중심 면접	인성 중심 역량(임원과 외부 전문가)

포지티브 vs 네거티브 면접

포지티브 면접은 최종 합격 인원보다 더 많이 뽑으며, 일정한 조건이 갖추어지면 일단 선발하는 형태다. 지원자가 자격증, 경력, 경험 등을 갖추면 통과된다. 네거티브 면접은 불합격자를 가려내는 데 초점을 두며 최종 면접의 기준이라고 할수 있다. 예를 들어, 조직문화에 적응할 수 있는지 여부, 역량은 있지만 조직에서 채용하기 어려운 유형을 가려낸다.

블라인드 면접의 종류

단독(일대일)면접	면접관 : 지원자 (개인 특성 파악)
개인면접	다수의 면접관 : 지원자 (자기소개 요구, 조직문화에 융화 가능한가를 파악)
집단면접	다수의 면접관: 다수의 지원자 (선별)
토론면접	4~5명당 주제 토론 (이해력, 협조성, 판단력, 표현력 등 파악)
프레젠테이션 면접	문제해결능력, 전문성, 창의성, 기본 실무능력, 논리성 등 관찰
압박면접	스트레스 내성 파악, 인성과 태도 관찰

- **단독면접**: 면접관과 지원자의 일대일 면접으로 소수 채용을 주로 하는 기업에서 많이 실시한다. 인성 파악이 주요 목적이다.

- **개인(심층)면접**: 다수의 면접관이 한 명의 지원자를 두고 주제에 대해 깊이 있는 질문을 끊임없이 이어가며 성격, 지식, 가치관, 직업관 등을 확인한다. 지원자들이 가장 긴장하기 쉬운 면접 형태다.

- **집단면접**: 다수의 면접관과 다수의 지원자가 참여하는 방식이다. 지원자의 비교 평가가 쉽다. 자신에게 질문이 없을 때도 경청하는 자세를 유지해야 한다. 첫 질문에서 1분 이내의 자기소개를 요구하므로 압축된 자기소개 준비가 필수다. 그 내용으로는 지원동기, 지원업무와 관련된 자신만의 강점, 특기, 관심 분야다.

- **(집단)토론면접**: 다수의 지원자가 다수의 면접관 앞에서 제시된 주제에 대해 토론을 벌이는 방식으로 면접관은 ① 적극성 ② 의사소통능력 ③ 대인관계 ④ 리더십 ⑤ 핵심 파악 ⑥ 논리력과 어휘력을 살펴본다.ᵀ

> 📢 **토론면접 유의사항**
> - 면접은 정답이 없다.
> - 결론부터 이야기한다.
> - 내 주장을 말하면서도 강요하지 않는다.
> - 다른 지원자의 이론을 반박하지 않는다.
> - 다른 지원자가 말할 때 끼어들지 않는다.
> - 면접관을 부드럽게 응시한다.

프레젠테이션 면접

일정 주제를 놓고 발표하는 과정을 통해 발표력, 논리력, 설득력, 창의성, 의

사소통능력 등을 종합적으로 판단하는 것이 목적이다. 직무에 관한 지식이나 조직과 연관되는 시사성 있는 주제를 사전에 배부하고 20~30분 정도의 발표 시간을 준다. 최대한 자신의 의견을 도표나 그래프로 설명해야 하고 정해진 시간을 충분히 사용하지만 초과하면 안 된다. 문제 제기는 명료하게, 자신감 있는 목소리로 말한다.

논리를 잘 구성하는 게 중요하다. 프레젠테이션 때 틀린 부분이 있었는데 우기지 않고 그 부분을 솔직히 인정했더니 오히려 좋은 결과가 있었던 사례가 있다. 독선적 주장보다 인정하는 게 중요하다.

프레젠테이션 면접 예시

전공 주제와 문제해결 주제(두 가지 형태)	
분량	A4 3장
준비 시간	40~60분
발표	15분(5~10분 발표, 5분 질문)
내용	1. 현재와 미래의 조직의 상황 2. 현재 당면한 가장 중요한 업무 영역 3. 대안 제시 발표

압박면접

일부러 난처하게 유도하는 면접으로 순발력과 스트레스 내성을 살펴본다. 후속 질문이 계속 이어지므로 적당하게 꾸민 이야기는 금방 들킨다. 단순히 후속 질문을 하는 것은 압박면접과 다소 차이가 있다. 압박면접은 일부러 지원자를 난처하게 몰아가서 상황 대처능력을 보려고 하는 것이다.

지원자가 가장 난감한 면접 순간이 바로 압박면접이다. 압박면접은 스트레스에 어떻게 대처하는지 살펴보려고 의도적으로 구성한 것이다. 예를 들어, 즉각 처리할 문제가 담긴 보고서, 이메일 등을 제시하고 촉박한 시간 안에 그 문제를 해결하는 방법을 설명하도록 하는 것이다.

역량은 특정 상황이나 직무에서 효과적이고 우수하게 일하는 능력을 말하지만, 어느 정도 스트레스에 견딜 수 있는지도 실제 업무 현장에서 중요하다. 채용

기본적인 압박면접 질문

- 몇 번째 면접인가요?

- 지금까지 여러 곳을 지원했는데 왜 떨어졌나요?

- 자소서에 쓴 경력이 다양한데 혹시 한 가지에 집중을 못하는 것이 아닌가요?

- 당신에게 맞는 회사는 여기가 아니라 다른 곳이 아닐까요?

- 우리 회사에서 희망하는 연봉을 드릴 수 없다면 어떻게 하겠습니까?

- 입사하고 여기서 몇 년 정도 근무할 생각입니까?

- 채용이 안 되면 어떻게 할 겁니까?

- 전혀 경험도 없고 어려운 많은 일을 내일 오전까지 해야 할 경우 어떻게 하겠습니까?

- 우리 회사의 직원이라면 누구든지 화나거나 흥분하거나 격노한 고객을 만나게 됩니다. 자신이 겪었던 최악의 상황에 대해 말해보세요.

- 자신이 부도덕하다고 생각한 일을 하도록 지시를 받았던 경우에 대해 말해보세요.

- 업무 중에 스트레스에 대처해야 했던 경우에 대해 말해보세요. 스트레스를 받는 상황에 제대로 대처하지 못했던 경우에 대해 말해보세요.

- 가치관이나 신념이 서로 다른 사람들과 함께 문제를 처리했던 일에 대해 말해보세요.

- 처리할 업무가 너무 많아서 우선순위를 정해야 했던 경우에 대해 말해보세요.

- 자신이 경험했던 까다로운 문제와 그 문제를 해결한 방법의 사례에 대해 말해보세요.

하려는 직무에서 일을 우수하게 하는 사람을 선발하면 입사 후에 우수한 성과를 보일 수 있다고 예측하지만 모두 우수한 성과를 거둘 수는 없으며 실수 또는 중도에 일이 무산되는 경우도 부지기수다. 그렇기 때문에 압박면접에서 이를 확인하고자 한다.

면접은 일종의 대인관계로 면접관이나 지원자 모두 뚜렷한 목적이 있다. 정확하고 객관적으로 지원자의 행동과 내면에 보유하고 있는 역량을 추론한다는 점에서 압박면접은 의미가 있다. 지원자의 긴장을 높이는 기술, 송곳 같은 질문 등이 대표적인 예다.

면접평가표에 맞춰 준비하라

면접관도 기억에만 의지하면 질문을 빠뜨리거나 정확한 평가를 하지 못한다. 과거에는 느낌이나 경험에 의지한 면접을 진행했고, 면접관마다 하는 질문과 태도 평가에서 차이가 심했다.

그렇지만 블라인드 면접은 면접평가표 자체가 구체적이며 사실적 항목을 측정하도록 구성되어 있다. 직무역량 질문이라면 아래와 같이 물어보고 기준에 따라 채점한다.

당연히 평가기준을 알면 면접 준비에 도움이 된다.

실무 직무역량 평가범주	직무 경험	동아리 등의 활동에서 새로운 아이디어를 제안한 경험이 있으면 말씀해보세요.	등급(1~5)
	창의성/ 기획력	말씀하신 활동 중에서 어떤 점이 창의적이었고 구체적으로 어떻게 기획했습니까?	
	직무 수준	지원자 개인의 지식과 기술 수준을 말씀해보세요.	
	환경 분석	현재 우리 업계의 현황, 전망, 본인의 방향을 말씀해보세요.	
	기술 수준	자격증을 취득한 이유와 그것을 경험이나 경력에 활용한 적이 있는지를 말씀해보세요.	

채점 참고) 경력자는 직무 수행, 신입자는 학교 활동 중심으로 질문해서 채점

면접관의 평가 유형

기업이나 기관에서 직무에 적합한 인재를 선발할 때 평가의 타당도는 매우 중요하다. 보통 다음과 같이 세 가지 큰 카테고리로 나눠 각각의 단계에서 평가를 진행한다.

1. **인지 평가**: 무엇을 알고 있는지를 평가한다. 필기시험, 단답형 구술시험이 해당된다.
2. **행동 평가**: 과거 행동을 기준으로 한다. 자소서를 바탕으로 과거 행동과 면접장에서 나타나는 행동을 비교한다.
3. **인물 평가**: 자세, 음성 등에서 부정적인 단서를 찾는 데 집중한다.

블라인드 면접에서는 각 단계별로 팀장급부터 임원급까지가 면접위원으로 참여한다. 특히 역량 중심 면접은 구조화된 면접 기법을 동원하는데 첫 질문은 개방적으로 시작해서 점차 깊이 있게 범위를 좁혀가며 잠재역량을 평가한다.

블라인드 면접의 평가기준은 기관마다 다른 것도 있지만 공통된 부분이 많다. 단어, 개념의 차이가 다소 있을 뿐 평가해서 얻으려는 내용은 유사하다. 아래에서 다양한 면접평가표를 살펴보고 스스로 자신을 점검하는 목적으로 사용하거나 면접을 준비하는 사람들끼리 모여서 함께 체크해보자.

먼저 영역별 면접 구성은 집단, 사례, 직무능력 확인 형태로 나눌 수 있다. 집단면접은 단체로 입장해서 평가를 받는 형태이며, 사례 인터뷰는 장시간에 걸쳐서 지원자의 역량을 최대한 꼼꼼히 파악하는 것이 목적이다. 직무능력 확인은 일정한 시간을 주고 기획서를 작성하는 형태로, 지원하는 직무를 제대로 파악하고 준비하지 않으면 쓰기가 어렵다.

직무역량 평가 항목은 문제해결을 핵심요소로 첫 질문부터 후속 질문을 이어서 하는 경우다. 질문마다 적합한 답변을 하는지 여부를 가지고 채점한다.

영역별 면접 구성

영역	면접 대상	면접관	시간	관찰
집단면접	3~7명	차장, 과장	90분	집단에서 개인 능력을 어떻게 발휘하는지 중점적 파악 (문제해결력, 협력 정도, 의사소통능력)
사례 인터뷰	1명	팀장	120분	문제 핵심 파악 능력, 논리적 분석력, 직무 이해도, 표현력을 검증 (특정한 문제를 제시하고 답변 청취)
직무능력 확인		과장	60분	직무에 관련된 간략한 기획서 작성

직무역량 평가 항목

평가 항목	핵심요소	질문	모범답변	평가기준
직무역량	문제해결	첫 질문 후속 질문	질문에 따라 여러 모범 답변이 있을 수 있음.	최우수 우수 보통 부적격 탈락

신뢰 영역 평가요소

구분	평가요소	평가 점수 (A, B, C, D, F 등급)	착안점
신뢰	성실성		책임감(준비성) 원칙 준수(면접 원칙 준수) 투명성(정직성)
	친근감		고객 지향 사고(정확한 고객 요구 파악) 타인 배려(예의 바르게 행동) 협동성(조직 구성원 장점 인정)

신뢰 영역 평가는 성실성과 친근감으로 나누는데 착안점(하위요소)은 자소서나 일반 면접에서 볼 수 있는 요소와 같다.

블라인드 면접평가표는 기본적인 평가 항목이 미리 정해져 있다는 점이 핵심이다. 아래 표에 나타난 질문은 블라인드 면접의 평가 하위 기준으로 그 항목에 맞게 채점한다.

직무 전문성 평가지표는 단계가 높아질수록 지원자의 전문성이 높다는 뜻이다. 기초 용어를 알고 제한된 일을 할 수 있는 단계에서 독자적 업무 처리를 거쳐 탁월한 성과를 창출하는 단계까지 있다. 면접관은 면접을 진행하면서 지원자가 어느 수준에 위치하는지를 가려낸다.

팀워크 평가지표도 마찬가지다.

블라인드 면접 평가표

항목	내용	등급	점수
표현력 (25점)	음성과 시선 처리 등 발표 기술이 우수한가? 배정 시간을 준수했는가?	상 중 하 상 중 하	
창의성 (25점)	본인만의 아이디어로 말하는가? 유연하고 참신한 생각인가?	상 중 하 상 중 하	
적극성 (25점)	진지하고 열정적인 자세인가? 설득력과 호소력이 있는가?	상 중 하 상 중 하	
전문 지식 (25점)	직무를 정확하게 이해하고 있는가? 논리적으로 경험과 경력을 설명하는가?	상 중 하 상 중 하	
종합 평가 의견 (100점)			

직무 전문성 평가지표

I단계	• 업무에 필요한 기초 용어를 알고 있다. • 직무에 관련된 지식, 최근의 정책, 관행 및 규칙에 대해 기초적 지식을 갖추고 있다. • 제한된 자원을 활용하여 스스로 실무를 진행한다. • 장애를 사전에 예방할 수는 없으나 장애에 대한 조치를 마련할 수 있다.
II단계	• 담당 업무 이행에 있어 결과를 예측하며 실행 가능한 대안을 제시한다. • 시행함에 있어 생길 수 있는 장애물을 예측하고, 우발적 사태에 대한 조치 및 대응책을 마련한다. • 구체적 실무를 혼자서 독자적으로 처리 가능하다. • 업무수행과정에서 발생하는 불만 처리에 대한 전문 지식과 노하우를 가지고 있다.
III단계	• 담당 업무와 관련된 실행 전략을 수립하고, 관련 담당자들을 교육/조언하여 육성할 수 있다. • 시장 상황, 외부 환경, 경쟁자에 관한 정보 등 관련 지식을 활용하여 새롭고 독창적인 실행 전략을 개발한다. • 자신의 분야/직무에 뛰어난 이해와 더불어 다른 직무에 대한 상급의 지식을 갖추고 있다. • 지속적인 자기개발을 통해 최고의 전문성을 갖추며 탁월한 성과를 창출한다.

팀워크 평가지표

I단계	• 조직의 목표와 자신의 목표를 연계하여 업무를 수행하지 않는다. • 팀 미팅 및 팀 과제에 참여한다. • 팀의 최종 결정사항이 자신의 입장을 충분히 반영하지 않을지라도 우선은 그 결정에 따른다.
II단계	• 동료가 필요로 할 때 업무 관련 유용한 정보 및 자료를 공유하며 적극 지원한다. • 조직의 목표가 정해지면 자신의 뜻과 다르더라도 적극 참여한다. • 팀 구성원 전체의 의사를 적극 반영해서 의사결정한다. • 다양한 스타일이나 배경을 가진 사람들을 이해하며 공감대를 형성하여 일한다. • 조직원의 전문 지식이나 조직에의 공헌을 인정하고 배우려 노력한다.
III단계	• 타인의 의견을 존중하며 찬동, 칭찬하는 분위기를 만들어 온화한 조직문화를 형성한다. • 조직의 일체감 형성을 위한 의사소통을 주도하고 적극적으로 참여한다. • 팀 분위기를 조정함으로써 나와 우리의 목표를 함께 달성하도록 의욕을 북돋는다. • 동료들이 도움을 달라고 말하기 전에 솔선수범하여 동료들에게 도움을 준다. • 직장(조직) 밖에서도 팀원들의 결속력을 증진시키기 위해서 노력한다.

조직 몰입/헌신 평가지표

I단계	• 문제가 발생하였음에도 스스로 나서서 해결하려는 자세가 부족하다. • 구성원들이 회사에 대해 불평을 하면 회사의 입장에서 대변한다.
II단계	• 자신의 이익보다는 조직의 요구에 부응하도록 노력한다. • 본인의 일이 아니더라도 조직에 필요한 일이라면 적극적으로 나선다.
III단계	• 자신보다 남을 먼저 배려하고 존중하며 더불어 사는 이치를 깨달아 늘 실천한다. • 조직 전체를 위해 자신의 부서뿐만 아니라 타 부서까지 동참하게 하여 경쟁력을 향상시킨다. • 어려운 상황에서도 고객과의 약속을 충실하고 성실하게 완수해 조직의 신뢰도를 높인다.

　　조직 몰입과 헌신 평가지표도 단계가 높아질수록 몰입도와 자기희생의 수준이 높다는 의미다. 면접관은 지원자의 행동이나 표현을 유심히 관찰해야 이 항목을 채점할 수 있으므로 다른 항목보다 시간이 많이 걸린다.

　　의사소통 평가지표는 집단면접에서 적용 가능하다. 자기 말만 하는 지원자는 최저 단계에 해당될 것이며, 추가 정보를 얻으려고 질문하거나 분위기를 잘 적응하거나 이끌어가는 지원자는 높은 단계에 해당한다.

의사소통 평가지표

I단계	• 타인의 의견을 경청하고 이해하며, 본인의 의견/생각을 무난하게 전달할 수 있다. • 대화/답변 도중 핵심에서 벗어난 내용이 종종 있으나 대화를 이어나갈 수 있다.
II단계	• 상황에 따라 개념적인 것에서부터 상세내용까지 전달내용의 수준을 유연하게 조절한다. • 대화 도중 적절한 질문이나 반문을 통하여 전달 내용에 대한 본인의 이해도를 높이고 요점을 파악한다.
III단계	• 상대의 관심을 불러일으킬 수 있는 사실이나 정보, 예시들을 잘 활용하고, 추가적인 정보를 도출하기 위해 적절한 질문을 한다. • 자유롭게 의견을 나눌 수 있는 분위기를 조성하며, 복잡하고 민감한 사안에 대하여 전문적인 방법을 활용하여 의사소통을 할 수 있다.

　　혁신 평가지표는 문제해결과 성과달성도를 알아보는 것으로 일정한 문제를 제시하고 그것을 설명하는 형태의 면접에서 활용한다. 면접 전에 지원자가 문제를 풀어볼 시간을 주고 그것을 면접관에게 설명한다. 이후 상호 질의응답을 거쳐서 어느 단계에 해당되는지 평가한다.

혁신 평가지표

I단계	• 현재의 프로세스를 개선하기 위하여 적절한 정보를 활용한다. • 자신의 업무활동에 일반적인 문제해결 방안을 확인하고 적용한다. • 조직의 사업성장을 이끌 수 있는 새로운 방안을 탐색한다.
II단계	• 새로운 방안 및 대처방안 또는 해결안 등을 실행하고 발생될 수 있는 영향력을 확인한다. • 새로운 문제해결 방안을 개발하며, 알려져 있는 일반적인 방법들을 통합 또는 결합하여 활용한다. • 최선의 방책과 다른 기법들을 이용하여 혁신적 사고를 촉진하고 기능 개선을 위하여 기법 등을 만들어낸다.
III단계	• 복잡한 문제, 상황, 기회들에 대한 새로운 대안과 접근방법을 공식화하고, 새로운 방법의 영향력과 부가가치를 예측/평가할 수 있다. • 사업의 성장과 이익을 위한 기회들을 확인 · 분석 · 촉진한다. • 사업을 성장시키거나 이익을 증대시킬 수 있는 새로운 방법을 촉진하도록 이끌며 조직 전체의 혁신을 전파할 수 있는 기법을 만든다. • 실패를 두려워하지 않으며 끊임없이 혁신을 주도한다.

공통역량과 전문역량의 구분이나 항목은 기관마다 차이가 있지만 대체로 비슷하다. 공통적으로 문제해결, 업무조정, 협상력이 해당되며 전문역량은 어떤 부서인지에 따라서 배점에 차이가 있다. 이 부분을 굳이 구분하지 않고 통합해서 평가하는 경우도 많다. 다시 말해서, 구분 없이 항목을 나열하고 그 배점을 달리하면서 채점한다.

공통 · 전문 역량별 평가지표

구분	항목	정의	등급
공통역량	문제해결력(25점)	문제 상황을 신속 정확하게 파악하고 해결하는 능력	탁월 우수 무난 미흡 부진
	업무조정력(20점)	다양한 부서 이해가 얽힌 사안에 대해서 조직 전체의 이익을 확인하고 조율하는 능력	
	협상력(15점)	상대편으로부터 합리적이고 적절한 합의점을 도출해서 상호 동의하도록 유도하는 능력	
전문역량	분석력(20점)	복잡한 자료의 특징을 찾고 설명할 수 있는 능력	
	의사소통력(20점)	개인의 아이디어나 정보가 조직에 공유될 수 있도록 표현하는 능력	
계	100점		

인재상 평가지표

인재상	개인능력 평가 (기초직무수행능력 중심)	조직적합성 평가 (인성과 적응력 중심)
자율성(능동)	A, B, C, D, F	A, B, C, D, F
전문성(지식)	A, B, C, D, F	A, B, C, D, F
창조성(아이디어)	A, B, C, D, F	A, B, C, D, F
적응성(조직 적응)	A, B, C, D, F	A, B, C, D, F
종합점수	개인 발표 (20분 이내, 팀장급 면접관 5명 이내)	집단면접 (60분 이내, 임원급 5명 이내)

위의 표는 회사 인재상을 기준으로 평가하는 방법으로 지원자의 전문성부터 인성까지 회사에 적합한지 여부를 가리는 형태다. 그것을 개인과 조직(부서)으로 구분해서 배점을 세분화한 평가지표로 지원자를 자세히 선별하겠다는 의미이기에 2차 면접 이상인 경우 많이 사용하고 1인당 시간을 투자하면서 복합적인 질문을 해서 응답을 얻으려고 한다.

인사 총무, 재무, 기술 등 직군별 차이가 있을 경우 적합한 사람이 아니면 면접에서 좋은 결과를 얻기가 힘들다. 특히 팀장급이 아닌 대리급 등 젊은 직원까지 면접관으로 참석한다는 점에서 실제 일을 할 수 있는지 여부를 더욱 현실적으로 알아낼 수 있다. 응답할 때는 면접관이 알아듣기 쉽게 명료하게 한다. 특히 면접관에 반응에 대해 긍정하거나 부정하는 모습은 삼간다. 면접관이 회사나 기관에 대한 설명이나 소개를 한다면 그와 연관해 직무능력을 표현하는 것이 좋다.

평가지표에서는 뛰어난 사람보다 회사에 얼마나 적합한 사람인지를 판가름한다. 탁월한 업적을 이루는 것도 중요하지만 조직적 역량을 발휘해서 회사에 기여할 수 있는지 여부가 중요하다. 이에 지원자의 창의성, 적극성, 성실성, 역량 등에 주안점을 둔다. 특히 역량은 지원자의 경험과 경력에 대한 질문으로 실무능력이 있는지를 파악한다.

실무능력은 직무적합성과 일치하며 심층 질의응답으로 20~60분 정도 진행되며 집단면접인 경우는 지원자끼리 토론을 해서 문제를 해결하는 방식으로 운영한다. 문제는 실제 있었던 상황이나 사건을 제시해 어떤 방식으로 해결할지 도출하

상황-직무-적응 면접 질문에 대한 평가지표

상황 면접	당신이 불가피한 사정으로 중요한 회의에 참석을 못 하면 어떻게 대처하겠습니까?	
직무 면접	저를 설득해서 앞에 있는 물건을 판매하기 바랍니다.	적합한 답변: 5점 일부 적합: 2~4점 잘못된 답변(무응답): 0점
적응 면접	적어도 한 달에 4회 이상 출장을 다녀야 하고 야간에 이동하는 경우도 많습니다. 이럴 때 어떤 점이 당신에게 문제가 되리라고 생각하십니까?	

는 과정으로 위의 표와 같이 가상 상황을 설정하고 그 대답을 듣는다.

세 가지 면접 질문 모두 가상의 상황이고 그에 대한 답변을 얼마나 논리적으로 하는지, 순간적인 판단력이 어떤지를 평가하는데 지원자 입장에서 당황스럽고 긴장할 수밖에 없다. 이때 지원자는 정답을 찾으려 노력하기보다 평소처럼 또는 과거 경험을 떠올려서 유사하게 대응하려고 해야 한다.

창의성 관련 평가요소, 질문, 기준

평가요소	창의성(독창적이고 유용한 아이디어를 낼 수 있는 능력)
평가척도	우수-보통-미흡 / 판단 불가(응답이 창의성 영역에 해당이 없음)
질문	경기 불황에서 어떤 사업을 펼쳐야 성공할 수 있다고 생각하나요?
추가 질문 1)	왜 그런 생각을 하는지 더 자세히 말씀해주십시오.
추가 질문 2)	예상할 수 있는 외부 장애요소는 무엇이 있겠습니까?
추가 질문 3)	말씀하신 사업이 우리 회사에 어떤 파급효과를 주겠습니까?
평가기준	독창성(일반적이지 않은 정도), 유용성(현실적으로 도움이 되는 정도) * 독창적이지만 유용하지 못하거나 유용하지만 독창성이 없으면 적합한 응답이 아니라고 판단

창의성은 자소서와 면접에서 가장 판단하기 힘든 영역이지만 아이디어를 중시하는 기업이나 공공기관에서 실시하는 경우가 있다. 특히 창업(신규 프로젝트나 새로 생긴 부서)과 관련된 직무라면 이러한 평가기준을 활용할 수 있다. 창의성은 정답을 말하기보다 듣는 사람이 납득할 수준에서 대답하거나 설명하는 것이 중요하다. 여기서 독창성이나 유용성은 아주 작은 것이 달라져도 해당되므로 거창하거나 혁신적인 아이디어를 제안해야 한다는 생각에서 벗어나야 한다.

성과지향성(Performance—oriented)과 비언어 관찰 평가지표

역량 정의	행동 지표	사실 확인	비언어 관찰
• 주어진 상황에 안주하지 않고 주변 기대보다 높은 목표를 설정해서 끈기 있게 추진하여 결과의 질을 극대화하는 역량을 말한다.	• 결과의 기준을 높게 설정한다. • 대안을 비교해서 효과적인 방법을 제시한다. • 면밀한 전략을 세워 높은 성과 목표에 맞게 도전한다.	• 사고의 유연성을 확인한다. • 상대방을 배려한다. • 봉사활동 등의 경험이 있다.	• 공감적 경청 자세를 가진다. • 밝은 표정을 띤다. • 발음이 정확하고 목소리가 떨리지 않으며 안정적이다.

성과지향성에 관한 평가표나 항목은 다른 것과 유사하거나 같다. 기관이 정한 역량의 정의에 맞는 행동을 했거나 하고 있는지를 면접에서 관찰한다. 만약 사실 확인을 더 정확하게 하고 싶으면 여러 차례 질의응답을 반복할 수 있다. 특이한 점은 바로 비언어 관찰이다. 이런 면접은 다수의 면접관이 역할을 나누어 특정한 면접관은 비언어적 부분만 유심히 관찰해서 채점한다. 인성이나 태도를 유추할 수 있으므로 비언어적 특성 관찰은 중요하다.

합격은 인성에 달렸다

인성은 면접에서 가장 파악하기 어려운 요소다. 그렇지만 면접 차수가 여러 번인 경우 면접 시간이 길어지면 어느 정도 파악이 가능하고 눈에 드러나는 태도로 추론할 수 있다. 인성은 윤리의식과 연결되므로 사내 윤리, 직장 윤리, 법규 준수와 관련이 있다. 특히 임원면접은 직무적합성이 이미 검증된 상태이므로 직관적으로 드러나는 인성을 중시하기도 한다.

도덕성 · 인성에서 부정적인 평가를 받은 지원자의 경우 다른 숙련이 뛰어나도 합격 가능성이 매우 낮다. 채용담당자들이 면접 단계에서 가장 중요하게 보는 속성으로 도덕성 · 인성이 압도적으로 높기 때문이다. 다른 능력이 뛰어나더라도 도덕성 · 인성이 부족하면 회사에 부정적 영향을 끼칠 가능성이 크므로 도덕성 · 인성은 필수조건에 가깝다는 것이 기업 채용담당자들의 견해다. '일은 배우면 되지만 사람은 안 변하기 때문'이다.

직원 채용에 대한 기대가 크면 당연히 면접 절차는 더 어려워지고 중요해진다. 사업은 현실이며 시간 등의 제약 아래 사람을 채용해야 하기에 면접은 지원서보다 더 중요하며 어느 조직이나 면접에 관한 기술을 높이기를 희망한다. 면접을 잘하려면 까다로운 질문을 잘 받을 준비를 해야 한다. <u>지원자가 지닌 가능성과 한계를 살펴보는 것이 면접이며, 지원자들에게 필수 질문을 해서 비교하기 때문에 공통적인 질문에 대한 답변은 더욱 신경 써야 한다.</u>

인성이 나쁘면 다른 것도 의미 없다

면접 단계를 통과하여 최종적으로 채용되기 위해서는 직업기초능력(도덕성 · 인성, 팀워크, 문제해결능력, 인내력 등)이 중요하다. 고등학교를 졸업하면서 관련 역량을 키우고, 대학에서는 단순한 전공 교육을 넘어서 직업기초능력이 자연스럽게 배양되도록 유도할 필요가 있다. 기업 관련 정보를 면접관이 묻는 것은 입사 의지, 관심 수준 등을 파악할 수 있기에 면접 질문으로 많이 활용하지만 인성에 관한 사항도 반드시 면접 전체 단계에서 한 번 이상은 물어본다. 회사에 대한 충성도를 알아보기 위한 질문으로는 회사 상황과 본인 가치가 상충될 때 어떤 것을 선택할지를 물어보는 방식도 활용되고 있다. 이런 질문에 대해서는 회사의 뜻을 거스르지 않는 범위 내에서 본인의 가치를 지키는 방안을 제시하는 것이 좋다. ^T

아래와 같은 경우는 면접관이 주의 깊게 찾아내려고 하는 유형의 사람이다.

> 바로 이런 질문에 대한 답변이 인성을 파악하는 기준이라고 할 수 있다.

인성 미달 유형

- 제멋대로 자기주장이 강하고 응석받이인 사람

- 부정적인 사고방식의 사람

- 외고집으로 전혀 융통성이 없는 사람

- 정보에 둔감한 사람

- 지적 능력이 열등한 사람

- 전공과목과 교양의 균형이 이루어져 있지 않은 사람

- 자신의 생각이나 요구를 논리적으로 주장할 수 없는 사람

- 대답이 분명치 않고 인정이 없는 사람
- 우수한 점도 많지만 특별히 쓸모가 없는 허약한 사람

인성은 직업윤리로 이어진다

공공기관에서 가장 중요시하는 것은 인성인데 그것은 직업윤리와 밀접한 관련이 있다. 어느 정도 역량을 갖추었는지는 이력서, 자소서, 구조화된 면접에서 어느 정도 관찰할 수 있지만 인성은 면접에서 가장 파악하기 어려운 부분이다. 기업은 창의적이고 진취적인 인재를 선호하는 경향이 있지만 공공기관은 법령을 지켜야 하는 곳이기에 직업윤리와 연관된 인성이 중요하다. 직업윤리에 관한 질문에 잘 대답하는 것이 면접의 당락을 좌우할 수 있다. 특히 면접관은 지원자가 거짓말을 하는지 과장해서 말하는지 직감적으로 알아챌 수 있다. 결국 합격은 태도에 달렸다. 당신이 어떤 태도를 보이느냐가 블라인드 채용에서 좋은 결과를 불러올 것이다.

7 면접관이 저지르기 쉬운 오류

면접관이 저지르는 오류는 사실 일반인도 저지르기 쉽다. 이를 최대한 방지하고자 다양한 면접 유형과 평가표를 활용해 블라인드 채용을 하려는 것이다. 오류의 종류는 한 가지만이 아니라 복합적으로 나타나며 그것이 잘못된 평가결과로 이어진다. 이에 면접관도 면접 교육을 받고 있으며 여러 면접관이 지원자를 교차 검증한다. 면접관이 저지르기 쉬운 오류를 알아보자.ᵀ

불완전한 존재, 면접관

면접관도 취준생이었던 적이 있었고 면접만 직무로 삼는 사람은 많지 않다. 그렇기 때문에 면접관은 불완전한 존재인데 자신만의 노하우나 경험 때문에 더 그렇다. 면접관도 감정을 가진 사람이므로 냉정하게 지원자를 판단하기가 어려울 때가 있다.

1. 질문의 신뢰도 및 타당도의 결여

면접에서 평가 항목과 관련 없는 질문을 하는 경우가 대표적이다. 이를 방지하고자 최근 면접관 교육을 강화하고, 우수한 면접관을 심사위원으로 위촉하기 위한 노력을 계속하고 있다.

지원자는 면접에서 최선을 다하겠지만 혹시라도 좋지 않은 경우가 발생했을 때 스스로 자책하는 것은 좋지 않다. 면접관도 사람이라서 오류가 있고 좋아하는 유형이 있다는 점을 인정하는 게 속 편하다.

2. 첫인상의 지배

입사지원서나 인터뷰 초기의 인상이 최종 평가에 영향을 미친다. 요즘 지원서류에서 사진을 요구하지 않는 경우가 늘고 있다. 블라인드 채용을 하는 이유도 성형수술과 같은 외과적 성형은 물론 화장품 사용과 같은 물리적 성형, 더 나아가 일명 '포샵'이라는, 컴퓨터 프로그램이나 스마트폰 앱으로 사진을 보정해서 외모에 대한 왜곡이 비일비재로 일어나기 때문이다.

3. 투사

평가위원이 자신의 배경 및 성격을 닮은 지원자에게 더 좋은 평가점수를 주거나 그 반대를 말한다.

4. 편견 및 선입견

집안이 어려웠던 사람은 사고 발생의 우려가 있으므로 선발해서는 안 된다는 형태의 생각이다. 반대로 집안이 부유한 사람은 편하게 생활했으니 조직에 적응하기 어렵다는 것도 선입견이다.

5. 후광효과

면접관은 지원자의 한 가지 좋은 모습에 현혹되면 그다음에 전체 현상을 결론짓는 경우가 있다. 후광효과의 기능은 면접관이 쉽게 결론내리도록 하는 것이다. 대표적으로 외모, 신분, 연령, 학력 등과 같이 개인이 가진 특성에서 비롯되며 첫인상도 다른 모든 것을 뛰어넘는 후광효과 요소라고 할 수 있다.

6. 귀납법의 오류

일반적으로 사람들은 개별적으로 관찰한 사실이나 원리를 보편타당하게 넓혀서 생각한다. 이러한 오류는 과도한 일반화로 이어지고 면접관도 지원자의 특정 부분을 보고 '다른 부분도 이럴 것이다'라고 생각하는 오류에 빠질 수 있다.

7. 확증편향

새로운 정보가 우리가 가진 기존의 이론, 가치관, 정보와 모순되지 않는다고 믿는 경향이다. 끊임없이 자신의 생각을 바꾸려고 노력하지 않으면 이러한 현상에 빠지기 쉽다. 자신이 믿는 것이 전부라고 생각하면 그와 반대되는 상황, 증거, 견해가 있더라도 눈에 띄거나 귀에 들어오지 않는다. 특히 애매한 말일수록 그 위력은 더해지는데 자신의 믿음을 입증해주는 증거만 기억하기 때문이다.

8. 달변

마치 모르는 것을 아는 것처럼 행동하는 사람들이 많다. 스스로 자신을 대단한 것처럼 보이게 하는 데 능숙한 사람들이다. 내용이 없는 진부한 말이나 뻔한 말조차 능숙하게 전달하므로 그러한 말을 잘 듣는 사람이 많다. 말을 많이 하는 사람과 실제로 지식을 많이 가진 사람을 혼동하면 안 된다.

9. 대비효과

사람들은 사물을 하나 보여주고 그 가치를 말하라고 하면 명확하게 표현하지 못한다. 그래서 옆에 비교할 만한 대상을 찾으려고 한다. 절대적인 기준을 갖고 판단하기가 어렵다는 뜻이다. 대비효과는 일상에서 매우 흔하게 일어나는 오류다.

10. 사회적 검증과 동조심리

사회적 검증은 집단충동이라고도 하는데 다른 사람이 행동하는 것처럼 나도 행동하면 옳다고 믿는 것이다. 어떤 주제에 대해서 옳다고 믿는 사람이 많을수록 그것이 더 진실이라고 착각하는 것이다. 실제로 그것이 진실일수도 있지만 아닌 경우 주변 사람과 같은 판단을 내려야 한다는 압박감이 동조심리와 연결된다.

11. 지수의 확장

사람들은 직선적 또는 단계적 성장에 대해서 직관적으로 이해하지만 백분율이 높아지는 것에 대한 직감은 떨어진다. 증가하거나 감소하는 비율을 믿는다기보다 직접 계산된 수치를 믿는 것이 더 합리적이다.

12. 프레이밍(틀 짓기)

프레이밍은 틀에 넣는다는 의미로, 동일한 사안에 대해서 사람들은 그것이 어떤 형태로 묘사되는지에 따라 다르게 반응한다는 것이다. 프레이밍은 말하기부터 사물에 대한 관점까지 광범위하게 사용된다. 프레이밍에 빠지기보다 여러 가지 기준을 사용하는 편이 더 공정하다.

13. 이기적 편향

사람들은 성공의 원인을 자신에게 돌리고 실패의 원인은 외부 요인으로 돌리는 경향이 강하다. 자기확증편향이라고도 말할 수 있는데 자신이 초래한 긍정적 결과는 과대평가하고 부정적 결과는 과소평가하는 경향이다. 이러한 오류에서 벗어나려면 외부의 조언을 귀담아들어야 한다.

14. 호감편향

호감편향은 누군가에게 호감이 생기면 그 사람에게 물건을 사거나 그 사람을 도우려는 경향을 보이는 것이며, 찾아내기 쉬운 편향에 속한다. 상대방의 몸짓을 따라해 공감을 형성하려는 노력이 넓은 의미에서 호감편향이라고 할 수 있다.

15. 집단사고

기본적으로 사람들은 주변 사람이 한목소리로 동의하거나 반대하는 의견을 거스르려고 하지 않는다. 생각이 달라도 침묵을 지키는 경우까지 포함한다. 이렇게 되면 결국 집단의 생각이 결정을 좌우한다. 집단의 가치에 자신의 생각을 맞추는데 혼자 내리는 결정이었다면 당연히 반대했을 것도 찬성한다. 집단사고는 만장일치의 환상과도 연결되며 다른 사람은 모두 같은 의견인데 나만 다르다면 그것은 틀린 것이라고 믿는다. 나만 달리 표현하면 그 집단에서 제외된다고도 믿는다.

16. 이야기 편향

이야기를 왜곡해서 현실을 단순화하는 것으로 원래 앞뒤가 안 맞는 것인데도 억지로 인과관계를 맞추려는 데서 비롯한다. 사람들은 추상적 사실에 대해서 의심을 하지만 이야기는 그저 들으려고 한다. 개별적 사실로 분리해서 생각하면 말이 안 되는데 인과관계로 이어져 있어서 더 기억하려고 한다.

17. 통제 환상

현실적으로 할 수 없는 무언가에 대해서 통제하거나 영향을 줄 수 있다고 믿는 것을 말한다. 자신의 삶이라도 확실하게 영향을 미칠 수 있는 부분은 얼마 되지 않는다. 그러므로 가장 중요한 부분에 시종일관 집중해야 한다.

18. 결과편향

사람들은 과정의 질적 부분이 아니라 단순히 결과만 보고 어떤 결정을 평가하려고 한다. 결과가 나쁘다고 무조건 의사결정이 잘못된 것은 아니다. 그 반대도 마찬가지인데 어떤 결정이라도 스스로 납득할 만한 이유를 가진 다음에 해야 한다.

19. 결합오류

잘 구성된 이야기는 직관적으로 이해하기 쉽다. 직관적 이해는 의식적이고 합리적으로 생각하기 전에 추론한다. 중요한 의사결정을 내릴 때는 직관적 이해에 따르는 것보다 합리적인 결정에 따르는 것이 실수를 줄이는 방법이다.

20. 경험에 대한 판단오류

체험이나 경험을 중심으로 역량을 판단하다 보니 과거 경험이 많으면 당연히 역량이 있을 것이라는 오류에 빠지기 쉽다. 그렇기 때문에 필요할 때는 반드시 더 깊게 질문해서 오류를 줄이려고 노력해야 한다.

CHECK 2 _미리 준비하는 공통 질문 리스트

이 질문은 자신이 지원하고 싶은 공공기관이 생기기 직전 또는 결심했을 때 사용할 수 있다. 이곳에 언급된 질문이 자소서·면접 질문과 유사한 것이 많아서 미리 작성해두면 시간 절약 등에서 유리하다.

직무기술서에 따른 역량 관련 필수 질문

꿈은 무엇이며 그런 꿈을 꾸게 된 이유는 무엇입니까?

꿈을 실현하기 위해 어떤 노력을 했습니까?

노력의 결과는 어떠했고, 현재도 그러한 노력을 계속하고 계십니까?

문제나 난관을 마주하게 된 이유는 무엇이며, 당시에 가장 어려웠던 점은 무엇입니까?

일을 극복하기 위해 어떻게 했으며, 그때 가졌던 마음가짐은 무엇입니까?

문제 해결 또는 난관 극복의 결과는 어떠했고, 그 결과를 통해 느낀 점이 있습니까?

어떠한 상황(배경)에서 그 일을 하게 되었습니까?

구체적으로 어떠한 일을, 어떻게 행동하였습니까?

열정을 다해 행동한 결과는 어떠하였습니까?

우리 회사 및 해당 분야에 지원하는 동기는 무엇입니까?

당사에 지원하기 위해 남다르게 노력한 것이 있으면 작성해주십시오.

입사 후 개인적인 목표나 비전은 무엇입니까?

구체적으로 어떤 팀 과제였으며, 해당 과제가 요구한 사항은 무엇입니까?

팀을 이루어 과제를 수행할 때 본인이 맡은 일은 무엇이었으며, 팀 내 다른 사람들과는 어떻게 함께 일했습니까? 또한 팀원 간 갈등이 생겼다면 어떻게 대처하셨습니까?

아래 핵심 질문은 철저하게 직무 연관성에 해당된다. 만약 지원할 곳을 정했다면 아래 질문을 사용해서 자소서 작성과 면접 말하기 준비를 하면 어떤 질문을 받더라도 만족할 만한 대답을 할 수 있다.

자소서 · 면접 말하기 관련 핵심 질문

지원한 직무와 관련해서 자신만의 강점은 무엇입니까?

지원한 직무에 관해 대표적인 성과는 무엇입니까?

다른 곳도 있는데 왜 이곳에 지원했습니까?

어려운 경험을 어떻게 극복했고 그 결과는 어떠했습니까?

스스로 조직에 얼마나 잘 적응할 수 있는 사람이라고 생각하는지 말씀해보세요.

자신이 적극적으로 무엇을 결정한 사례와 그 결과를 말씀해보세요.

자신의 서비스 경험을 잘 보여주었던 사례가 있으면 소개하고 그 결과를 말씀해보세요.

채용된다면 어떤 일을 할지, 그 일을 어떻게 잘할 수 있는지 설명해보세요.

자신의 의견과 동료의 의견이 다를 때 어떻게 해결하겠습니까?

왜 우리 기관에서 지원자를 채용해야 하는지 설득해보세요.

어떤 계기로 우리 직무에 지원했습니까?

지원한 직무와 관련해서 갈등이 발생하면 어떤 식으로 대처할 것입니까?

문제를 해결하다가 실패하거나 좌절한 경우를 소개하고, 그것을 만회하기 위해서 어떤 노력을 하셨습니까?

일하면서 압박감이나 부담감을 느꼈을 때 어떻게 대처하셨습니까?

우리 기관에서 내년에 해야 할 목표는 이것입니다. 이것을 달성하기 위해서 어떤 노력을 하겠습니까?

아래는 압박형 질문 항목으로 자소서보다 면접에서 마주칠 가능성이 높다. 매우 난감한데 이런 질문일수록 평소 소신을 잘 드러내는 것이 중요하다. 어차피 정답이 없기에 소신을 가지고 읽는(듣는) 사람을 설득한다는 마음으로 쓰거나 말하는 편이 낫다.

압박 형태의 질문 항목

일반 기업이 아닌 공공기관을 지원한 이유는 무엇입니까?

우리 공공기관에서 특별히 희망하는 부서가 있습니까? 있다면 이유를 말씀해주십시오.

스스로 생각하는 바람직한 직업윤리는 무엇입니까?

공공기관에서 일하는 사람의 올바른 자세는 무엇입니까?

우리 기관에 입사하고 15년 뒤 자신의 모습을 말씀해주십시오.

공공기관에 도움이 되는 인재라고 생각하십니까?

상사가 부당한 지시를 하면 어떻게 하겠습니까?

다른 사람의 실수로 민원인이 당신에게 항의한다면 어떻게 하겠습니까?

원래 일도 많은데 추가적으로 임무가 주어지면 어떻게 하겠습니까?

수시로 아래 사이트에 들어가 채용 관련 정보를 확인해보자.

명칭	주소	주요 사항
공공기관 경영정보 공개시스템	www.alio.go.kr	'알리오'로 검색
나라일터	www.gojobs.go.kr	채용정보 등 공시
대한민국공무원되기	http://injae.go.kr	공직채용정보 등 공시
사이버 국가고시센터	www.gosi.kr	'공무원 시험' 등 공시
워크넷	www.work.go.kr	각종 채용 정보 등 공시
인사혁신처	www.mpm.go.kr	'성과 보수' 등 공시
지방공기업통합공시	www.cleaneye.go.kr	'클린아이'로 검색
정책브리핑	www.korea.kr	각종 정부 관련 뉴스 확인
행정안전부	www.mois.go.kr	'행정안전백서'를 찾기

블라인드 채용은 '빨리빨리'보다
'차근차근' 준비해야 한다

블라인드 채용은 앞으로 공공기관뿐만 아니라 많은 기업에서 활용할 것이다. 이 책은 블라인드 채용이 확대되는 흐름을 반영해 만들었고 자기소개서와 면접에 초점을 두었다.

직무적합성을 중요시하는 블라인드 채용 방식은 국가직무능력표준과 연결되어 많은 지원자와 취업 준비생에게 혼란을 주기도 한다. NCS는 무엇이고, 직무기술서는 어떤 것이며, 블라인드 방식은 기존 채용 방식과 크게 다르다는 막연한 두려움이 얽힌 탓이다. 이것은 누구나 느낄 수 있으며 모른다고 해서 잘못된 것은 아니다. 차라리 모르는 상태에서 블라인드 채용을 이해하고 차근차근 준비하는 편이 합격의 지름길이라고 볼 수 있다.

일단 일정한 기간을 두고 자신이 입사를 희망하는 곳을 찾는다. 몇 곳을 찾는다면 그 기관에서 공지하는 직무기술서를 유심히 살펴본다. 그 직무기술서에 명시된 역량을 갖추는 데 노력을 기울인다. 자격, 경험, 경력을 그 역량에 맞추는 것이 1차적 목표다. 이러한 역량은 단시간에 기를 수가 없다. 기본적으로 자신의 일상에 노력, 시간, 비용을 투자해야 하기 때문에 벼락치기로 역량을 갖추기는 매우 어렵다.

만약 일정 기간에 걸쳐 직무기술서에 맞는 역량을 갖추었다면 기존 자기소개서 문항을 보고 자신의 이야기를 담아보도록 한다. 다른 사람의 자소서를 살펴볼 수는 있지만 그것에 의존해서는 안 된다. 자신이 알거나 겪었던 내용을 충실히 적어야 한다. 막상 급하게 적으려면 아깝게 놓치는 사례가 많기 때문에 과거 자소서 문항을 보고 미리 적어두면 유리하다. 자소서 질문 문항이 급작스럽게 바뀌지는 않는다. '구조화'로 문항은 고정되어 있다고 생각하면 마음이 한결 편하다. 성장과정, 성격 등 또한 갑자기 변할 수 없으므로 미리 준비하면 시간을 절약할수 있다.

면접은 자기소개서 문항을 기준으로 연습해야 한다. 자기소개서 내용과 면접내용이 다를수록 지원자의 신뢰도는 떨어지고 압박면접을 하면 크게 당황한다. 블라인드 채용은 질문과 평가기준을 사전에 정해놓기에 이 책에서 설명한 다양한기준과 평가표를 참고해서 말하기와 태도를 준비하면 합격에 가까워진다. 면접은실무, 임원, 여러 차수로 진행되는데 그 요령은 비슷하다. 자신이 기관에 적합하고 직무를 잘 수행할 수 있다는 내용으로 면접관을 설득한다는 마음을 잊어서는안 된다. 특히 '내가 면접관이라면' 어떤 지원자를 뽑을 것인지를 상상해본다면면접에 대한 두려움을 줄일 수 있다. 과거에는 뛰어난 인재를 찾으려고 했지만 이제는 적합한 인재를 채용하기 때문에 무작정 높은 스펙보다 적합한 스펙을 자소서와 면접에서 잘 보여주는 것이 무엇보다 중요하다.

이 책을 읽는 분이 합격해서 공공기관에 입사하면 입사 전에 생각했던 모습과다를 수도 있다. 예를 들어, 원하는 직무가 아닌 전혀 다른 곳에 배치될 수도 있으며 내가 꿈꾸던 일이 아닌 복잡하고 까다로운 업무, 최악의 경우는 다른 구성원들이 기피하는 일을 맡을 수도 있다. 안타깝지만 이런 일은 현실에서 어렵지 않게 찾을 수 있다. 공공기관처럼 순환보직이 오랜 관행으로 자리잡은 직장은 더욱그렇다. 그럴 땐 우리 일상에 직결되는 수많은 일을 공공기관에서 하고 있으며 그가운데 한 가지를 내가 맡은 것이라고 생각하자.

이 책을 보고 블라인드 채용에 감을 잡는 분들이 많아지고 합격하는 분들이 꾸준히 이어지고, 합격 이후에 입사 후 포부를 실현했으면 한다.

NCS 기반
블라인드 채용
자소서
&면접
마스터

초판 1쇄 인쇄 2018년 8월 30일
초판 1쇄 발행 2018년 9월 10일

지은이 윤영돈 · 김영재
펴낸이 이범상
펴낸곳 (주)비전비엔피 · 비전코리아

기획 편집 이경원 심은정 유지현 김승희 조은아 김다혜 배윤주
디자인 김은주 조은아
마케팅 한상철
전자책 김성화 김희정
관리 이성호 이다정

주소 우)04034 서울시 마포구 잔다리로7길 12 (서교동)
전화 02)338-2411 | **팩스** 02)338-2413
홈페이지 www.visionbp.co.kr
인스타그램 www.instagram.com/visioncorea
포스트 post.naver.com/visioncorea
이메일 visioncorea@naver.com
원고투고 editor@visionbp.co.kr

등록번호 제313-2005-224호

ISBN 978-89-6322-137-3 13320

이 도서의 국립중앙도서관 출판예정도서목록(CIP)은 서지정보유통지원시스템 홈페이지(http://seoji.nl.go.kr)와 국가자료공동목록시스템(http://www.nl.go.kr/kolisnet)에서 이용하실 수 있습니다.(CIP제어번호: CIP2018027214)